MINHASÃO PAULO

MINHA SÃO PAULO

Um guia com
didicas da cidade

DIDI WAGNER

1ª edição

EDITORA RECORD
RIO DE JANEIRO • SÃO PAULO

2022

CIP-BRASIL. CATALOGAÇÃO NA PUBLICAÇÃO
SINDICATO NACIONAL DOS EDITORES DE LIVROS, RJ

W136m

    Wagner, Didi
      Minha São Paulo / Didi Wagner. - 1. ed. - Rio de
    Janeiro : Record, 2022.

    ISBN 9788528624632

    1. São Paulo (SP) - Descrições e viagens - Guias. I. Título.
                    CDD: 918.16104
22-79910   CDU: 910.4(815.6)

Meri Gleice Rodrigues de Souza - Bibliotecária - CRB-7/6439

Cidades vivem em constante transformação, e com São Paulo não poderia ser diferente. Estabelecimentos comerciais inauguram novos pontos, mudam de endereço ou até encerram suas atividades. Entre o momento da pesquisa e o da publicação deste guia, todos os esforços foram feitos para que as informações estivessem o mais atualizadas possível.

Texto revisado segundo o Acordo Ortográfico da Língua Portuguesa de 1990.

Direitos exclusivos de publicação em língua portuguesa
somente para o Brasil adquiridos pela:
EDITORA RECORD LTDA.
Rua Argentina, 171 — 3º andar — São Cristóvão
20921-380 — Rio de Janeiro — RJ
Tel.: (21) 2585-2000

Seja um leitor preferencial. Cadastre-se no site www.record.com.br
e receba informações sobre nossos lançamentos e nossas promoções.
Atendimento e venda direta ao leitor: sac@record.com.br

Fred,
Em meio aos 12 milhões de habitantes
desta nossa cidade, encontrei você.
E, desse encontro, vieram nossas
paulistanas Laura, Luiza e Julia.
Obrigada por fazerem parte da
minha São Paulo e da minha vida.

"Alguma coisa acontece no meu coração
Que só quando cruza a Ipiranga e a avenida São João..."

Caetano Veloso, Sampa

SUMÁRIO

A MINHA
SÃO PAULO

Eu amo São Paulo. #prontofalei

E é assim, com uma declaração bombástica e uma hashtag meio ultrapassada (teve seu auge uns cinco anos atrás?), que eu abro este guia.

Gostar do Rio de Janeiro, com suas praias e calçadões de cartão--postal e morros de beleza impactante como o Pão de Açúcar e a Pedra da Gávea, é fácil. Adorar Paris, com o charme dos cafés de rua, boulevards arborizados e a magnitude da Torre Eiffel, é tranquilo. Apreciar Nova York, com seus arranha-céus icônicos e o Central Park como pulmão da cidade, também não é desafio nenhum.

Já gostar de São Paulo não é para amadores. Aqui tem poluição, violência, caos visual, trânsito, barulho e muita desigualdade social. Mesmo assim, amo esta cidade.

Gosto da energia instigante e mobilizadora daqui. Gosto que os dias nunca são monótonos.

Gosto das inúmeras opções de restaurantes, bares, teatros, casas de show, museus e galerias de arte. E também das baladas e festinhas caseiras dos amigos.

Gosto que aqui tem tudo para todos os bolsos e vontades, a qualquer horário. Sim, pode procurar que você vai encontrar muitas opções de lugares bacanas que funcionam 24 horas por dia.

Gosto de ir à padoca bem cedinho, comer um pão na chapa e tomar uma "média". Gosto de conhecer o "chapeiro" há anos.

Gosto dos ipês amarelos, rosas e roxos, resquícios da Mata Atlântica que ocupava originalmente todo o território paulistano, que bravamente resistem ao crescimento desordenado da cidade e ainda florescem e enfeitam as ruas durante a primavera.

Gosto de pensar que fazemos parte de um todo, que somos integrantes de uma malha urbana extensa, viva e conectada.

E é por isso que, acima de tudo, gosto das pessoas que fazem São Paulo acontecer. Gente que nasceu aqui ou que veio de outros estados brasileiros e até de outros países, que chama São Paulo de "sua" e ajuda a construir o dia a dia dessa pauliceia desvairada.

Sou paulistana, nascida na capital em 1975, onde moro desde sempre — tirando o período de 2006 a 2011, quando me mudei para Nova York com a minha família e aproveitei, entre outras coisas, para escrever e publicar o livro MINHA NOVA YORK.

Agora chegou a vez do MINHA SÃO PAULO. Quero apresentar a você, morador, turista ou visitante ocasional o que, para mim, faz de São Paulo uma cidade tão especial.

Este guia é minha declaração de amor a São Paulo. Espero que você goste das **didicas** e me leve para passear com você, através do seu exemplar. E que, com ele em mãos, você possa descobrir e curtir a sua São Paulo.

Didi Wagner
@ 🐦 didiwagner

REGIÕES E SUBPREFEITURAS
MUNICÍPIO DE SÃO PAULO

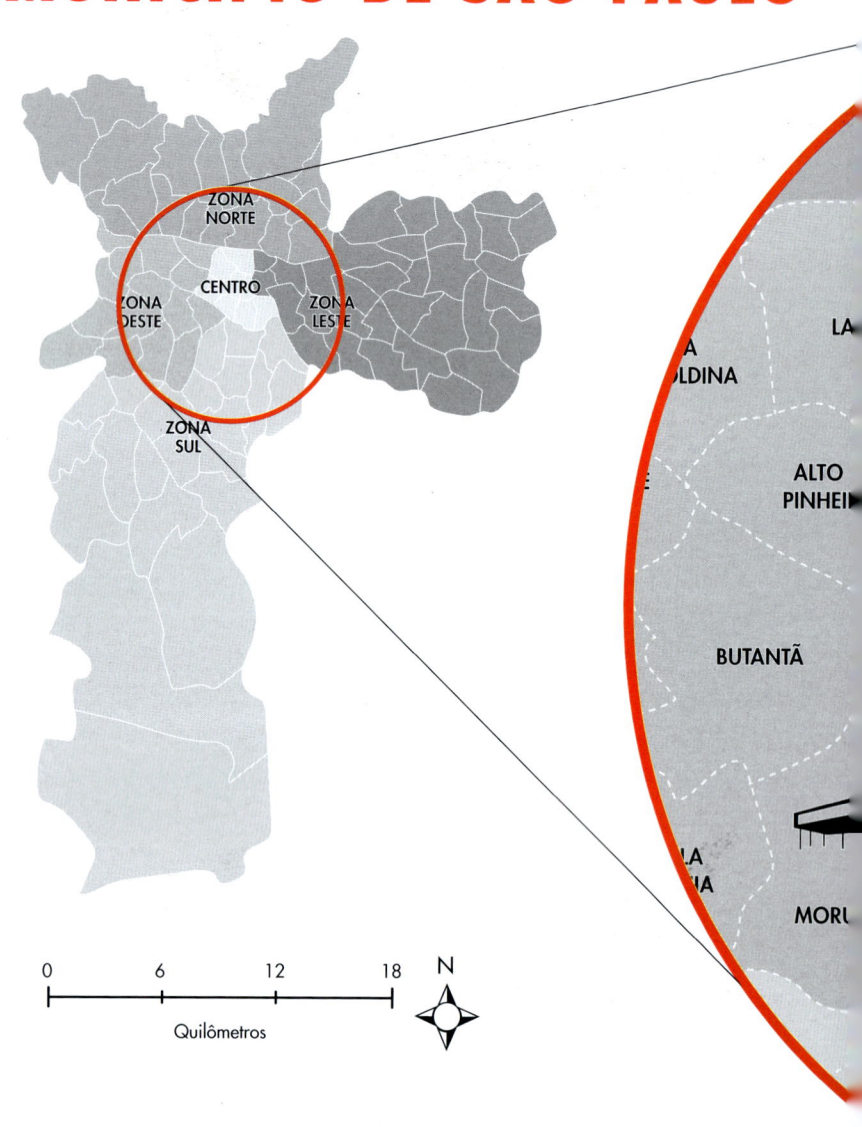

ZONA NORTE

CENTRO

ZONA OESTE

ZONA LESTE

ZONA SUL

LA

LDINA

ALTO PINHEI

BUTANTÃ

LA A

MOR

0   6   12   18   N

Quilômetros

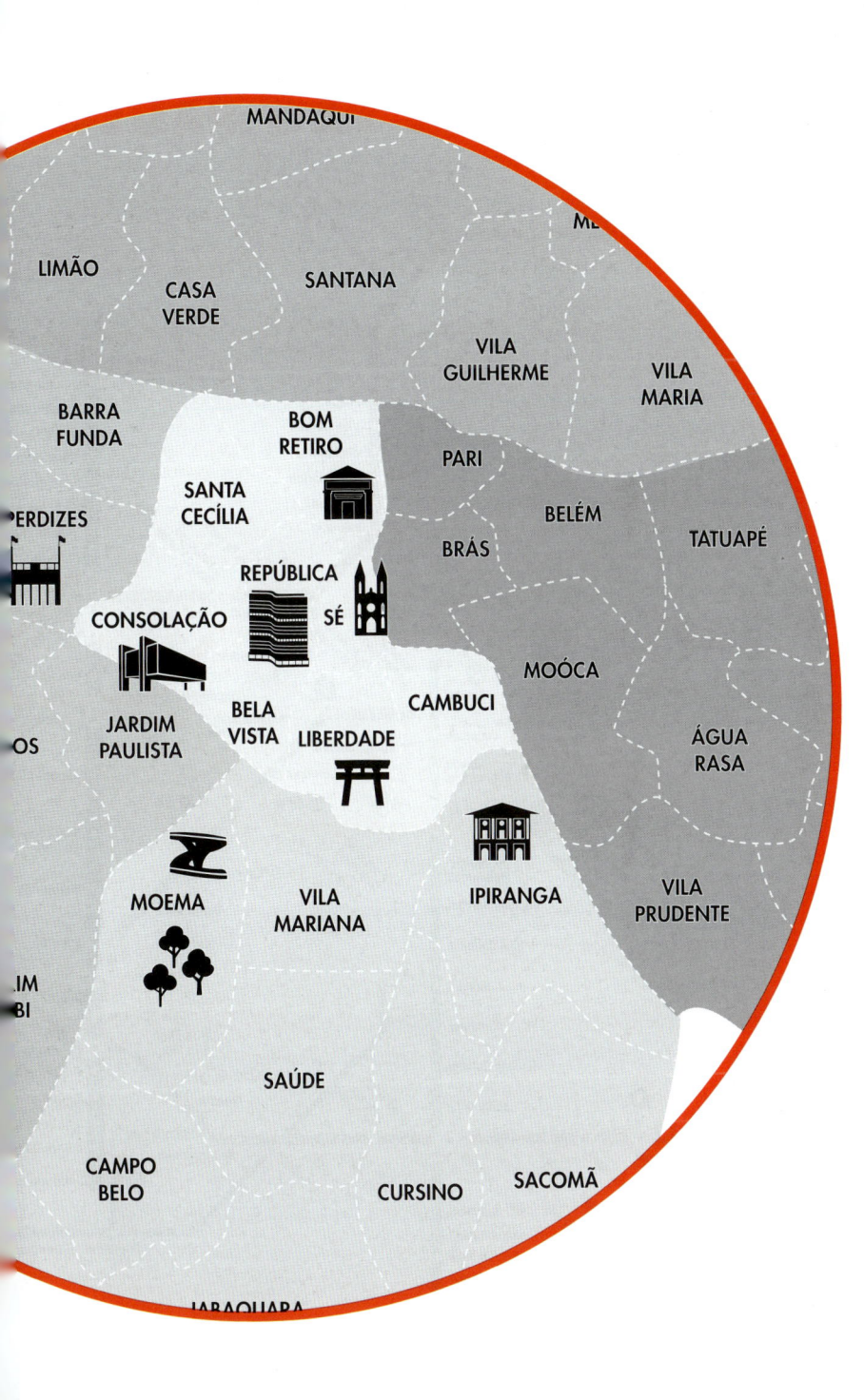

TRANSPORTE METROPOLITANO
MUNICÍPIO DE SÃO PAULO

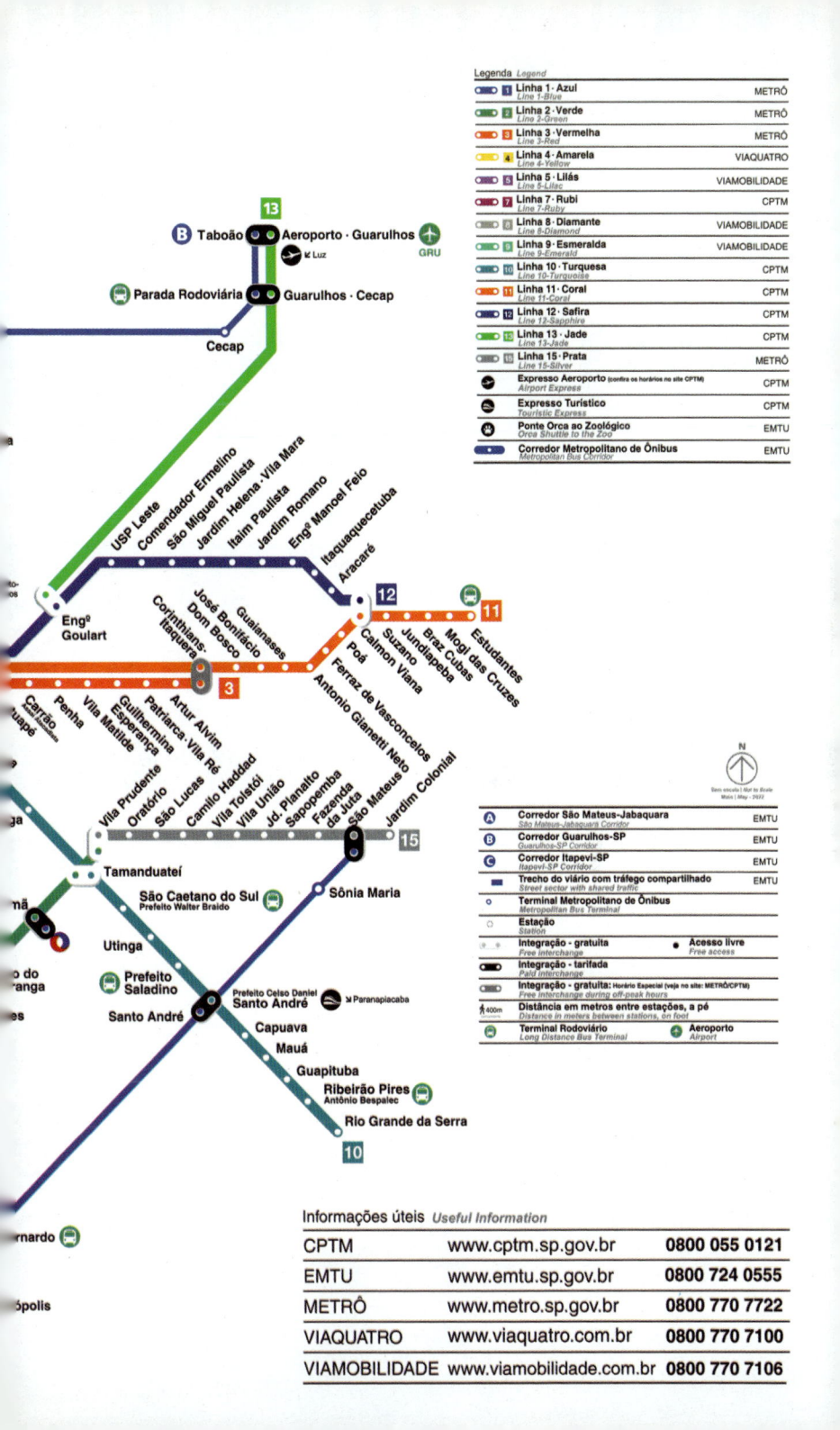

Legenda *Legend*

	1	Linha 1 · Azul *Line 1-Blue*	METRÔ
	2	Linha 2 · Verde *Line 2-Green*	METRÔ
	3	Linha 3 · Vermelha *Line 3-Red*	METRÔ
	4	Linha 4 · Amarela *Line 4-Yellow*	VIAQUATRO
	5	Linha 5 · Lilás *Line 5-Lilac*	VIAMOBILIDADE
	7	Linha 7 · Rubi *Line 7-Ruby*	CPTM
	8	Linha 8 · Diamante *Line 8-Diamond*	VIAMOBILIDADE
	9	Linha 9 · Esmeralda *Line 9-Emerald*	VIAMOBILIDADE
	10	Linha 10 · Turquesa *Line 10-Turquoise*	CPTM
	11	Linha 11 · Coral *Line 11-Coral*	CPTM
	12	Linha 12 · Safira *Line 12-Sapphire*	CPTM
	13	Linha 13 · Jade *Line 13-Jade*	CPTM
	15	Linha 15 · Prata *Line 15-Silver*	METRÔ
		Expresso Aeroporto (confira os horários no site CPTM) *Airport Express*	CPTM
		Expresso Turístico *Touristic Express*	CPTM
		Ponte Orca ao Zoológico *Orca Shuttle to the Zoo*	EMTU
		Corredor Metropolitano de Ônibus *Metropolitan Bus Corridor*	EMTU

N
Sem escala | *Not to Scale*
Maio | *May · 2022*

A	Corredor São Mateus-Jabaquara *São Mateus-Jabaquara Corridor*	EMTU
B	Corredor Guarulhos-SP *Guarulhos-SP Corridor*	EMTU
C	Corredor Itapevi-SP *Itapevi-SP Corridor*	EMTU
	Trecho do viário com tráfego compartilhado *Street sector with shared traffic*	EMTU
	Terminal Metropolitano de Ônibus *Metropolitan Bus Terminal*	
	Estação *Station*	
	Integração · gratuita *Free interchange*	Acesso livre *Free access*
	Integração · tarifada *Paid interchange*	
	Integração · gratuita: Horário Especial (veja no site: METRÔ/CPTM) *Free interchange during off-peak hours*	
400m	Distância em metros entre estações, a pé *Distance in meters between stations, on foot*	
	Terminal Rodoviário *Long Distance Bus Terminal*	Aeroporto *Airport*

Informações úteis *Useful Information*

CPTM	www.cptm.sp.gov.br	**0800 055 0121**
EMTU	www.emtu.sp.gov.br	**0800 724 0555**
METRÔ	www.metro.sp.gov.br	**0800 770 7722**
VIAQUATRO	www.viaquatro.com.br	**0800 770 7100**
VIAMOBILIDADE	www.viamobilidade.com.br	**0800 770 7106**

PARA VOCÊ ENTENDER
O GUIA

Ao longo deste guia, inserimos várias informações de serviço. Em alguns casos, optamos por colocar apenas o site e/ou o perfil do Instagram dos lugares **inDIDIcados**, já que os meios digitais são atualizados com frequência. Recomendamos que você acesse um dos canais e se certifique de todos os dados (endereço, horário de funcionamento etc.) antes de se deslocar até determinado local. As eventuais alterações de endereço eletrônico e perfil de rede social serão integradas à próxima edição do MINHA SÃO PAULO.

- a data muda anualmente ou a cada edição
- Dias e horários de funcionamento
- Endereço
- Telefone
- Site
- Instagram
- Facebook
- $ a $$$$ Faixa de preço

COMO SE VIRAR EM
SÃO PAULO

São Paulo é uma metrópole imensa tanto em área geográfica (1.521,110 km² — honestamente, não consigo nem entender bem esse dado, hehehe!) quanto em tamanho da população (mais de 12 milhões de habitantes). É uma cidade cheia de possibilidades. Aqui vão algumas **didicas** para você se virar bem por aqui:

DADOS PRÁTICOS

Capital do Estado, São Paulo foi fundada em 25 de janeiro de 1554. Tem cerca de 12,4 milhões de habitantes, segundo estimativa do IBGE de julho de 2021, o que a torna a maior cidade brasileira em índice populacional e uma das mais populosas do mundo.

São Paulo segue o horário padrão de Brasília, capital do Brasil, que é o GMT (sigla em inglês para Tempo Médio de Greenwich) -3h, ou UTC (sigla mesclada entre a inglesa e a francesa para Tempo Universal Coordenado) -3h.

A cidade está em média a 760 metros acima do nível do mar. O clima é oficialmente definido como subtropical úmido. A temperatura média anual é de 20 °C. O verão (de 21 de dezembro a 21 de março, segundo o calendário oficial) é quente (alguns dias chegam a uma máxima de 30 °C) e chuvoso. Talvez seja por isso que São Paulo tem o apelido de "terra da garoa" — se bem que "garoa" é um eufemismo para as tempestades que muitas vezes assolam a cidade nos fins de tarde dos meses mais acalorados. No inverno (de 21 de junho a 23 de setembro), chove menos e as temperaturas podem atingir uma mínima de 8 °C.

Os principais times de futebol da cidade de São Paulo são Corinthians, Palmeiras e São Paulo, conhecidos como o "trio de ferro", e Portuguesa. Em tempo: Vai, Corinthians! (Como corintiana que sou, não posso perder a chance de explicitar minha preferência, né?! Hehehe!)

TRANSPORTE

AEROPORTOS

Os dois principais aeroportos que atendem a cidade de São Paulo são:

- **Aeroporto de Congonhas.** Construído na década de 1930 no que era uma área descampada e distante do Centro, o aeroporto fica hoje "no meio da cidade", circundado por casas, prédios, ruas e avenidas movimentadas no bairro de Vila Congonhas. Utilizado para voos domésticos e alguns voos internacionais mais curtos, é o quarto aeroporto mais movimentado do Brasil em número de voos e passageiros, só perdendo para o Aeroporto Internacional de São Paulo/Guarulhos.

- **Aeroporto Internacional de São Paulo/Guarulhos – Governador André Franco Montoro.** É o maior aeroporto do Brasil e da América do Sul e o segundo mais movimentado da América Latina em número de passageiros transportados, operando voos domésticos e internacionais. Calcule aproximadamente 1h30 de carro entre o aeroporto e qualquer ponto da cidade de São Paulo — e vice-versa, já que o aeroporto é mais afastado e o acesso pela Marginal Tietê fica frequentemente congestionado, tanto de manhã quanto no fim da tarde.

#didica 1

O Aeroporto Internacional de Viracopos fica em outra cidade — Campinas —, a aproximadamente 100 km do Centro de São Paulo. Mas, como o trajeto é feito pela Rodovia dos Bandeirantes, que normalmente flui bem, não demora tanto para você chegar a pontos mais centrais de São Paulo. É uma alternativa a ser considerada para voos internacionais.

#didica 2

Para sair de qualquer aeroporto de São Paulo, não aceite transportes não credenciados. A melhor opção é pegar um táxi em um dos pontos oficiais ou chamar um carro por aplicativo.

METRÔS E TRENS URBANOS

Uma ótima opção para se locomover em São Paulo. Só se prepare para muitas vezes enfrentar vagões lotados — coisa que, aliás, não é exclusividade de São Paulo, e sim uma situação comum em qualquer grande centro urbano, não é mesmo? A rede metroviária ainda não é extensa o suficiente para a dimensão geográfica da cidade, mas a boa notícia é que estão sendo feitos investimentos contínuos para aumentar as linhas e estações.

ÔNIBUS

Segundo dados de 2021, São Paulo tem mais de 550 km de faixas exclusivas e 131,2 km de corredores de ônibus. Táxis podem usar essas faixas e corredores em qualquer horário, mas os veículos automotores "comuns" são permitidos apenas em horários específicos, como aos domingos. Isso garante que o fluxo de ônibus na cidade flua melhor e fique menos sujeito aos horários de pico do trânsito.

TÁXI E UBER

Para táxis, baixe os aplicativos 99 Táxi e Vá De Táxi. Se você preferir apenas motoristas mulheres, existe o Lady Driver — mas saiba que, às vezes, o app demora a achar um carro disponível para o atendimento. Existem também pontos de táxis espalhados pelas principais ruas de São Paulo. Táxis podem usar as faixas e corredores de ônibus, então são uma ótima opção para driblar horários de trânsito mais congestionado. O Uber também funciona bem em São Paulo, mas, diferentemente dos táxis, estes carros não podem usar as faixas e corredores de ônibus.

BICICLETA

São Paulo tem ciclofaixas e ciclovias espalhadas por grande parte da cidade. A única questão é que muitas ruas têm inclinação acentuada, ou a pista "coincide" com o lado da calçada onde estão as bocas de lobo, então, encarar essa opção de transporte pode, muitas vezes, exigir um esforço extra do ciclista. Isso sem contar que, mesmo com faixas exclusivas, nem sempre os motoristas são atentos e respeitosos com os ciclistas — importante ponderar sobre esse risco em uma cidade dominada pelos automóveis. Mas há boas opções, como as ciclovias da Avenida Brigadeiro Faria Lima e Avenida Pacaembu. Aos domingos e feriados, entre 8h e 16h, algumas vias ganham faixa exclusiva para bicicletas, e a Avenida Paulista fecha para carros e abre apenas para pedestres e ciclistas — além de skatistas e usuários de patins e patinetes. Um belo cenário de mobilidade sustentável, lazer e convivência.

A PÉ

Andar a pé é a melhor maneira de conhecer uma cidade. No caso de São Paulo, que é imensa e cheia de elevações, esta não é sempre a opção mais prática. Ainda assim, vale a pena gastar a sola do sapato em bairros mais planos como o Centro de São Paulo, onde algumas ruas são exclusivas para pedestres (mas lembre-se de esconder bem o celular e a carteira por ali); a Rua dos Pinheiros e adjacências; os bairros da Liberdade e Vila Madalena; a Avenida Paulista; entre outros.

PRINCIPAIS
FERIADOS

1 de janeiro
Ano-Novo (Confraternização Universal)

Fevereiro ou março
Terça-Feira de Carnaval e
Quarta-Feira de Cinzas

Março ou abril
Sexta-Feira Santa

21 de abril
Tiradentes

1 de maio
Dia do Trabalho

Quinta-feira em junho
Corpus Christi

9 de julho
Revolução Constitucionalista

7 de setembro
Dia da Independência do Brasil

12 de outubro
Dia de Nossa Senhora Aparecida

2 de novembro
Finados

15 de novembro
Proclamação da República

20 de novembro
Dia da Consciência Negra

25 de dezembro
Natal

O ANO EM
SÃO PAULO

São Paulo tem muitos eventos o ano todo, e os principais estão listados abaixo em ordem cronológica:

FEVEREIRO OU MARÇO

CARNAVAL + BLOCOS DE RUA

O carnaval de rua em São Paulo vem crescendo vertiginosamente nos últimos anos (à exceção do período da pandemia do coronavírus, claro), e os blocos de rua já são uma das manifestações mais empolgantes do período carnavalesco. Muitos são capitaneados por cantores famosos — caso do Bloco Largadinho, de Claudia Leitte, que fez sua estreia no carnaval paulistano em 2018. Acadêmicos do Baixo Augusta, Bloco da Favorita (tradicional no Rio de Janeiro também), Casa Comigo, Monobloco, Ritaleena (uma brincadeira simpática com os nomes da cantora Rita Lee e do remédio Ritalina) e Toca Um Samba Aí (da banda Inimigos da HP) são alguns dos mais fervidos entre os blocos que desfilam pelas ruas de São Paulo.

Além dos desfiles das escolas de samba e dos blocos de rua, o carnaval de São Paulo tem inúmeras festas, muitas delas realizadas nas quadras das escolas de samba, que sempre disponibilizam a programação em seus sites. Programe-se! ⟨⟩

🌐 ligasp.com.br
📷 ligacarnavalsp

🌐 www.blocosderua.com
📷 blocosderuasp

MARÇO OU ABRIL

LOLLAPALOOZA BRASIL

O festival de música americano criado por Perry Farrell, vocalista da banda Jane's Addiction, tem sua versão brasileira realizada anualmente em São Paulo desde 2012 (à exceção dos anos de 2020 e 2021, em que o festival foi cancelado por causa da pandemia do coronavírus). As duas primeiras edições aconteceram

no Jockey Club de São Paulo, e, a partir de 2014, o Lolla foi transferido para o Autódromo de Interlagos. São três dias de festival — de sexta a domingo. Nomes importantes da música nacional e internacional já se apresentaram no Lollapalooza Brasil, como Doja Cat, Emicida, Gloria Groove, Machine Gun Kelly, Matuê, Miley Cyrus e Silva. Uma das melhores maneiras de chegar ao Autódromo, cuja localização é afastada das regiões mais centrais de São Paulo, é de metrô. ⟨⟩

🌐 www.lollapaloozabr.com
📷 lollapaloozabr

ABRIL

SP-ARTE E SP-FOTO

Feira de arte que ocupa, durante cinco dias seguidos, o Pavilhão da Bienal com estandes de galerias nacionais e internacionais de arte e design, editoras de livros, museus e instituições que apresentam — e colocam à venda — trabalhos de artistas brasileiros e estrangeiros. Interessante notar que com a SP-Arte, o cenário artístico de São Paulo ganha impulso extra nessa época, e cada vez mais a cidade recebe eventos paralelos à feira, entre mostras especiais em galerias de arte, festas e outros agitos. A SP-Arte tem direção de Fernanda Feitosa, que organiza também a SP-Foto. ()

🌐 www.sp-arte.com
📷 sp_arte

MAIO

VIRADA CULTURAL DE SÃO PAULO

Vinte e quatro horas ininterruptas de programação cultural gratuita e aberta a toda a população. Esta é a Virada Cultural, evento anual promovido pela Prefeitura de São Paulo composto por peças de teatro, shows de música, exposições de arte e performances artísticas. A primeira Virada Cultural aconteceu em 2005. Cada vez mais a Virada busca ampliar seu alcance, promovendo apresentações em diversos bairros da cidade, inclusive nas áreas periféricas. Grandes nomes já fizeram parte da Virada Cultural, como Anitta, Caetano Veloso, Criolo, Racionais MCs, só para citar alguns. Infelizmente, a questão da segurança no evento é uma preocupação que você precisa ter em mente quando for a uma das apresentações. Não se esqueça! ()

🌐 www.prefeitura.sp.gov.br/cidade/secretarias/cultura
📷 viradacultural

JUNHO

PARADA DO ORGULHO LGBTQIAPN+ DE SÃO PAULO

Segundo fontes variadas, a Parada do Orgulho LGBTQIAPN+ de São Paulo é a m-a-i-o-r do mundo — amo muitooo! E tem mais: é o evento que mais atrai turistas para a cidade de São Paulo (segundo o órgão oficial de turismo da cidade, SPTuris). Esse é o tipo de estatística que me dá orgulho da minha cidade! A Parada é realizada desde 1997 na Avenida Paulista e conta com trios elétricos que trazem shows de cantores e bandas, além de apresentações de drag queens e outros performers, que são acompanhados por um público diverso. É um evento que transborda alegria e "ferveção", mas tem como objetivo principal a manifestação contra a homofobia, transfobia e outros preconceitos, e celebrar a comunidade LGBTQIAPN+. 〈〉

🌐 paradasp.org.br
📷 paradasp

DE JULHO A SETEMBRO

CASACOR SÃO PAULO

É a maior mostra de arquitetura, decoração de interiores e paisagismo das Américas. De fato, a Casacor impressiona pelo tamanho que ganhou ao longo dos anos. O que começou, em 1987, como uma exposição de ambientes concebidos por apenas 25 decoradores, arquitetos e paisagistas selecionados se tornou um negócio importante. Todo mundo que quer ter destaque nesse setor — entre profissionais consagrados e novos talentos de São Paulo e de outras cidades do Brasil — quer participar. Ao longo dos anos, além de São Paulo, a Casacor ganhou edições em outras cidades do Brasil. ()

🌐 casacor.abril.com.br/mostras/sao-paulo
📷 casacor_oficial

SETEMBRO

THE TOWN

Dos mesmos organizadores do Rock in Rio, o festival The Town tem sua primeira edição em setembro de 2023, com cinco palcos de música espalhados pelo Autódromo de Interlagos, trazendo shows de artistas nacionais e internacionais para um público estimado de mais de 100 mil pessoas por dia, nos cinco dias de festival. Se bem-sucedida, a empreitada entrará para o calendário cultural da cidade a cada dois anos — assim, o Rock in Rio acontecerá em anos pares, e o The Town em anos ímpares. ()

🌐 thetown.com.br/pt
📷 thetownfestival

DE SETEMBRO/OUTUBRO A DEZEMBRO

BIENAL DE SÃO PAULO

A Bienal de São Paulo é uma exposição de artes que, como o próprio nome já deixa explícito, acontece a cada dois anos na cidade de São Paulo. Realizada desde 1951, a Bienal sempre procura trazer mais luz para temas relevantes da contemporaneidade, através de esculturas, pinturas e videoinstalações, de artistas do mundo todo, selecionadas para fazer parte da mostra. É realizada no Pavilhão da Bienal, icônico projeto arquitetônico de Oscar Niemeyer no Parque do Ibirapuera, e fica em cartaz durante três meses — normalmente de setembro ou outubro até dezembro. 🜸

🌐 www.bienal.org.br
📷 bienalsaopaulo

OUTUBRO

MOSTRA INTERNACIONAL DE CINEMA DE SÃO PAULO

Festival de cinema que ocorre anualmente na cidade de São Paulo, foi criado pelo crítico Leon Cakoff em 1977, com a intenção de ampliar o acesso do público a produções cinematográficas do Brasil e de outros países. Salas de cinema, espaços culturais e museus espalhados pela capital paulista exibem títulos brasileiros e internacionais recentes ou de outros tempos. O evento não tem fins lucrativos, dura duas semanas e tem uma premiação fechada para convidados no último dia. ⏻

⬡ mostrasp

NOVEMBRO

GRANDE PRÊMIO SÃO PAULO DE FÓRMULA 1

Realizado pela primeira vez no Brasil em 1972 no Autódromo de Interlagos (Autódromo José Carlos Pace), o Grande Prêmio agita a cidade de São Paulo anualmente desde então, à exceção dos anos de 1978 e de 1981 a 1989, em que as competições foram disputadas no Rio de Janeiro, no Autódromo de Jacarepaguá. O Grande Prêmio não foi realizado no ano de 2020 por causa da pandemia do coronavírus; em compensação, na edição de 2021, o evento recebeu um público recorde de mais de 180 mil pessoas, superando a marca de 20 anos antes — o ano de 2001 —, quando 174 mil pessoas foram assistir à corrida. Para quem gosta de provas de automobilismo ou simplesmente para os que curtem "uma social", é um programão. ⏻

⬡ f1saopaulo.com.br
⬡ gpbrasilf1

DEZEMBRO

ÁRVORE DE NATAL DO IBIRAPUERA

Vou ser bem sincera: tenho ressalvas em relação à Árvore de Natal do Ibirapuera. Primeiro porque não é uma árvore, e sim uma instalação de luzes e materiais artificiais que formam a imagem de um pinheiro imenso. E segundo porque a marca patrocinadora é exibida de forma tão ostensiva que compromete um pouco a mensagem mais espiritual que uma árvore de Natal deveria trazer. Mas, mesmo com as minhas implicâncias, o fato é que as pessoas adoram visitar a Árvore de Natal do Ibirapuera, que vira uma atração das festas de fim de ano e faz parte do calendário oficial da cidade.

🌐 www.ibirapueraparque.com.br
📷 ibirapueraoficial

CORRIDA INTERNACIONAL DE SÃO SILVESTRE 31 DE DEZEMBRO

Esta é uma das mais tradicionais corridas de rua de São Paulo. Tem um percurso de 15 km e é realizada desde 1925 no dia 31 de dezembro, dia de São Silvestre — daí o nome da prova. Em 2019, última prova realizada antes do início da pandemia do coronavírus no Brasil, a São Silvestre contou com 35 mil participantes. Curioso — para não dizer incômodo — pensar que só a partir de 1975 as mulheres passaram a participar da corrida. Além da São Silvestre, São Paulo tem um calendário extenso de provas de corrida de rua. O meu circuito favorito é o da TF Sports, mas toda hora tem um, vale checar com frequência para saber quando e onde, se você é adepto de uma corridinha.

🌐 www.gazetaesportiva.com/sao-silvestre
📷 sao_silvestre
📷 tfsportsoficial

RÉVEILLON NA PAULISTA 31 DE DEZEMBRO

A festa de Ano-Novo oficial de São Paulo não poderia acontecer em outro lugar senão na Avenida Paulista, principal cartão-postal da cidade. A celebração, organizada pela Prefeitura de São Paulo, acontece toda noite de 31 de dezembro desde 1996 — à exceção do ano de 2001, em que a edição foi cancelada em respeito às vítimas da tragédia do 11 de setembro, e das edições de 2021 e 2022, que não foram realizadas por causa da pandemia do coronavírus. O Réveillon na Paulista já chegou a reunir 2 milhões de pessoas que vão curtir shows de música diante de um palco enorme montado normalmente na esquina da Avenida Paulista com a Avenida Brigadeiro Luís Antônio e assistir à queima de fogos de artifício de cerca de 10 minutos de duração para comemorar a virada do ano, que fica visível na região e em todas as imediações.

🌐 www.capital.sp.gov.br/turista/atracoes/eventos/reveillon-na-paulista

BATISMOS
DE FOGO

Só depois de passar por essas experiências — sendo de São Paulo ou não — você vai poder dizer que conhece bem a cidade:

- **Comer um pão na chapa e tomar uma média na padoca** — Escolha a "padoca" — apelido carinhoso dado às padarias tradicionais — de sua preferência. O pão na chapa é o pão francês cortado ao meio "de comprido", com manteiga, e depois passado na chapa. "Média" é como a gente chama o café com leite servido na xícara grande. Você pode pedir uma média clara (mais leite que café), escura (mais café que leite) ou tradicional (metade leite, metade café). Amo começar meu dia com um pão na chapa "bem passado" (mais tostado) e uma média tradicional. Nada mais paulistano!

- **Pedir "um chopps e dois pastel"** — Não sei por quê, mas esta é uma frase que brasileiros de outros estados (principalmente os cariocas) usam para ironizar a forma como o paulistano fala, com a concordância errada para chopp e pastel. Piadinha meio antiga (e sem graça?) para o combo tradicional de boteco. Mas eu gosto mais ainda de comer pastel na feira, programa bem típico de São Paulo. Você já provou o pastel "de vento"? Eu acho o máximo como é chamado o pastel sem recheio algum. Também amo pastel de pizza, que leva queijo, tomate e orégano. Na feira, bem mais tradicional — e mais fácil do que encontrar um chopp — é a garapa, caldo de cana tirado na hora. Delícia!

- **Fazer compras na 25 de Março e na Ladeira Porto Geral, no Centro** — Tudo que você quiser comprar — de tecidos vendidos por metro a bugigangas diversas, de eletrônicos a bijuterias, de roupas a brinquedos, de artigos para festa a itens de cama, mesa e banho — você encontra por lá, a preços bem mais em conta que os praticados em lojas de bairro e shopping centers. Prepare-se para encarar uma multidão e fazer boas aquisições — aliás, em algumas lojas, dependendo do volume da compra, você pode até pechinchar um desconto final.

- **Comer um sanduíche de mortadela no Mercadão** — O famoso lanche de pão francês recheado com mais de 300 gramas de mortadela do "Mercadão", como é carinhosamente chamado o Mercado Municipal Paulistano (no Centro). Triste constatar que uma das comidas que mais representam a cidade de São Paulo passou por uma polêmica recente, quando várias barracas do Mercado foram denunciadas por usarem no sanduíche uma marca de mortadela diferente (menos nobre) da anunciada aos consumidores. As barracas passaram por fiscalização em fevereiro de 2022, e a princípio a situação já está regularizada.

- **Se adaptar instantaneamente ao clima mutante da cidade** — Não sei se é a localização, a poluição, ou os dois juntos, mas a verdade é que errar no look para cima ou para baixo na temperatura é a coisa mais comum em São Paulo, pois o mesmo dia pode apresentar temperaturas extremas. Quantas vezes eu já não saí de casaco e acabei morrendo de calor, ou, o contrário, apostei numa regatinha e congelei com o vento e o frio... Então, sempre tenha à mão da peça mais leve a uma opção mais quente porque, durante um dia em São Paulo, todo tipo de clima pode acontecer, kkk!

- **Fazer amigues que tenham piscina** — Além do clima inconstante, São Paulo pode ter, no verão, dias de temperatura escaldante. E, nessa hora, nada mais oportuno que contar com aqueles amigues que têm uma piscina, seja no prédio, em casa, no clube, ou até uma situação aquática improvisada na laje, para aplacar a chama do calor paulistano. Mesmo porque, tirando espaços pagos como o Sesc e o Pacaembu, a única alternativa são os Centros Esportivos Municipais com piscina, abertos para moradores, e a praia mais próxima fica a, no mínimo, mais de uma hora de distância, então é bom poder contar com uma alma amiga nessa situação, hahaha!

- **Andar a Avenida Paulista de ponta a ponta** — Há várias avenidas em São Paulo, mas a Paulista é sem dúvida a mais icônica da cidade. De uma ponta a outra, por seus quase três quilômetros de extensão, tem de tudo ali: museus, colégios, lojas, salas de cinema, livrarias, restaurantes, hotéis, edifícios comerciais, emissoras de rádio e TV, parques, hospitais, e por aí vai. E, entre tudo isso, ficam grandes símbolos da arquitetura paulistana — o Conjunto Nacional, o Masp, a Casa das Rosas, só para dar alguns exemplos. Para quem quer entender bem a vibe de São Paulo, percorrer a avenida da Consolação até o Paraíso (ou vice-versa) é uma ótima iniciação!

- **Tomar um drink no topo do Edifício Itália (ou de outro arranha-céu)** — Com tantos prédios altos emparedados por todas as ruas e avenidas, só dá para entender a grandiosidade e a proporção da megalópole que é São Paulo vendo a cidade de cima. Também é do topo dos prédios que se consegue ver o pôr do sol nesse emaranhado de edifícios. Então, seja de dia ou à noite, não deixe de tomar um drink nas alturas, ou no Edifício Itália (que, para mim, tem a vista mais linda e completa da cidade), ou no topo de outros edifícios, como o Seen Restaurant & Bar, no 23° andar do Hotel Tivoli Mofarrej; o Vista, no MAC; o terraço do Shopping Cidade Jardim; ou o Esther Rooftop — que fica na cobertura do icônico Edifício Esther, tido como o primeiro prédio modernista de São Paulo.

- **Pedir delivery da pizzaria do bairro** — São Paulo tem cerca de seis mil pizzarias — é a segunda cidade onde mais se come pizza no mundo, perdendo apenas para Nova York, onde a imigração italiana também é muito presente. Para aplacar todo esse apetite, tem não só uma série de pizzarias para ir e comer bem, mas também todo um universo de pizzarias de bairro, que atendem nas suas cercanias e entregam a pizza quentinha onde você estiver. Seja por aplicativos de delivery ou pegando um desses panfletos old school na portaria dos prédios, pedir uma boa redonda da pizzaria local é "de lei" em São Paulo.

- **Desenvolver um lado zen para tolerar o trânsito** — Se tem uma coisa de que não há como escapar em São Paulo é congestionamento. Eles acontecem a todas as horas e em todas as vias da cidade. Não importa a distância a percorrer, seja logo ali ou mais além, a gente já sai na rua sabendo que a perspectiva é levar no mínimo uns 40 minutos para chegar. Para suportar o estresse sobre rodas sem abalar a saúde mental, só ficando zen mesmo. De apps de meditação à rádio Alpha FM, vale tudo para manter a calma e o humor nessa pauliceia desvairada.

RESERVAS E GORJETAS EM RESTAURANTES

Apesar de bastante cosmopolita, em alguns aspectos, São Paulo ainda parece despreparada para atender bem seus moradores e aqueles que visitam a cidade vindos de todos os cantos do Brasil e do mundo. Por exemplo, ainda não são muitos os restaurantes que têm um sistema de reservas que funcione. Em São Paulo, o horário mais concorrido para jantar é normalmente entre 20h e 21h30 — mas muitos restaurantes só aceitam reservas até às 19h30!

A taxa de serviço mais comum é de 10% e vem destacada ao fim da conta. Se você achar que o serviço foi bom, é simpático aumentar para 15% ou 20%.

MINHA SÃO PAULO
POR BAIRROS

Verdadeiros universos encapsulados em si, os bairros de São Paulo têm características bastante distintas e atrações que você talvez não consiga encontrar, à primeira vista, numa breve caminhada ou passada de carro. E como circular pela cidade pode não ser a coisa mais fácil do mundo às vezes — seja por causa do trânsito ou da geografia montanhosa que dificulta percorrer grandes distâncias a pé —, uma vez na região, vale ficar e explorar. Deixo aqui um pouco da história de cada região e compartilho minhas impressões e experiências nelas.

BELA VISTA

O bairro nasceu dos Campos do Bexiga, que concentravam propriedades rurais e eram ponto de passagem das tropas que vinham de cidades como Santo Amaro (que depois virou bairro) e Itapecerica. Em dezembro de 1910, um decreto municipal alterou o nome para Bela Vista, mas os moradores não abriram mão do original, muitas vezes levemente alterado para Bixiga. Ícone

ítalo-paulistano, a região tem macarrão todos os dias, além de samba e muita gente falando com a mão — herança dos imigrantes italianos que ocuparam a área no fim do século XIX. Várias cantinas e padarias veteranas ficam ali, assim como a feira de antiguidades do Bixiga, que acontece aos domingos na Praça Dom Orione, e a Festa de Nossa Senhora da Achiropita, uma das celebrações italianas mais tradicionais do país.

Subindo as ladeiras, entre a Bela Vista e a Consolação, está a icônica Avenida Paulista, com tudo que você possa imaginar: instituições de arte importantes, como o MASP e o IMS, os parques Trianon e Prefeito Mário Covas, cinemas, faculdades, bares, centros empresariais, shoppings e uma porção de galerias com lojinhas de eletrônicos de procedência

duvidosa — o melhor lugar caso você tenha uma emergência com seus gadgets. A Avenida Paulista nunca fica vazia, mas as calçadas largas aliviam, e o passeio é sempre interessante, dia e noite — só na madrugada que pode ser um pouco mais tenso, então é melhor evitar.

CENTRO

Na verdade, o Centro engloba vários bairros, como Sé e Consolação, mas o fervo dos bares, restaurantes e galerias de arte acontece mesmo na República. Os endereços mais legais — Pivô, A Casa do Porco, Paloma e Gato sem Rabo são alguns — estão perto ou encostados no Copan, símbolo da arquitetura moderna brasileira e destino central obrigatório. As turmas que circulam por ali são bem diversas, mas os fashionistas e pessoas da comunidade LGBTQIAPN+ se destacam, então espere ver bons looks e arrume-se à altura, hehehe! No Centro também estão as construções mais históricas (e belas) da cidade. Nesse rolê, não perca o Pateo do Collegio — onde São Paulo foi fundada,

em 1554 —, o Edifício Martinelli, a Catedral da Sé, a Basílica de São Bento e o Theatro Municipal.

Outra região do Centro é o Bom Retiro, que abriga a Pinacoteca do Estado, o Museu de Arte Sacra, o Museu da Língua Portuguesa (dentro da Estação da Luz) e o Centro de Estudos Musicais Tom Jobim, mas não só isso. O lugar foi formado por imigrantes italianos, gregos, portugueses, judeus e iugoslavos, mas hoje é majoritariamente habitado por sul-coreanos, donos das grandes lojas nas principais ruas do bairro, como a José Paulino. Carinhosamente apelidada de "Zepa", é dominada pelo comércio de moda e tem uma história curiosa: foi nela que, em 1910, operários da região fundaram o Sport Club Corinthians

Paulista. Nos dias de semana, o bairro fica lotado, mas vale a experiência. Aproveite a passagem e marque uma sessão de beleza em um dos salões comandados pelas sul-coreanas, experts da K-beauty no Brasil.

HIGIENÓPOLIS

O nome do bairro significa "cidade da higiene" — a explicação é que, no fim do século XIX, este foi o primeiro bairro de luxo de São Paulo, que contava com encanamento de água e esgoto, além de eletricidade, linha de bonde própria, entre outros "luxos" da época. Mas, de volta ao presente: eu moro no bairro desde 1998. Quando me casei, meu marido e eu fomos morar na Rua Piauí. Depois de alguns anos, nos mudamos para a Rua Bahia. Minha avó Eva frequenta uma sinagoga na Rua Alagoas. O edifício Cinderela, concebido pelo arquiteto Artacho Jurado, fica na Rua Maranhão. Aliás, este é o grande charme da região: a arquitetura, que preserva tanto casarões históricos de mais de 100 anos atrás — como o do Iate Club de Santos e o do Pátio Higienópolis, onde hoje funciona o Paço das Artes — quanto projetos arquitetônicos de grandes nomes da arquitetura moderna brasileira — como Artacho Jurado, que, além do Cinderela, assina o edifício Bretagne e o Paquita, outros dois marcos da cidade.

O bairro concentra uma parcela grande da comunidade judaica brasileira, e, por causa disso, ganhou entre seus membros o apelido carinhoso de "Idichenópolis". Boa chance de explorar mais a cultura judaica, entre padarias especializadas e livrarias com títulos sobre o assunto. Além disso, o bairro tem boas opções de museus, como o MAB, na FAAP, o Centro Universitário Maria Antonia e a Chácara Lane.

ITAIM E VILA OLÍMPIA

Esta é a região das grandes corporações — Google, Apple, Louis Vuitton e Facebook (Meta) estão ali, só para citar algumas —, mas também de muitos edifícios residenciais, por isso o bairro costuma ser bem movimentado, às vezes até demais (já aviso que o trânsito pode ser bem intenso na região, então prepare o humor). Quem não está a caminho do escritório provavelmente busca os bares e restaurantes do bairro: a oferta vai de japas-peruanos até a clássica pizza. A área também atrai a galera que quer fazer compras, afinal, por lá fica o JK Iguatemi, extensão do Iguatemi — shopping mais antigo da cidade (e da América Latina), inaugurado em 1966 no Jardim Europa —, e a Rua João Cachoeira, uma versão mais popular e ao ar livre. Para quem quer um pouco de ar e céu aberto, o Parque do Povo é uma atração legal e permite passeios de bike pelas ruas ao redor, que, em geral, são planas, com ciclovias e ciclofaixas de lazer.

JARDINS

Outra região super-rica, que inclui Jardim América — primeiro bairro sul-americano a seguir o conceito de cidade-jardim, em 1913 —, Jardim Europa, Jardim Paulista e Jardim Paulistano, todos desenvolvidos na esteira da Avenida Paulista, que passou a receber casarões dos barões do café no fim do século XIX. É um dos principais pontos turísticos da cidade, com museus, galerias de arte, hotéis de luxo, bares e restaurantes (a maioria mais cara do que barata), além de colégios tradicionais, como o Dante Alighieri e a St. Paul's School. Apesar dos altos e baixos pela concorrência com os shopping centers — inclusive um deles se instalou por ali, o CJ Shops —, a Rua Oscar Freire e suas adjacentes (Haddock Lobo, Consolação, Lorena e Bela Cintra) ainda têm boas lojas de rua, entre elas Track&Field (com uma unidade do TFC Food and Market), Pinga e Verniz. No Jardim Europa, as mansões dominam a paisagem arborizada e são rodeadas por pracinhas e calçadas limpíssimas, algo meio raro de ver nessa pauliceia desvairada. Também rola um circuito

artsy por ali, com o Museu da Imagem e do Som, o Museu Brasileiro da Escultura e Ecologia, a Fundação Cultural Ema Klabin e o Museu da Casa Brasileira, além de galerias estreladas como Nara Roesler e Luciana Brito.

LIBERDADE

É o maior reduto da comunidade japonesa no Brasil e ponto turístico dos mais procurados. A área tem vários atrativos, desde restaurantes orientais — coloque Sushi Lika, Izakaya Issa e Lamen Kazu na sua lista — até karaokês e lojinhas de mangás e animes. Há ainda jardins, templos budistas e outras construções de estilo asiático que vale conferir, além da feirinha tradicional que acontece nos fins de semana na Praça da Liberdade e é famosa pelas comidinhas e outros achados. É nela, inclusive, que você encontrará o melhor guioza da cidade, na barraca da família Nakamura. Para localizá-la no meio das outras é simples: basta procurar a mais lotada. O auê é tanto que eles precisaram adotar um sistema de senhas para organizar os pedidos, já que, em dias de festivais, a clientela chega a mais de 100 pessoas. Calma, não desanime, porque a fila anda bem rápido e a comida compensa. E, se a sua pegada for mais de desvendar a história local, inclua no roteiro o Museu Histórico da Imigração Japonesa, a Capela dos Aflitos e o Largo da Pólvora.

MOOCA

Urra, belo! A galera que mora ali é raiz, tem sotaque próprio e o chamado "orgulho mooquense". O bairro é um dos mais antigos da cidade: foi fundado em meados de 1556 e era habitado pelos indígenas da tribo Guaianá (tupi-guarani), que deram o nome ao lugar. Segundo historiadores, Mooca significa "faz casa", uma alusão às primeiras construções que os colonizadores portugueses levantaram na área. Mais tarde, o bairro virou porta de entrada de imigrantes europeus, especialmente italianos, por causa das ferrovias que iam até ali. A região era mais residencial, porém, com o tempo, foi ocupada por fábricas

e usinas. Hoje, muitas delas estão vazias e recebem festas fervidas, tipo Selvagem e Mamba Negra. A comunidade italiana ainda é muito forte e contribui para o sucesso da gastronomia local, com muitas pizzarias e cantinas tradicionais, além de bares bons em petiscos. Outra influência permanente do pessoal da terra da bota no bairro é a Festa de San Gennaro, um dos eventos de rua mais populares de São Paulo, que acontece em todos os fins de semana de setembro. Vale também dar um pulo no Museu da Imigração, no Teatro Arthur Azevedo — projetado em 1952 por Roberto Tibau, arquiteto da escola de Oscar Niemeyer — e no Casarão do Vinil, uma loja imperdível para quem curte música, com mais de 700 mil discos.

MORUMBI

Outro megabairro paulistano, que vai do Butantã ao Campo Limpo, englobando 11 regiões ao todo. Antigamente se chamava Fazenda Morumbi e pertencia ao inglês John Rudge, que trouxe o chá da Índia para o Brasil na década de 1940. Em 1948, o engenheiro Oscar Americano comprou a propriedade e a loteou em quadras grandes e caras, atraindo as famílias ricas da cidade. Resultado? Virou uma área de contrastes, contendo lado a lado mansões, prédios de luxo e favelas — uma delas, Paraisópolis, a quarta maior do país.

O Morumbi tem vários endereços legais, como a Fundação Maria Luisa e Oscar Americano, a Casa de Vidro da Lina Bo Bardi e os parques Burle Marx e Alfredo Volpi. Também dá para conhecer a Casa da Fazenda do Morumbi e, de quebra, a capela que fica na propriedade. Não se sabe bem a origem dela — existem três teorias —, mas, em 1940, a edificação em ruínas de taipa de pilão foi vendida com o terreno e reconstruída pelo arquiteto Gregori Warchavchik, tornando-se um patrimônio histórico e cultural da cidade dedicado à arte contemporânea. Um pouco acima está o Palácio dos Bandeirantes, onde fica a sede do governo do estado de São Paulo. Passando por ali, é

legal conferir as exposições de arte e o acervo artístico, que inclui obras de Portinari, Djanira da Motta e Silva e Aldemir Martins. Outra parada no bairro é o Estádio do Morumbi, casa do São Paulo Futebol Clube e palco de shows históricos, como Paul McCartney, Madonna e Rolling Stones. Para os são-paulinos ou fãs de futebol em geral, há visitas guiadas, algumas até por ex-jogadores do time.

PACAEMBU

O Pacaembu é um bairro essencialmente residencial, arborizado e com ruas sinuosas, mas seu coração central é o Estádio Municipal Paulo Machado de Carvalho, mais conhecido como Estádio do Pacaembu — que agora, depois de privatizado, está passando por um grande processo de expansão e revitalização que vai incluir espaço para feiras e exposições de

arte, lojas, restaurantes, hotel e por aí vai. De qualquer forma, ali já funcionam o Museu do Futebol e o Bubu Café Restaurante, que merecem a visita, além do estádio em si, pérola do art déco dos anos 1940, projetado por Lúcio Costa. O estádio fica localizado na Praça Charles Miller, onde às terças, quintas, sextas e sábados tem feira. **#didica:** O pastel e o caldo de cana (ou garapa) são imperdíveis. Por falar em guloseimas, segundo a Wikipedia, foi no Pacaembu que inventaram um dos mais célebres doces brasileiros: o brigadeiro. Não sei se a informação é 100% correta, mas só de pensar que pode ser verdade já fico mais afeiçoada ao bairro, hehehe!

PINHEIROS

Quem passa por Pinheiros, talvez não imagine se tratar de um dos bairros mais antigos da cidade. Cheio de bares, restaurantes e baladas, é sempre agitado e movimenta desde a turma do samba até os skatistas e engravatados. O local começou a ser povoado em 1560, com uma aldeia indígena no atual Largo da Batata, e se desenvolveu a partir de 1750, com a construção da Paróquia Nossa Senhora do Monte Serrate e, mais tarde, com a chegada dos bondes e do Mercado Municipal de Pinheiros — um dos points gastronômicos da região. O Largo da Batata passou uns anos meio largado, mas um projeto de revitalização tem dado uma bombada na praça, que é cercada de botecos e pontos descolados, como a Void e o Cartel 011, além da estação Faria Lima do Metrô. A movimentação cultural é intensa e vai de shows cult no Sesc Pinheiros ao renomado Instituto Tomie Ohtake — prédio diferentão com janelas cor-de-rosa espelhadas onde acontecem exposições de arte e eventos. Outra novidade é o Lote, novo espaço cultural no Beco do Nego, que tem atrativos como o estúdio da "Na Manteiga", rádio on-line que fomenta a cena musical independente, uma choperia, um bar de drinks e hambúrgueres, e uma loja da Surreal, marca queridinha da galera indie. Numa pegada mais fashionista está a Rua Mateus Grou, novo endereço quente na moda, onde você encontrará lojas de marcas brasileiras cool, como Neriage, Misci e Isaac Silva. E para quem é um "bom garfo", a Rua Ferreira Araújo concentra bons restaurantes como o Modern Mamma Osteria, Nelita e Casa de Ieda.

SANTA CECÍLIA E VILA BUARQUE

Principal reduto hipster da cidade, essa dupla de bairros, que, de tão coladinhos, se misturam, tornando difícil saber onde acaba um e começa o outro, tem, ao mesmo tempo, desde aquele clima de bairro "das antigas" — com predinhos baixos, casinhas simpáticas, feiras de rua e botecos despretensiosos — até bares agitados e baladinhas bastante fervidas. Mas, além disso, o bairro também tem ótimas floriculturas e casas de plantas para quem quer explorar esse  lado de São Paulo. A região também é berço do bloco Charanga do França, fundado pelo saxofonista Thiago França, que todo Carnaval lota as ruas da região. É onde fica também a minha livraria favorita na cidade: a Gato Sem Rabo, que só vende livros escritos por autoras mulheres e tem, no topo, o restaurante Cora, outro ponto obrigatório (e concorrido) da região, assim como o Beverino, wine bar que é hit da região e só trabalha com vinhos naturais e biodinâmicos. Vale destacar também o Conceição Discos — um híbrido de loja/sebo de discos de vinil e restaurante. Os clientes são convidados a colocar as músicas de sua preferência nos toca-discos, enquanto saboreiam pratos à base de arroz preparados pela talentosa chef de cozinha Talitha Barros.

VILA MADALENA

Vizinha de Pinheiros e igualmente movimentada, a Vila ficou famosa na década de 1970, quando estudantes e professores da Universidade de São Paulo (USP) começaram a morar ali, muitos alugando as casas grandes que havia na região e as transformando em repúblicas. Não é à toa que a maioria das ruas tem nomes líricos e poéticos, dados pelos seus primeiros habitantes, como Harmonia, Simpatia e Purpurina. Até hoje a área é reduto de artistas e intelectuais, mas também é uma das mais caras para morar. Por lá, você encontrará uma infinidade de bares — São Cristóvão, Mercearia São Pedro, Astor e Filial são clássicos e vivem cheios —, bastante música ao vivo (as rodas de samba são as mais legais), um circuito de galerias que inclui Raquel Arnaud, Millan, Utópica, Bolsa de Arte, além do Beco do Batman, estrela do bairro e destino obrigatório para quem curte street art. O Beco do Batman é uma viela em que os muros e paredes são ocupados por grafites de diferentes artistas. As pinturas mudam de tempos em tempos. Na Vila, também come-se muito bem e tem um

pouco de tudo: do descoladinho Quincho aos ramens do Hirá Izakaya, entre outros.

VILA NOVA CONCEIÇÃO E MOEMA

Os dois estão colados ao Parque do Ibirapuera, mas têm climas diferentes. A Vila Nova é um dos bairros mais caros da cidade, com prédios altos e milionários, portões parrudos e seguranças reforçadas para proteger nomes ilustres que moram na área. As ruas, superarborizadas, têm boas opções para comer e bebericar, mas não espere encontrar baladas por ali. Vale mais conhecer durante o dia e incluir uma voltinha pela Praça Pereira Coutinho, boa pedida para um programa em família ou um passeio de patins (ou os dois!), pois a praça é plana e tem calçadas largas. Já Moema tem um clima mais boêmio, por conta dos bares famosinhos que atraem os moradores jovens e pessoas que circulam por lá. O chopp do Original é um clássico, assim como o filé à parmegiana do Bar do Alemão e os pastéis do Bar do Giba. A melhor maneira de conhecer o bairro é andando a pé ou de bike, já que as ruas são planas e possuem rotas para ciclismo nas avenidas Iraí, Aratãs, Pavão e Rouxinol.

TEM QUE **VER**

PARQUES, PRAÇAS E OUTROS VERDES

Acho meio injusto chamar São Paulo de "selva de pedra"... Ok, Ok, tem lugares da cidade em que realmente a sensação é de sufoco completo, seja pela quantidade de gente e de carros pelas ruas ou pelos prédios emparedados que parecem não ter fim. Mas também tem uma série de parques que compensam essa experiência e que podem oferecer um ótimo escape do ritmo paulistano, sem sequer sair da cidade. E, como em São Paulo não temos praia, vamos de parquinho mesmo, que já tá bem bom, né?, hahaha!

JARDIM BOTÂNICO

Parte do Instituto de Botânica de São Paulo, o Jardim Botânico tem 360 m² e fica dentro do Parque Estadual das Fontes do Ipiranga, mais conhecido como Parque do Estado. O lugar é lindo e tem uma área de Mata Atlântica com 380 espécies de árvores e plantas de São Paulo, do país e do mundo, a maioria utilizada em pesquisas e na conservação da flora. Além de um museu, há duas estufas com plantas e exposições temporárias, o Jardim de Lineu, o portão histórico de 1894 e o marco das nascentes do riacho Ipiranga. O passeio é legal também para ver alguns animais, como o tucano-de-bico-verde, a preguiça, bugios e roedores, que vivem livremente no jardim — onde, aliás, você pode encontrar também bons espaços para piqueniques.

🕐 de terça a domingo, das 9h às 17h
📍 Av. Miguel Estefno, 3.031 – Água Funda
🌐 jardimbotanico.com.br
📷 jardimbotanicosp

PARQUE ALFREDO VOLPI

Costumava frequentá-lo quando ainda morava na região com os meus pais. É ótimo para fazer caminhadas, principalmente para quem curte o clima de floresta ou quer escapar da agitação urbana, porque as trilhas passam por trechos de Mata Atlântica fechada bem bonitos. O parque não permite bicicletas, skates e patins, mas tem lagos com patos, playground e mesas para piqueniques, então, no geral, o clima é mais tranquilo e bom para levar crianças.

☺ diariamente das 6h às 18h
📍 Rua Engenheiro Oscar Americano, 480 – Morumbi
📞 (11) 3031-7052

PARQUE AUGUSTA

Depois de um longo período de disputa pelo terreno e um investimento de muitos milhões, o Parque Augusta é o mais novo — e o mais hipster — parque da cidade. Foi inaugurado no fim de 2021 entre as ruas Augusta, Consolação, Caio Prado e Marquês de Paranaguá. Pertinho da Praça Roosevelt, o parque tem um clima bem diferente da laje de concreto que reúne skatistas e patinadores a alguns quarteirões dali, com uma área de 23 m² de bosque, árvores, gramados descampados e áreas sombreadas, além de parquinhos para crianças e um cachorródromo. É ótimo para um piquenique, mas também há algumas trilhas e um redário no meio das árvores. É só levar a rede, pendurar nos ganchos e se esticar por ali, ou instalar um elástico e se jogar no slackline. A galera também improvisou uma prainha "à la paulista", e, nos dias de calor, muita gente vai (e fica) para tomar sol o dia inteiro. O parque ganhou até um espaço próprio para receber eventos e exposições pequenas, na histórica Casa das Araras, tombada pelo Conselho Municipal de Preservação do Patrimônio Histórico, Cultural e Ambiental da Cidade de São Paulo (Conpresp) e restaurada para a inauguração. **#didica:** Fica de olho que tem um carrinho que vende água de coco em uma das entradas, na esquina da Augusta com a Caio Prado, e um supermercado Minuto na quadra de cima, caso você precise complementar seu piquenique.

☺ diariamente, das 5h às 21h
📍 Acessos: Rua Augusta, 344 / Rua Caio Prado, 230/232 – Consolação

PARQUE BUENOS AIRES

O quadrilátero verde entre a Avenida Angélica e as ruas Piauí, Bahia e Alagoas, em Higienópolis, se divide entre esculturas e aparelhos de ginástica ao ar livre e um parquinho que costuma ficar lotado com bebês e seus pais durante a manhã. Os cachorros também são bem-vindos e sempre há vários correndo por ali, no cachorródromo e no entorno. Entre as obras de arte, vale conferir "Emigrantes", de Lasar Segall. Uma vez ali, aproveite para conhecer o Instituto Artium, de frente para o parque, instalado em um palacete original dos anos 1920, e visitar rapidamente a Praça Vilaboim, cercada de restaurantes e pegada à FAAP.

🕐 diariamente, das 6h às 19h
📍 Av. Angélica, 1.500 – Higienópolis
📞 (11) 3666-8032

PARQUE BURLE MARX

O parque tem uma proposta mais contemplativa, e sua origem é meio inusitada. O arquiteto-paisagista Roberto Burle Marx criou o projeto para integrar os jardins de uma casa projetada por Oscar Niemeyer na década de 1950 que nunca foi concluída e habitada, até ser demolida nos anos 1990. Em 1995, os jardins foram aproveitados para dar lugar ao parque, localizado no Morumbi. O jardim, claro, é a principal atração, com palmeiras imperiais, um conjunto de esculturas ao ar livre, espelhos d'água, lagos e um gramado de duas cores que imita um tabuleiro de xadrez. Outro destaque é a Casa de Taipa e Pilão, que representa um processo milenar de construção trazido pelos portugueses e tem alto valor histórico. A área de mais de 138 mil m² também abriga pistas de corrida e caminhada, três trilhas que circundam os lagos, um playground e uma horta comunitária. Às quartas-feiras, tem aula gratuita de Tai Chi Chuan, e todo mês acontecem shows e prática de ioga, basta conferir a programação no site. Antes da pandemia, havia um espaço para cães, mas, por enquanto, está fechado, e os pets não são permitidos no parque.

🕐 diariamente, das 7h às 19h
📍 Av. Dona Helena Pereira de Moraes, 200 – Morumbi
🌐 parqueburlemarx.com.br
📷 parque_burlemarx

TEM QUE VER   [65]

PARQUE DA ACLIMAÇÃO

Antes chamado de Jardim da Aclimação, ele foi criado em 1882 como sede do primeiro zoológico da cidade, inspirado no Jardin d'Acclimatation, em Paris, na França. Hoje os destaques são o lago, a concha acústica e o jardim japonês com espelho d'água. Quem circula por ali geralmente curte as pistas de corrida e os playgrounds, além dos campos de futebol e das quadras de vôlei e de basquete. É considerado um dos mais tranquilos da cidade, com mais de 112 mil m² de área verde. Em sua fauna foram registradas 111 espécies, entre elas aves como garça, quero-quero, joão-de-barro, sabiá-laranjeira, martim-pescador e chopim.

🙂 diariamente, das 5h às 20h
📍 Rua Muniz de Souza, 1.119 – Aclimação
📞 (11) 3208-4042

PARQUE DA CANTAREIRA

Distante das regiões centrais da cidade e excelente para quem gosta de caminhada, o parque tem uma das maiores áreas de mata nativa que podem ser encontradas dentro de uma metrópole. Seus mais de 7.900 hectares de paisagem da Serra da Cantareira são divididos em núcleos: Pedra Grande (além das trilhas, possui anfiteatro e museu), Engordador (tem rios, cachoeiras e a "Casa de Bombas", que fez parte do primeiro sistema de abastecimento de água de São Paulo), Águas Claras (mais voltado à educação ambiental) e Cabuçu (último a ser construído e revitalizado para maior proteção da floresta nativa). Todas as áreas são abertas ao público com trilhas para caminhada, lagos e mirantes, além de playgrounds e um centro de visitantes.

Os horários de abertura variam, então consulte o insta ou ligue antes de ir.
📍 Núcleo Pedra Grande – Rua do Horto, 1.799 – Horto Florestal
📞 (11) 2203-0115
📍 Núcleo Águas Claras – Av. Senador José Ermírio de Moraes, s/n – Mairiporã
📞 (11) 4485-3975
📍 Núcleo Cabuçu – Av. Pedro de Souza Lopes, 7.903 – Jardim São Luis – Guarulhos
📞 (11) 2401-6217
📍 Núcleo Engordador – Av. Cel. Sezefredo Fagundes, (altura do nº 19.100) – Jardim Cachoeira
📞 (11) 2995-3254
🌐 linktr.ee/pecantareira
📷 parqueestadualcantareira

PARQUE DO IBIRAPUERA

Não curto muito esse tipo de comparação, mas, sem dúvida, ele é o nosso Central Park, inclusive foi idealizado nos mesmos moldes e inaugurado no aniversário de 400 anos de São Paulo, em 1954. Oscar Niemeyer assina seis construções no local: o Pavilhão Ciccillo Matarazzo (sede da Fundação Bienal de São Paulo), o Museu de Arte Contemporânea, o Museu Afro Brasil, a Oca, a Grande Marquise (onde está o MAM – Museu de Arte Moderna) e o Auditório Ibirapuera, com uma agenda de shows das boas. O Ibira, como foi carinhosamente apelidado, também recebe apresentações ao ar livre, tem um pavilhão japonês, um planetário, ginásio, restaurantes e muitos espaços para a prática esportiva. Nos fins de semana, vira quase uma cidade, chegando a receber cerca de 300 mil pessoas em seus 1.584.000 m².

🕐 diariamente, das 5h às 0h
📍 Av. Pedro Álvares Cabral, s/n – Vila Mariana
📞 (11) 5574-5177
📷 ibirapueraoficial

PARQUE MINHOCÃO

Inaugurado em 1971 para desafogar o trânsito e conectar a região central à Zona Oeste, o Elevado Presidente João Goulart é mais conhecido aqui como Minhocão. Em 1989, a Prefeitura determinou que o viaduto de concreto armado com cerca de 3 km de extensão fosse fechado para automóveis aos domingos e, anos mais tarde, estendeu para fins de semana e noites de semana, transformando a via expressa no Parque Minhocão que conhecemos hoje em um dos principais pontos de lazer do Centro e espécie de praia paulistana. A circulação de bikes, patins e skates é intensa, mas também há turmas com caixas de som, piqueniques improvisados e diversas performances artísticas, além de uma galeria de grafites nas empenas dos prédios que se estende por todo o trajeto do viaduto. O projeto para que ele se torne um parque 100% do tempo existe, mas está emperrado na prefeitura desde 2019, num vai e vem de leis e portarias que nunca se resolvem. A ideia era que fosse um High Line brasileiro, mas, por enquanto, a coisa segue estagnada. Na torcida!

🕐 para pedestres durante a semana das 20h às 22h e sábados, domingos e feriados das 7h às 22h
📍 Acessos: Pça. Roosevelt (Rua da Consolação) pela Estação de Metrô Mackenzie / Higienópolis (linha amarela) / Largo do Arouche por meio de escadas / Largo da Santa Cecília (Rua Ana Cintra) pela Estação de Metrô Santa Cecília (linha vermelha) / Pça. Marechal Deodoro por escadas ou pela rampa em frente à Estação de Metrô Marechal Deodoro (linha vermelha) / Barra Funda (Av. Francisco Matarazzo) distante cerca de 1 km da Estação de CPTM e Metrô Barra Funda (linha vermelha).
📷 parque_minhocao

PARQUE TRIANON

Projetado pelo paisagista francês Paul Villon em colaboração com o inglês Barry Parker, foi inaugurado em abril de 1892 e decora a Avenida Paulista com 48,6 mil m^2 de vegetação tropical remanescente da Mata Atlântica. O nome Trianon vem do antigo Clube

Trianon, que existiu até meados dos anos 1950, onde hoje está o Masp. Por ali há playgrounds, aparelhos de ginástica e a trilha do fauno, que liga a Paulista com a Alameda Santos e tem duas esculturas no caminho: "Fauno", de Victor Brecheret, e "Aretuza", de Francisco Leopoldo Silva.

🕐 diariamente, das 6h às 18h
📍 Rua Peixoto Gomide, 949 – Cerqueira César
📞 (11) 3253-4973 / 3289-2160

PARQUE VILLA-LOBOS

O parque, localizado em Alto de Pinheiros, é agradável, mas poderia ser mais arborizado. Suas grandes áreas descampadas são muitas vezes usadas para sediar eventos — caso do Cirque du Soleil, que, em anos passados, montou ali sua tenda de espetáculos. **#didica:** Vale a pena visitar a Biblioteca Parque Villa-Lobos, que fica dentro do parque. Além do empréstimo de livros e espaços destinados à leitura, a biblioteca tem uma área toda dedicada à promoção da inclusão e autonomia de pessoas com deficiência, onde disponibiliza livros em braille e audiolivros.

🕐 diariamente, das 5h30 às 19h
📍 Av. Professor Fonseca Rodrigues, 2.001 – Alto de Pinheiros
🌐 www.parquevillalobos.net

PRAÇA BENEDITO CALIXTO

É nela que acontece a famosa feira de mesmo nome, todo sábado. Mistura de brechó e antiquário, é boa para garimpar móveis restaurados, discos raros, entre outros itens. Entre as barracas também rolam alguns projetos culturais, como o Chorinho na Praça, todos os sábados das 14h30 às 18h30, e o Autor na Praça, quinzenalmente, a partir das 14h, com lançamentos de livros, debates e distribuição de autógrafos. O entorno da praça é igualmente agitado, com restaurantes, centros culturais e lojas de roupas e decoração.

🕐 feira todos os sábados, das 9h às 17h
📍 Pça. Benedito Calixto, s/n – Pinheiros
📷 feirabeneditocalixto.oficial

PRAÇA DA REPÚBLICA

Perto de avenidas movimentadas, como Ipiranga e São Luís, e ruas comerciais, como a 24 de Maio e 7 de Abril, a praça também é agitadíssima e está ao lado de outros pontos turísticos, entre eles o Theatro Municipal e o Viaduto do Chá. Cercada de vizinhos ilustres, como os edifícios Esther, Eiffel, Itália e Copan, já foi palco de treinamentos militares, touradas e cavalgadas, além de manifestações políticas. Hoje é um dos principais pontos de encontro dos foliões que curtem os blocos do Centro durante o Carnaval e costuma ter alguns shows, além da feirinha de domingo, uma das mais tradicionais da cidade. A feira começou em 1956, com colecionadores que se reuniam ali para trocar itens raros, e hoje tem mais de 600 barracas com artesanato, artigos de couro, bijuterias, entre outros itens. Tem também uma pracinha de alimentação, com massas, lanches e doces. Se for visitar, não descuide do telefone celular porque o local também é famoso pelos furtos e, se você der bobeira, corre o grande risco de voltar para casa sem o aparelho.

🕐 feira todos os domingos, das 8h às 18h
📍 Pça. da República, s/n – República

PRAÇA DO PÔR DO SOL

É a versão paulistana do fim de tarde no Arpoador, no Rio de Janeiro — tudo bem que sem areia nem aquele mar maravilhoso do Rio, mas a gente se vira como pode, né? Situada no bairro Alto de Pinheiros, seu nome original é Praça Coronel Custódio Fernandes Pinheiros, mas, por conta do famoso entardecer, ficou conhecida como Praça do Pôr do Sol. A praça está no alto de uma das ladeiras do bairro e tem vista ampla do horizonte, algo difícil numa cidade com tantos prédios como São Paulo. Durante a semana é mais tranquila, mas nos feriados e fins de semana fica bem cheia, com muitos jovens em rodas fazendo piquenique, tocando violão ou apenas conversando e bebendo.

📍 Pça. Coronel Custódio Fernandes Pinheiros, 334 – Alto de Pinheiros
🌐 www.pracapordosol.com

PRAÇA ROOSEVELT

Point de skatistas e dos teatros underground, como o Satyros, a Praça Roosevelt também é rodeada de bares e baladas, por isso raramente fica vazia. São mais de 10 estabelecimentos ao seu redor, entre eles, o Tap Tap, de cervejas artesanais; o bar do Espaço Parlapatões, outro fervo da dramaturgia cult; Pick Your Beer, self-service de chopps e drinks; e o Papo, Pinga e Petisco (ou PPP, para os íntimos), um dos mais tradicionais e concorridos, afinal foi lá que, no dia 5 de agosto de 1964, Elis Regina fez seu primeiro show em São Paulo. Aliás, se você passar por ali, não deixe de experimentar o sanduíche de carne louca, um dos melhores da cidade. Como o quadrado vive cheio de turmas, também vale sentar nos bancos de concreto ou nas escadarias para ver o agito acontecer — o único ponto negativo é que a área costuma atrair o pessoal do furto de celular, então não dê bobeira.

📍 Pça. Franklin Roosevelt, s/n – Bela Vista

LANDMARKS

Em meio ao caos de prédios e torres e luzes das ruas de São Paulo, se escondem marcos da história da cidade e tesouros de diferentes momentos da sua arquitetura: art nouveau, art déco, modernismo, e por aí vai. Tudo misturado, os puristas ficam de cabelo em pé, mas eu acho que muito da beleza de São Paulo está nessa bagunça visual mesmo — e nestes marcos arquitetônicos que eu listo aqui.

BIBLIOTECA MÁRIO DE ANDRADE

Foi a primeira biblioteca pública da cidade e é uma das mais importantes do país, além da segunda maior em número de livros. O projeto é do arquiteto francês Jacques Pilon, que não só assina a estrutura, mas também todo o mobiliário do espaço. A primeira sede, de 1925, se chamava Biblioteca Municipal de São Paulo e ficava na Rua 7 de Abril, mas depois mudou para a Consolação e foi renomeada — uma homenagem ao autor modernista que dirigiu o Departamento de Cultura de SP por quatro anos. Entre 2007 e 2010, a Mário passou por uma reforma basiquinha de 16,3 milhões e hoje, além do acervo incrível, tem uma programação cultural agitada, com exposições, shows, saraus, peças de teatro, cursos e palestras. Se não estiver no mood culturete, tudo bem também, pode ir rapidinho conhecer as instalações e aproveitar o wi-fi livre.

🕐 de segunda a sexta, das 9h às 21h, e fins de semana e feriados, das 9h às 18h (áreas comuns)
📍 Rua da Consolação, 94 – República
📞 (11) 3150-9453
🌐 linktr.ee/bibliotecamariodeandrade
📷 bibliotecamariodeandrade

CAPELA DO MORUMBI

Fica na Avenida Morumbi, no local da antiga Fazenda do Morumbi, propriedade rural que deu o nome ao bairro. A construção é do século XIX, mas, pela falta de documentos, não se sabe muito sobre as origens. De acordo com historiadores, existem três teorias: a primeira é que era consagrada a São Sebastião dos Escravos; a segunda, uma capela onde ficavam as sepulturas dos proprietários da fazenda; e a terceira, que seriam ruínas de um paiol. Em 1940, a edificação de taipa de pilão foi vendida com o terreno e reconstruída pelo arquiteto Gregori Warchavchik, tornando-se um patrimônio histórico e cultural da cidade dedicado à arte contemporânea.

🕐 de terça a domingo, das 9h às 17h
📍 Av. Morumbi, 5.387 – Morumbi
📞 (11) 3372-4301
🌐 www.museudacidade.prefeitura.sp.gov.br

CASA DE VIDRO DE LINA BO BARDI

Marco da arquitetura moderna brasileira e primeira obra finalizada pela arquiteta ítalo-brasileira Lina Bo Bardi no país, a casa com estrutura de vidro e aço foi pensada para ser um mirante no meio da Mata Atlântica que havia ali, sem interferir na natureza. O destino é imperdível não só pelo projeto arquitetônico, mas também pelo conceito feminista que há por trás. A casa foi meio que um tapa na cara da sociedade da época (1951), que ainda construía casarões rebuscados e esnobava Lina como profissional. Ela foi na contramão e fez uma casa leve, minimalista e ultramoderna, com uma cozinha mecanizada e mobiliário funcional, tudo para ajudar a mulher a ter uma vida fora de casa, que não fosse só a doméstica. Numa área de nada menos que 7 mil m², a Casa de Vidro foi a residência de Lina e seu marido, Pietro, por 40 anos, e também point de artistas e intelectuais da época, como Glauber Rocha, Aldo van Eyck, Max Bill e muitos outros. Imagina essas festinhas.

☺ quintas, sextas e sábados, às 10h, 11h30, 14h e 15h30
📍 Rua General Almério de Moura, 200 – Morumbi
🌐 portal.institutobardi.org/visite-a-casa
📷 institutobardi

CATEDRAL DA SÉ

Se a gente for pensar, praticamente toda cidade brasileira tem uma igreja matriz, e a de São Paulo é sem dúvida a Catedral da Sé, considerada a maior igreja da cidade e um dos cinco maiores templos góticos do mundo. Construído e instalado na região no ano de 1591, o primeiro projeto da Catedral da Sé foi feito em taipa de pilão e passou por algumas ampliações até que, no ano de 1913, foi iniciada a construção da Catedral como a conhecemos hoje. A obra demorou só um "pouquinho" — mais precisamente, 41 anos, até ser inaugurada dentro das comemorações dos 400 anos da cidade, em 1954. Alguns números impressionantes para te dar uma ideia do tamanho da igreja: a cúpula tem 65 metros de altura; as torres, 100 metros cada, e a capacidade total do espaço é de 8 mil pessoas. Também fica nela um dos maiores órgãos da América Latina, construído no ano de 1954 por uma empresa italiana, com cinco teclados manuais, 329 comandos, 120 registros, quase 12 mil tubos, e bocas de forma gótica que apresentam relevos entalhados manualmente. **#didica:** Bem, nem sei se é uma didica ou um alerta mesmo, mas já aviso: o entorno na região é desolador. Muito triste a situação da população de rua nos arredores da Sé, que só faz aumentar, e faz a gente pensar com muito pesar no descaso gritante das instituições responsáveis diante de uma situação tão alarmante.

☺ diariamente, das 8h às 18h
📍 Pça. da Sé, s/n – Centro
📞 (11) 3107-6832
📷 catedraldasesp

CEAGESP

A Companhia de Entrepostos e Armazéns Gerais de São Paulo, ou Ceagesp, é o terceiro maior mercado atacadista do mundo e o primeiro da América Latina. Abastece boa parte do país com flores, frutas, plantas, peixes, verduras e legumes, movimentando 250 mil toneladas de produtos por mês. Sempre lotado, também funciona como "varejão", espécie de feira livre realizada três vezes na semana (às quartas, sábados e domingos), com produtos baratos e comidas típicas das feiras paulistanas, como pastel, caldo de cana, milho e mais. Também é reduto de decoradores e floristas que madrugam para ir à Feira de Flores — ela reúne uma média de 8 mil pessoas por dia, às segundas e quintas, de 22h30 às 9h30. É o maior evento do tipo na cidade, com mais de mil produtores de flores, gramas e mudas, além de um canto dedicado a acessórios e artesanato. Também acontecem festivais gastronômicos, como o de sopas (um dos mais aguardados do nosso inverno, de maio a agosto), o de pescados e frutos do mar (de agosto a dezembro, com uma edição de verão em janeiro e fevereiro) e o de camarão e massas (março a abril).

📍 Av. Doutor Gastão Vidigal, 1.946 – Vila Leopoldina
📞 (11) 3643-3700
🌐 ceagesp.gov.br
📷 ceagesp.oficial

CONJUNTO NACIONAL

Inaugurado em 1958 na Avenida Paulista, foi idealizado pelo arquiteto David Libeskind para ser um edifício multifuncional, abrigando centro comercial, residencial, serviços e lazer, num só lugar. Passou por um incêndio em 1978, entrou em decadência, mas foi recuperado em 1984 com a realização de diversas obras de restauração. Hoje o prédio abriga mais de 40 lojas — a Livraria Cultura é uma das mais agitadas —, restaurantes, academia, cinema e um espaço cultural, além de ter uma média de circulação de 30 mil pessoas por dia. Se você curte jazz, blues e derivados, vale tomar um drink no Blue Note, filial da icônica casa de jazz nova-iorquina em São Paulo, que fica no segundo andar e tem uma vista bacana da Avenida Paulista.

☺ de segunda a sábado, das 6h às 22h, e domingos e feriados, das 10h às 22h (centro comercial piso térreo)

📍 Av. Paulista, 2.073 – Consolação

📞 (11) 3179-0109

🌐 ccn.com.br

📷 conjuntonacional

COPAN

Depois de Brasília, é talvez (e, para os paulistanos, com certeza, hahaha) a obra mais famosa de Oscar

Niemeyer e marca registrada da cidade, afinal, como não reparar no edifício em formato de S bem no centro de São Paulo? Projetado nos anos 1950, ele tem a maior estrutura em concreto armado do país. São 1.160 apartamentos divididos em seis blocos, onde vivem mais de cinco mil moradores (numa grande diversidade, já que existem desde quitinetes a moradias com mais de 200 m²), o que dá ao Copan o título de maior prédio residencial da América Latina. Tão grande que ganhou um CEP próprio. Além dos apartamentos, há andares comerciais e, na base do prédio, rola um burburinho à parte por conta dos bares e restaurantes que estão ali, como o Dona Onça, Orfeu, Copanzinho e Paloma, além da galeria Pivô, responsável pela circulação da turma artsy na área. Outra característica marcante é a utilização de brises que protegem do sol e realçam a fachada ondulada. Para morar lá, porém, é superconcorrido — tem uma fila de espera e os contatinhos são essenciais para conseguir algo. Antes da pandemia do coronavírus, era possível visitá-lo durante a semana, mas, por enquanto, as visitas estão suspensas – tomara que voltem!

📍 Av. Ipiranga, 200 – Centro
📞 (11) 3259-5917
🌐 www.copansp.com.br

EDIFÍCIO ALTINO ARANTES

O prédio de 35 andares e cerca de 160 metros de altura fica no Centro e foi inaugurado em 1947 para ser a sede do extinto Banco do Estado de São Paulo (Banespa). Durante 20 anos, ele foi o mais alto, mas o Mirante do Vale tomou o posto nos anos 1960. Inspirado na arquitetura art déco do Empire State Building, de Nova York, o Banespão mudou de nome nessa mesma época para homenagear o primeiro presidente do Banco, Altino Arantes Marques. Alguns anos depois, a instituição fechou e o prédio passou por uma longa reforma, até reabrir como Farol Santander, em 2018. Hoje há diferentes exposições em alguns andares do prédio e até uma pista de skate para quem quiser dar uns flips nas alturas. O mirante do 26° andar é o mais concorrido e de lá se tem uma visão 360 graus da cidade. Também há um restaurante e dois bares, e o mais famosinho é comandado pelo SubAstor e fica dentro de um cofre — bem instagramável. Como o acesso é limitado e a procura grande, não deixe para comprar ingressos na bilheteria porque a chance de amargar numa fila ou nem conseguir entrar é grande. O tempo de visita também é restrito a duas horas.

🕐 de terça a domingo, das 9h às 20h
📍 Rua João Brícola, 24 – Centro
🌐 www.farolsantander.com.br
📷 farolsantandersp

EDIFÍCIO DACON

O prédio redondo foi levantado em 1981 e é o primeiro da cidade a ser todo revestido por placas de vidro — a técnica inclusive virou febre entre os endereços corporativos das décadas seguintes. O projeto é de Ricardo Julião e a fachada inusitada virou até cenário de novela no fim dos anos 1980 — "Cortina de Vidro", do SBT que, muito provavelmente, só eu vi, hahaha! Houve uma época em que rolavam umas baladas ali, também tinha bingo, mas hoje o edifício é basicamente comercial e abriga um restaurante meio genérico de carnes e vinhos. Às vezes, rolam eventos no heliponto, mas costumam ser fechados para convidados.

📍 Av. Cidade Jardim, 400 – Itaim Bibi
📞 (11) 96862-1262
🌐 www.edificiodacon.com.br

EDIFÍCIO ITÁLIA

A Rainha Elizabeth II deu um pivô no Edifício Itália, em 1968. É o principal símbolo da representatividade italiana em São Paulo e uma das vistas mais incríveis da cidade. As construções começaram em 1960 e a ideia era que o prédio sediasse a associação que liderava a colônia, o Circolo Italiano — esse, inclusive, era o nome oficial. O projeto de Franz Heep foi entregue em 1965 e é um dos ícones da arquitetura paulistana, além de um dos maiores arranha-céus da América Latina, com 151 metros de altura. No 41º andar está o Terraço Itália, um dos restaurantes mais tradicionais da cidade e hotspot de casais românticos — quase todo dia alguém é pedido em casamento no restô. A comida

é boa, mas um pouco cara e nada espetacular. O legal mesmo é o Bar do Terraço, no andar de cima. A decoração clássica de madeira, couro, tapeçaria e luz baixa tem uma vibe de elegância decadente e a vista panorâmica das janelas de vidro é maravilhosa. Tente ir no fim do dia para ver o pôr do sol e embalar a noite com drinks e piano ao vivo. Outra atração é o Teatro Itália, famoso por ter sido palco do lançamento do primeiro álbum da banda Secos & Molhados, em 1973.

📍 Av. Ipiranga, 344 – Centro
📞 (11) 3256-5574
🌐 www.edificioitalia.com.br
📷 edificioitaliaoficial

EDIFÍCIO MARTINELLI

Entre a Rua São Bento, a Avenida São João e a Rua Líbero Badaró, no coração do Centro Histórico, esse arranha-céu cor-de-rosa fica espremido entre grandes espigões e poucos percebem como é luxuoso. O Martinelli foi o primeiro prédio de grande estatura da cidade (até então, só existiam construções com até cinco andares) e marcou a transição para a era dos arranha-céus. Idealizado pelo imigrante italiano Giuseppe

Martinelli, o prédio também tem um belo mirante da cidade, com uma das vistas mais bonitas do skyline paulistano. Como muitas das construções icônicas, este também passou por momentos de glória e decadência, fechou e reabriu, foi revitalizado e ainda tem uma fama de mal-assombrado, por conta de dois crimes cometidos lá. Hoje pertence à prefeitura e abriga diversos órgãos da municipalidade, escritórios de sindicatos e repartições públicas. Já o belo terraço rosa, que fechou para visitações durante a pandemia, ainda não tem previsão de reabertura, mas pode ser locado para eventos e tem uma das vistas mais deslumbrantes de São Paulo.

📍 Av. São João, 35 – Centro Histórico
📞 (11) 3116-2777
🌐 www.prediomartinelli.com.br
📷 edificiomartinelli

MAC-USP

No prédio criado nos anos 1950 por Oscar Niemeyer costumava funcionar o Departamento Estadual de Trânsito do Estado de São Paulo (Detran), mas, desde 2009, passou a ser a casa do Museu de Arte Contemporânea da Universidade de São Paulo (MAC-USP).

Situado na frente do Parque do Ibirapuera (é só atravessar uma passarela para chegar ao museu), ele tem oito andares de exposições de longa duração com entrada gratuita e uma coleção daquelas, que inclui obras de Picasso, Matisse, Miró, Kandinsky, Calder, Tarsila do Amaral, Di Cavalcanti, Manabu Mabe, Regina Silveira, entre outros. Não deixe de conferir o terraço do oitavo andar, que tem uma bela vista da cidade e também o Vista (sim, esse é o nome), restaurante moderninho comandado pelo chef Marcelo Corrêa Bastos, com um bar de drinks assinados pelo mixologista Jairo Gama. A brincadeira é meio salgada, mas vale a pena para um momentinho especial.

📍 Av. Pedro Álvares Cabral, 1.301 – Vila Mariana
📞 (11) 2648-0254
🌐 www.mac.usp.br
📷 mac_usp   📷 vistaibirapuera

MEMORIAL DA AMÉRICA LATINA

Conjunto arquitetônico de seis edifícios projetado por Oscar Niemeyer nos anos 1980 e localizado na Barra Funda em um terreno de mais de 84 mil m², como o próprio nome indica, este complexo cultural é destinado essencialmente ao enaltecimento das relações sociais e culturais latino-americanas. O Memorial conta com um acervo permanente de obras de arte e uma biblioteca de títulos latino-americanos, com mais de 30 mil títulos. Mas, sinceramente, a graça ali é ir para apreciar os prédios criados pelo mestre da arquitetura moderna. #didica: O Memorial é, antes de mais nada, um lugar usado para a realização de grandes eventos, o que, muitas vezes, pode afetar os horários de visitação. Não deixe de checar o site ou o insta deles antes de ir!

🌐 áreas externas abertas ao público de segunda a domingo, das 10h às 17h – sujeito a alterações.

📍 Av. Mário de Andrade, 664 – Barra Funda

📞 (11) 3823-4600

🌐 memorial.org.br

📷 memorialdaamericalatina

MOSTEIRO DE SÃO BENTO

Vale dar uma olhada, mesmo não sendo religioso. O monastério hospedou o papa Bento XVI durante sua visita ao Brasil, em 2007, e está integrado à Basílica de Nossa Senhora de Assunção, que tem missas diárias — a mais famosa acontece aos domingos, às 10h, com coral de canto gregoriano e som de um órgão de 7 mil tubos. O lugar é lindo, mas o que bomba mesmo é a Padaria do Mosteiro, com pães e doces feitos pelos monges. O modo de preparo dos quitutes fica guardado entre eles — para não massificar e perder a qualidade —, e os preços são um pouco mais caros que o normal, mas os ingredientes frescos e de ótima qualidade compensam, sem contar as embalagens próprias que rendem bons souvenirs. Entre os hits estão o Pão São Bento, feito de mandioquinha, o Benedictus, um pão de mel recheado com geleia de morango, e o Dominus, pão integral feito com açúcar mascavo, aveia e azeite. Mas a geleia de damasco, o Bethlehem com pistache, nozes, tâmaras e damasco (feito exclusivamente no Natal), e o Bolo dos Monges (receita do século XIX à base de vinho canônico, damasco, ameixa e açúcar mascavo) também fazem a alegria dos visitantes. Há ainda um brunch, que acontece aos domingos, quinzenalmente. **#didica:** Vale muito a pena visitar o Largo de São Bento e o Mosteiro, mas, se você um dia quiser só levar o sabor dos doces e bolos de receitas seculares para a sua casa, existe também a loja da Padaria do Mosteiro nos Jardins, à Rua Barão de Capanema, 416.

📍 Largo de São Bento, s/n – Centro
📞 (11) 3328-8799
🌐 www.mosteirodesaobentosp.com.br
📷 mosteirodesaobentosp
📷 brunchnomosteiro

MUSEU DO IPIRANGA

O Museu do Ipiranga, que antes de sua fundação era o Palácio do Ipiranga, foi inaugurado no dia 7 de setembro de 1895, precisamente 73 anos depois que Dom Pedro I teria dado seu famoso grito de independência, em 1822. No começo havia apenas artigos relacionados à história natural que pertenciam ao Coronel Joaquim Sertório, mas, depois do Centenário da Independência, em 1922, a exposição passou a destacar os eventos mais relevantes da história de São Paulo e do Brasil. O conjunto urbanístico conhecido como Parque da Independência é formado pelo Museu do Ipiranga, o Horto Botânico, o Jardim Francês, a Casa do Grito e o Monumento à Independência, que guardam um acervo de mais de 450 mil objetos e documentos importantíssimos. Depois de oito anos fechado para uma reforma milionária, o museu reabriu como parte das comemorações do bicentenário da Independência. A principal novidade está no subsolo — toda a área ampliada, de 6.800 m², passou a ter uma loja, uma cafeteria, salas para exposições temporárias e um auditório para 200 pessoas. Na prática, o museu dobrou de tamanho.

🕐 de terça a domingo, das 11h às 17h, e também em feriados, de acordo com a programação
📍 Rua dos Patriotas, 20 – Ipiranga
🌐 museudoipiranga2022.org.br
📷 museudoipiranga

PATEO DO COLLEGIO/SOLAR DA MARQUESA

Foi onde São Paulo nasceu, em janeiro de 1554, quando os padres jesuítas vindos de Portugal iniciaram ali a fundação da cidade com uma missa no dia de São Paulo. Na época só havia uma cabana, uma escola e uma igrejinha, tudo construído em pau a pique. O complexo atual se formou em 1979, com a fundação do Museu do Padre Anchieta e da Igreja Beato Anchieta. Hoje ele abriga um museu com coleções de arte sacra, uma pinacoteca, objetos indígenas, uma maquete de São Paulo no século XVI, a pia batismal, entre outras coisas. Também tem a Biblioteca Padre Antônio Vieira, onde ficam livros de história e acontecem congressos, cursos e oficinas culturais. Aproveite o passeio para dar um pulo no Solar da Marquesa, ali pertinho. A residência pertenceu ao Brigadeiro José Joaquim Pinto de Morais, mas foi Domitila de Castro Canto e Melo, a Marquesa de Santos, que causou no local. Ela viveu lá entre 1834 e 1867 e, nessa época, fazia várias festas e bailes de máscaras bombásticos, além de ser conhecida como amante do imperador Dom Pedro I. Anos mais tarde, o Solar se tornou monumento histórico do Estado e a sede da Secretaria Municipal de Cultura e do Museu da Cidade de São Paulo.

📍 Pça. Pátio do Colégio, 2 – Centro Histórico
📞 (11) 3105-6899
🌐 www.pateodocollegio.com.br
📷 pateodocollegio
Solar da Marquesa
📍 Rua Roberto Simonsen, 136 – Sé
📞 (11) 3241-1081
🌐 www.museudacidade.prefeitura.sp.gov.br

PAVILHÃO BIENAL

Projetado por Oscar Niemeyer no início dos anos 1950, fica no coração do Parque Ibirapuera e faz parte de um conjunto de espaços expositivos que inclui a Oca e o Museu Afro Brasil. É nele que acontece a Bienal Internacional de Arte de São Paulo — um dos mais importantes eventos do circuito artístico mundial —, e outros eventos que compõem o calendário cultural da cidade, como a feira SP-Arte e algumas edições do São Paulo Fashion Week. Apelidado de Pavilhão da Bienal (o nome oficial é Pavilhão Ciccillo Matarazzo), o prédio de janelas de vidro e brises verticais é dividido em três pavimentos e um auditório, que totalizam 25 mil m² de área. Ali você verá as curvas características do trabalho de Niemeyer, além da influência da escola modernista na sua arquitetura, então vale a pena visitar, mesmo sem eventos, e se perder na imensidão do espaço. Se esse for o caso, faça no fim (ou no começo, quando quiser) uma paradinha no Café Bienal, no térreo, para conferir a coleção de cartazes de edições anteriores da Bienal, com informações sobre cada uma delas. No menu: sanduíches, sucos e saladas orgânicas.

📍 Av. Pedro Álvares Cabral, s/n – Moema

📞 (11) 5576-7600

🌐 www.bienal.org.br/home

📷 bienalsaopaulo

RODA SÃO PAULO

Projetada para ser a maior roda-gigante da América Latina, com 91 metros de altura e com um peso estimado de mais de mil toneladas, superando as de Paris e de Chicago, a roda-gigante de São Paulo ocupa um espaço no Parque Cândido Portinari, ao lado do Parque Villa-Lobos, às margens do Rio Pinheiros. Suas 42 cabines terão capacidade para até dez pessoas e "mimos" como ar-condicionado, monitoramento por câmeras, interfones e wi-fi para os usuários — assim não vai ter como você não conseguir postar um registro dessa experiência.

📍 Av. Queiroz Filho, 1.365 – Vila Hamburguesa

📷 rodasaopaulo

THEATRO MUNICIPAL + PRAÇA RAMOS DE AZEVEDO

Inspirado na Ópera de Paris, o Theatro Municipal foi inaugurado em 1911 e é pura ostentação no Centro. A fachada tem traços renascentistas e barrocos, e o interior apresenta colunas neoclássicas, grandes vitrais, lustres, bustos, muito mármore e dourado. Também foi cenário de grandes eventos, como a Semana de Arte Moderna de 1922, e até hoje recebe apresentações estreladas — Ella Fitzgerald, Duke Ellington, Maria Callas e Emicida, apenas para citar algumas, já se apresentaram por lá. Hoje o teatro engloba a Orquestra Sinfônica Municipal, o Coro Lírico Municipal, o Balé da Cidade, o Quarteto de Cordas da Cidade, o Coral Paulistano Mário de Andrade, a Escola Municipal de Música e a Orquestra Experimental de Repertório. Ele fica na Praça Ramos de Azevedo — o nome é uma homenagem ao arquiteto que o construiu —, conhecida por sediar manifestações nos anos 1960 e 1970, e também pela famosa "Fonte dos Desejos", com imagens de referência a Carlos Gomes, compositor de óperas brasileiro. A região ao redor não é das mais seguras, então fique esperto se quiser andar pela área, especialmente com o celular. O teatro é aberto para visitação gratuita e também há apresentações sem custo na programação. Se for beliscar algo, o restaurante Santinho serve pratos idealizados pela chef Morena Leite em um buffet com preço fixo. Ou vá ao Bar dos Arcos — que tem esse nome porque fica no subsolo, embaixo dos arcos de fundação do Municipal —, para bons drinks e petiscos gostosos.

📍 Pça. Ramos de Azevedo, s/n – Centro
📞 (11) 3053-2080
🌐 theatromunicipal.org.br/pt-br
📷 theatromunicipal

CULTURAMA

MUSEUS E INSTITUIÇÕES DE ARTE

A arte ocupa um lugar fundamental na vida cultural paulista, que abriga uma série de museus e instituições que trazem todo ano para a cidade o melhor da produção artística do Brasil e do mundo. Aproveite para fazer uma boa maratona artsy, seguindo essas minhas **#didicas** aqui.

CASA BRADESCO DA CRIATIVIDADE (CIDADE MATARAZZO)

O centro cultural foi projetado para ocupar uma casa de três andares no quarteirão onde funcionava o antigo Hospital Matarazzo e onde, agora, existe o hotel Rosewood São Paulo. O projeto, ainda a ser inaugurado, reúne quatro propostas: a Bradesco Aqui, um laboratório multidisciplinar de fusão e interação entre talentos do mundo da arte, design e tecnologia, e artistas e criadores brasileiros; a Sala 22, espaço multiuso com programação 22 horas por dia (o nome é uma referência à Semana de Arte Moderna de 1922); o Clube da Criatividade, palco para talks e palestras; e o Creative Kids Lab, com mais de 30 programas dedicados aos pequenos.

📍 Rua Itapeva, 435 — Bela Vista
🌐 cultura.cidadematarazzo.com.br/cultura

CASA DO POVO

Associação fundada em 1946 por uma parcela progressista da comunidade judaica, o espaço foi criado para homenagear os que morreram nos campos de concentração nazistas, em um ambiente que reunisse as mais variadas associações da cidade na luta contra o fascismo. Desde então, se firmou como lugar de resistência cultural e política, frequentado por diferentes coletivos, grupos e movimentos. Com projeto assinado por Ernest Carvalho Mange, o prédio funciona como centro cultural, sem grade fixa de programação e com horários flexíveis, adaptados de acordo com cada projeto. As opções vão de cursos e grupos de estudo ao desenvolvimento de obras de arte comissionadas e apresentações musicais e teatrais. Ao longo de sua história, a Casa do Povo também construiu um arquivo com mais de 4 mil livros, centenas de fotografias, objetos e documentos que contam parte da trajetória cultural da cidade, do Bom Retiro, da oposição à ditadura e da cultura judaica e ídiche. O acervo é aberto a pesquisadores e interessados, mediante agendamento prévio por e-mail.

🕐 de segunda a sábado, das 10h às 19h
📍 Rua Três Rios, 252 — Bom Retiro
🌐 casadopovo.org.br
📷 _casadopovo

CASA ZALSZUPIN

Jorge Zalszupin foi um importante arquiteto e designer de móveis de origem polonesa, que imigrou para o Brasil na década de 1950, onde se naturalizou brasileiro e viveu e trabalhou até falecer em 2019. A casa que Zalszupin projetou e usou como sua residência por quase 60 anos está localizada em endereço central no Jardim Europa e agora serve como espaço para mostras de design e arte. O espaço traz três destaques: o projeto arquitetônico, típico da era modernista; a exposição em cartaz, que muda de tempos em tempos; e uma árvore centenária — com suas imensas raízes emaranhadas acima do solo — que ocupa o jardim. A Casa Zalszupin é uma iniciativa conjunta da Almeida & Dale Galeria de Arte e da Etel, loja que representa nomes importantes do mobiliário brasileiro como Joaquim Tenreiro, Sergio Rodrigues e o próprio Jorge Zalszupin, entre outros. **#didica:** As visitas são gratuitas, mas é preciso fazer o agendamento pelo site.

📍 Rua Doutor Antônio Carlos de Assunção, 138 — Jardim América
📞 (11) 3064-1266
🌐 www.casazalszupin.com/pt
📷 casazalszupin

CENTRO CULTURAL BANCO DO BRASIL — CCBB

Na esquina da Rua da Quitanda com a Rua Álvares Penteado, Centro de São Paulo, o Centro Cultural Banco do Brasil (CCBB) ocupa uma edificação original de 1901 com 4.183 m² e cinco andares. Reinaugurado em 2001 pelo arquiteto Luiz Telles, tem cinema, teatro, auditório, loja e cafeteria, assim como grandes exposições. O próprio prédio também tem bastante história, en-

tão vale agendar uma visita monitorada para conhecer os detalhes da construção de arquitetura neoclássica. Todos os dias (exceto às terças, quando fecha), o núcleo educativo programa para a manhã e a tarde atividades ligadas às exposições em cartaz, especialmente para crianças.

🕐 todos os dias, das 9h às 20h, exceto às terças
📍 Rua Álvares Penteado, 112 — Centro Histórico
📞 (11) 4297-0600
🌐 ccbb.com.br/sao-paulo
📷 ccbbsp

CENTRO CULTURAL SÃO PAULO — CCSP

Inaugurado em 1982 a partir de um projeto de extensão da Biblioteca Mário de Andrade, ele recebe todo tipo de manifestação artística e uma enorme variedade de atrações nos seus 46.500 m².

Os quatro andares são ocupados por bibliotecas e programação de teatro, dança, música, literatura, artes visuais e cinema, e também coleções, como a Arte da Cidade, Discoteca Oneyda Alvarenga, Missão de Pesquisas Folclóricas de Mário de Andrade, Arquivo Multimeios e Coleção Memória do Centro Cultural São Paulo. Abriga ainda a Gibiteca Henfil, que possui cerca de 137 mil exemplares, entre gibis, álbuns, livros e revistas temáticas. Mais pro fim da semana, a frente do local é tomada por jovens praticando dancinhas e coreôs diversas (alô, TikTok!). Outro hit do lugar é o jardim suspenso, um terraço verde que se esconde no alto do prédio e tem horta, bancos e muitos frequentadores em busca de um momentinho relax.

🕐 de terça a sexta, das 10h às 21h, e sábados, domingos e feriados, das 10h às 20h

📍 Rua Vergueiro, 1.000 — Paraíso

📞 (11) 3397-4000

🌐 centrocultural.sp.gov.br

📷 centroculturalsp

CINE BIJOU

É o primeiro cinema de arte da cidade. Abriu as portas em 1962 na Praça Roosevelt e ficou fechado por 26 anos, mas voltou em janeiro de 2022, no aniversário de São Paulo. A sala, com 77 lugares, passou por uma reforma e foi reaberta como Cine Satyros Bijou — Sala Patricia Pillar. De 1962 a 1996, o espaço exibiu produções de cineastas como Stanley Kubrick, Luis Buñuel, Ingmar Bergman, Glauber Rocha e Jean-Luc Godard, além de filmes do Cinema Marginal e de movimentos alternativos-experimentais, sendo um local de resistência à ditadura militar. O espaço foi todo restaurado e um pequeno palco foi adicionado para receber debates, apresentações teatrais e musicais. No hall de entrada, há agora um café-bar e uma pequena livraria com obras sobre cinema, principalmente nacionais. As sessões, sempre de quinta a domingo, são gratuitas ou a preços populares, e tem ainda a chamada "No Escuro", com exibições em horários alternativos, de filmes surpresa. A programação pode ser conferida no site.

📍 Pça. Franklin Roosevelt, 172 — Consolação

📞 (11) 3255-0994

🌐 satyrosbijou.wixsite.com/bijou

📷 satyrosbijou

FAROL SANTANDER

Instalado no Edifício Altino Arantes, o nosso Empire State, tem diferentes exposições em seus andares, fixas e temporárias, e até uma pista de skate projetada pelo campeão Bob Burnquist. O mirante do 26° andar é imperdível e de lá se tem uma visão 360 graus da cidade. Também há um restaurante e dois bares, o mais famosinho é comandado pelo Sub Astor e fica dentro de um cofre. Como o acesso é limitado e a procura é grande, compre ingressos antecipadamente. O tempo de visita é restrito a duas horas e o horário de visitação é de terça a domingo, das 9h às 20h.

📍 Rua João Brícola, 24 — Centro
🌐 www.farolsantander.com.br
📷 farolsantander

INSTITUTO ARTIUM

Aberto em 2021, fica num casarão histórico de 100 anos, em Higienópolis. Além de conferir exposições de arte contemporânea, quem passa por ali também pode fazer uma espécie de viagem no tempo ao Brasil de 1920. Construído no estilo Luís XVI, o objetivo do Palacete Stahl (seu nome original) era abrigar o cônsul da Suécia, o Comendador Gustav Stahl. De lá para cá, passou pelas mãos de coronel, banqueiro e governos gringos, servindo de hospedagem para cônsules. Após algumas décadas de abandono, o local foi minuciosamente restaurado pelos proprietários atuais, revivendo as características originais de sua construção, para abrigar mostras de arte.

🕐 de quarta a sexta, das 12h às 18h, e aos sábados e domingos, das 10h às 18h
📍 Rua Piauí, 874 — Higienópolis
📞 (11) 3660-0130
🌐 institutoartium.com
📷 institutoartium

INSTITUTO MOREIRA SALLES — IMS

Na Paulista, o centro cultural foi inaugurado em 2017 e promove exposições (a maior parte delas focada em fotografia), palestras, shows, cursos, programação infantil, ciclos de cinema, além de publicar livros e catálogos de arte. Subindo as escadas rolantes, há sempre um burburinho de pessoas fotografando ou fazendo selfies. Na parte detrás, meio escondida (ninguém entende direito por quê), está a obra "Echo" (2019), primeira escultura do artista americano Richard Serra aberta à visitação pública permanente na América Latina. Aproveite para conhecer o Balaio, no térreo, restaurante do célebre chef Rodrigo Oliveira que mistura diferentes culturas culinárias do país e tem excelentes caipirinhas. A entrada no IMS é gratuita.

🕐 de terça a domingo e feriados, das 10h às 20h
📍 Av. Paulista, 2.424 — Bela Vista
📞 (11) 2842-9120
🌐 ims.com.br/unidade/sao-paulo
📷 imoreirasalles

INSTITUTO TOMIE OHTAKE

Dentro de um prédio meio futurista, meio diferentão, em Pinheiros, o espaço foi projetado por Ruy Ohtake, filho da artista que dá nome ao lugar. No início, o edifício abrigava somente as obras de Tomie e um complexo de escritórios, mas, com o tempo, passou a dar espaço aos nomes da nova geração de artistas em suas sete salas expositivas. O museu não tem acervo permanente, mas há uma boa rotação de exibições de arte contemporânea e programação de cursos, além de teatro, livraria e loja de objetos de design e decoração.

🕐 de terça a domingo, das 11h às 20h
📍 Av. Brigadeiro Faria Lima, 201 — Pinheiros (Entrada pela Rua Coropés, 88)
📞 (11) 2245-1900
🌐 www.institutotomieohtake.org.br
📷 institutotomieohtake

ITAÚ CULTURAL

No circuito artsy da Avenida Paulista, é voltado para a pesquisa e produção de conteúdo e para o mapeamento de manifestações artísticas nacionais, com uma agenda extensa de encontros e projetos culturais, entre eles o "Rumos", de incentivo anual a jovens artistas e pesquisadores, e o "Ocupação", que fomenta o diálogo da nova geração de artistas com os criadores que a influenciaram. O local recebe até três exposições ao mesmo tempo e o acervo permanente se destaca pelas coleções Brasiliana e Numismática, compostas por moedas, documentos, mapas, gravuras, pinturas, manuscritos de literatura e outros objetos de arte que contam a história do Brasil. Há ainda uma programação esporádica de cinema, biblioteca, restaurante e café. A entrada é gratuita.

🕐 de terça a sábado, das 11h às 20h, e aos domingos e feriados, das 11h às 19h
📍 Av. Paulista, 149 — Bela Vista
📞 (11) 2168-1777
🌐 www.itaucultural.org.br
📷 itaucultural

JAPAN HOUSE

O centro cultural localizado na Avenida Paulista é uma iniciativa do Governo Japonês para mostrar o Japão moderno ao mundo e já chama atenção de fora pela fachada inusitada, composta de 630 peças de madeira hinoki trazidas do vale do Kiso e encaixadas por artesãos locais. O espaço tem 2.500 m², divididos em três andares, um terraço no terceiro, um pátio externo (soto-doma) e um jardim zen no térreo. As exposições são temporárias e duram em torno de dois meses, no térreo e no terceiro andar, sempre com temas ligados à cultura, arte e inovações nipônicas. Não deixe de conferir a biblioteca e a lojinha com produtos típicos, como saquês e embalagens Furoshiki. Até o banheiro é um atrativo, com a famosa privada

Toto, autolimpante, com assento aquecido e jatos que podem ser controlados por botões. Como não poderia faltar, há um café e o restaurante Aizomê — da chef Telma Shiraishi — para os fãs da culinária oriental.

☺ de terça a sexta, das 10h às 18h, aos sábados, das 9h às 19h, e aos domingos e feriados, das 9h às 18h
📍 Av. Paulista, 52 — Bela Vista
📞 (11) 3090-8900
🌐 www.japanhousesp.com.br
📷 japanhousesp

MEMORIAL DA IMIGRAÇÃO JUDAICA E DO HOLOCAUSTO

O Memorial da Imigração Judaica e do Holocausto fica anexo à primeira sinagoga da cidade de São Paulo, no coração do Bom Retiro, bairro onde os imigrantes judeus vindos da Europa e Rússia inicialmente se instalaram na cidade de São Paulo após a Segunda Guerra Mundial. A sinagoga está desativada para serviços religiosos, mas foi inteiramente restaurada e pode ser visitada. O segundo andar é dedicado à imigração judaica no Brasil e o último andar traz o Memorial do Holocausto. A área é pequena, mas muito bem montada. A visita com certeza ganha mais profun-

didade se acompanhada por um guia credenciado, que traz explicações aprofundadas sobre a perseguição e o assassinato sistemático dos judeus pelos nazistas durante a Segunda Guerra.

📍 Rua da Graça, 160 — Bom Retiro
📞 (11) 3331-4507
🌐 memij.com.br

MUSEU AFRO BRASIL

Instalado no Pavilhão Padre Manoel da Nóbrega, parte do conjunto arquitetônico do Parque Ibirapuera projetado por Oscar Niemeyer, o museu possui um acervo com mais de oito mil obras representando a cultura africana e afro-brasileira. São pinturas, esculturas, gravuras, documentos, fotografias e peças etnológicas de autores nacionais e internacionais, com temas como religião, arte, história e escravidão. Boa parte das obras está na exposição de longa duração, mas também há mostras temporárias, um auditório e uma biblioteca especializada, que inclui uma coletânea especial de obras raras sobre o tráfico atlântico e a abolição da escravatura na América do Sul, Caribe e Estados Unidos. Outro destaque é o programa "Singular Plural", que atende pessoas com deficiência, oferecendo visitas guiadas, intérpretes de Libras, rampas acessíveis, espaços adaptados, material informativo em braille e alto contraste, entre outros acessos inclusivos.

📍 Av. Pedro Álvares Cabral, s/n — Parque Ibirapuera (próximo ao Portão 10)
📞 (11) 3320-8900
🌐 www.museuafrobrasil.org.br
📷 museuafrobrasil

MUSEU BRASILEIRO DA ESCULTURA E ECOLOGIA — MUBE

No meio do Jardim Europa e coladinho no MIS, o Museu Brasileiro da Escultura e Ecologia é sempre legal de visitar. Isso porque ele tem uma área externa repleta de obras de arte — entre elas esculturas de Amilcar de Castro,

Fernando Limberger, Carmela Gross e Daniel Murgel —, em um prédio projetado por Paulo Mendes da Rocha e complementado por um jardim de Burle Marx. A agenda de exposições itinerantes raramente decepciona e o museu também realiza peças de teatro, projeções cinematográficas, espetáculos musicais e até aulas de yoga. Como a entrada é gratuita, não deixe de passear por ali, nem que seja só para sentar na escadaria de concreto e ver o tempo passar.

🕐 de quarta a domingo, das 11 às 17h
📍 Rua Alemanha, 221 — Jardim Europa
📞 (11) 2594 -2601
🌐 www.mube.space
📷 mube_sp

MUSEU CATAVENTO

Fica no Palácio das Indústrias (1924), que já foi sede da prefeitura, e é ótimo para divertir a criançada com as 250 instalações interativas que estão ali, todas pensadas para apresentar conceitos da física, biologia e astronomia de uma forma lúdica. O espaço é dividido em quatro partes: Universo, Vida, Engenho e Sociedade. Nesse circuito, há desde borboletário e meteorito a experimentos que demonstram ações da física, do som, dos fluidos, do calor, da imagem e do eletromagnetismo. A sala de nanotecnologia e o laboratório de química são superinteressantes, mas de terça a sexta funcionam prioritariamente para escolas. Aos fins de semana, não há excursões e é possível ver uma das sessões, basta retirar uma senha antes.

🕐 de terça a domingo, das 9h às 17h
📍 Av. Mercúrio, s/n — Parque Dom Pedro II — Centro
📞 (11) 3315-0051 / (11) 96392-1393
🌐 museucatavento.org.br
📷 museucatavento

MUSEU DA CASA BRASILEIRA

Como o nome já diz, ele guarda a história das casas brazucas e explora a questão da moradia nacional por meio do design e da arquitetura. Em uma mansão da década de 1940 desenhada pelo arquiteto Wladimir Alves de Souza e inspirada no Palácio Imperial de Petrópolis, no Rio de Janeiro, o museu expõe uma coleção permanente de exemplares do mobiliário dos séculos XVII ao XXI, tem um jardim de mais de 6.000 m² e uma agenda cultural com mostras temporárias, debates, palestras, cursos e oficinas ligados à área. A chef Morena

Leite comanda o Capim Santo por lá e o restaurante costuma encher durante a semana com o pessoal do business e da publicidade que trabalha nas redondezas. Faça sua reserva!

🕐 de terça a domingo, das 10h às 18h, e às sextas, das 10h às 22h
📍 Av. Brigadeiro Faria Lima, 2.705 — Jardim Paulistano
📞 Reservas Capim Santo: (11) 3032-2277
🌐 mcb.org.br/pt
📷 mcb_org

MUSEU DA DIVERSIDADE SEXUAL — MDS

Primeiro equipamento cultural da América Latina dedicado à comunidade LGBTQIAPN+, o museu foi criado em 2012 para defender a valorização da diversidade sexual na construção social, econômica e cultural, não apenas na capital São Paulo, mas em todo o Brasil. Desde então, ele publica e divulga documentos e depoimentos referentes à memória e à história política, econômica, social e cultural da comunidade e sua interface com o Estado. Na programação, há atividades culturais, educativas e expositivas com foco nas identidades de gênero, lançamentos de livros, leituras dramáticas, performances e palestras, além de exposições de artistas da comunidade LGBTQIAPN+.

◔ de terça a domingo, das 10 às 18h
◉ Rua do Arouche, 24 — Estação República do Metrô (Piso Mezanino, loja 518) — Centro
⊕ museudadiversidadesexual.org.br
◉ museudadiversidadesexual

MUSEU DA IMAGEM E DO SOM — MIS

Desde 1970 na ativa, o Museu da Imagem e do Som é uma instituição da Secretaria da Cultura do Estado de São Paulo, que possui um acervo com mais de 200 mil itens, como fotografias, filmes, vídeos e cartazes que documentam a história da música, da cultura popular e de eventos importantes da cidade. Depois de passar alguns anos funcionando em locais diversos, o museu ganhou sede definitiva em um casarão desapropriado no Jardim Europa e re-

formado pelos arquitetos Roberto Fasano e Dan Juan Antonio, em 1975. Logo depois, se tornou a primeira instituição museológica do país a ter a documentação da história oral como uma atividade permanente e foi pioneira na organização de festivais de vídeo, mostras audiovisuais e de fotografia, como o famoso Festival Internacional de Curtas. Hoje também sedia mostras nacionais e gringas, como de Rita Lee e Alfred Hitchcock, e acaba de ganhar um novo espaço no bairro da Barra Funda, o MIS Experience, voltado para experiências imersivas. Nos fundos do MIS da Avenida Europa, você encontra o restaurante Pipo, do chef Felipe Bronze, que tem menu variado e funciona no almoço, happy hour e jantar.

MIS
◔ de terça a domingo, das 11h às 19h
◉ Av. Europa, 158 — Jardim Europa
☏ (11) 2117-4777
⊕ www.mis-sp.org.br
◉ mis_sp
◉ pipo_sp

MIS Experience
◔ de terça a sexta + domingos e feriados, das 10h30 às 15h30, e aos sábados, das 10h30 às 16h30
◉ Rua Cenno Sbrighi, 250 — Barra Funda
◉ misexperience

MUSEU DA IMIGRAÇÃO DO ESTADO DE SÃO PAULO

Na Mooca, é o ponto de encontro de diversas comunidades de imigrantes e local de preservação da memória de quem chegou ao Brasil em meados do século XIX e XX. Sua origem é de 1887, ano em que foi fundada a Hospedaria de Imigrantes do Brás, que acolhia e encaminhava para o trabalho viajantes trazidos pelo governo. Ao longo dos 91 anos de atividade, a Hospedaria, que foi fechada em 1978, recebeu cerca de 2,5 milhões de pessoas de mais de 70 nacionalidades. Essas histórias estão preservadas nos depoimentos, fotos, documentos e jornais que compõem o acervo do museu. Também há uma parede de madeira com 12 mil sobrenomes gravados das pessoas que passaram pela antiga hospedaria, além de mostras de longa duração e outras temporárias.

🕐 de terça a sábado, das 9h às 18h, e domingo, das 10h às 18h.

📍 Rua Visconde de Parnaíba, 1.316 — Mooca

📞 (11) 2692-1866

🌐 museudaimigracao.org.br

📷 museudaimigracao

MUSEU DA LÍNGUA PORTUGUESA

Único museu do mundo dedicado a uma língua, foi parcialmente destruído por um incêndio no fim de 2015, fechou, mas voltou com tudo em 2021 e é um dos passeios imperdíveis da cidade — agora com um acesso direto pela Estação Luz e um café a céu aberto no térreo, com vista para o Parque da Luz e a Pinacoteca. Antes de literalmente ressurgir das cinzas, o museu recebeu quase 4 milhões de visitantes em busca de uma conexão maior com a língua portuguesa, suas origens, história, influências e as formas que ela assume no nosso cotidiano.

Por ter um patrimônio imaterial, o museu usa a tecnologia e a interatividade para construir e apresentar seu acervo, como filmes, audição de leituras e outros módulos.

🕐 de terça a domingo, das 9h às 16h30, com permanência até as 18h
📍 Pça. da Luz, s/n — Centro
📞 (11) 4470-1515
📷 museudalinguaportuguesa

MUSEU DAS CULTURAS INDÍGENAS

Outra novidade mais recente do circuito cultural paulistano, o edifício fica no Complexo Baby Barione, ao lado do Parque Água da Branca, e tem sete andares, com 200 m² cada, totalizando 1.400 m² de área. Há espaço para exposições de longa e curta duração, centros de pesquisa e auditório. O museu também tem parceria com o Instituto Maracá e diversas lideranças indígenas, que participaram da concepção e permaneceram no projeto após a abertura. É necessário agendar a visita pelo site.

📍 Rua Dona Germaine Burchard, 451 — Água Branca
📞 (11) 3873-1541
🌐 museudasculturasindigenas.org.br
📷 museudasculturasindigenas

MUSEU DE ARTE CONTEMPORÂNEA — MAC USP

Em frente ao Parque do Ibirapuera, o MAC fica em um prédio assinado por Oscar Niemeyer e tem oito andares de exposições de longa duração com entrada gratuita, além de um acervo com obras de Picasso, Matisse, Miró, Kandinsky, Calder, Tarsila do Amaral, Di Cavalcanti, Manabu Mabe, Regina Silveira, só para citar alguns. O terraço do oitavo andar tem uma bela vista da cidade e um restaurante moderninho, o Vista, comandado pelo chef Marcelo Corrêa Bastos, com um bar de drinks assinados pelo mixologista Jairo Gama.

🕐 de terça a domingo, das 11h às 21h
📍 Av. Pedro Álvares Cabral, 1.301 — Vila Mariana
📞 (11) 2648-0254
🌐 www.mac.usp.br
📷 mac_usp
📷 vistaibirapuera

MUSEU DE ARTE DE SÃO PAULO — MASP

Cartão-postal imbatível da Avenida Paulista e ponto turístico dos mais procurados. Projeto de Lina Bo Bardi, o prédio do MASP, famoso pelos quatro pilares vermelhos que apoiam o grande vão livre de 74 metros, também sedia apresentações culturais e eventos como a Feira de Antiguidades, que acontece aos domingos. Na parte interna, está um dos mais importantes acervos do país, que começou a ser montado por Assis Chateaubriand, idealizador do museu inaugurado em 1968. Hoje há em torno de 10 mil obras para exposição, entre elas peças de Cândido Portinari, Di Cavalcanti, Anita Malfatti e Almeida Junior. Na arte internacional se destacam trabalhos de Botticelli, Renoir, Manet, Monet, Degas, Cézanne, Picasso, Modigliani, Van Gogh, Matisse, entre outros

expostos nos cavaletes de vidro projetados por Lina que são uma atração à parte. O MASP apresenta, em mostras temporárias, parte do acervo permanente e também exposições em parceria com outros museus do mundo. Com um acervo tão grande, a instituição agora se prepara para uma ampliação do espaço no prédio ao lado, com direito a uma passagem subterrânea.

⊙ terça, das 10h às 20h, e de quarta a domingo, das 10h às 18h
📍 Av. Paulista, 1.578 — Bela Vista
📞 (11) 3149-5959
🌐 masp.org.br
📷 masp

MUSEU DE ARTE MODERNA — MAM

O MAM foi fundado em 1948 pelo empresário Ciccillo Matarazzo, depois transferido para o prédio atual, no Parque do Ibirapuera. O museu, cujo acervo tem mais de 5 mil obras, costuma realizar suas mostras em duas salas — a maior, com exposições temporárias, reunindo peças de outras coleções, enquanto a menor faz diferentes recortes do acervo institucional, ou seja, não espere ver tudo de uma vez. O MAM também é destaque na educação, com programações específicas para jovens e até bebês. Não à toa, acaba de entrar, em 2021, para o mundo dos games, sendo o primeiro museu brasileiro no "Minecraft: Education Edition", com o projeto #mamnominecraft, que combina arte, educação e jogos por meio de reproduções do espaço do museu e de obras do acervo, games pedagógicos, atividades lúdicas e propostas de aulas. O lado de fora do prédio é igualmente interessante, com o Jardim das Esculturas, que abriga trabalhos de Amelia Toledo, Amilcar de Castro e Denise Milan. A lojinha tem objetos assinados por designers e o restaurante Prêt no MAM é uma boa opção para almoçar curtindo a vista do parque. Em épocas de Bienal ou semanas de moda, o restaurante costuma reunir a turma artsy e fashionista.

🕐 de terça a domingo, das 10h às 18h
📍 Av. Pedro Álvares Cabral, s/n – Parque Ibirapuera
📞 (11) 5085-1300
🌐 mam.org.br
📷 mamoficial 📷 pretnomam

MUSEU DO FUTEBOL

O Brasil é o país do futebol e é claro que São Paulo tem um museu totalmente dedicado ao esporte, em um dos estádios mais icônicos da cidade, o Pacaembu. Todas as atrações são multimídia e interativas — pense em fotografias gigantes de ídolos como Pelé, Garrincha e Ronaldo; uma sala que remonta aos primórdios das nossas raízes futebolísticas; outra com imagens de torcedores emocionados pelos seus times; vídeos mostrando dribles, gols e jogadas marcantes; e por aí vai. Ainda dá para brincar de cobrar um pênalti e medir a velocidade do chute ou jogar com uma bola virtual (a criançada pira). Também tem um espaço com telas em alta definição que revelam a história das copas e a participação da Seleção em cada uma delas. Recentemente, o "Paca" entrou em obras, mas isso não afetou o funcionamento do museu, exceto as portas para observação do estádio, fechadas por medida de segurança. Vá mesmo assim e aproveite para tomar uma cervejinha no bar Bubu e sentir um pouco mais da atmosfera futebolística local.

🕐 de terça a domingo, das 9h às 17h (com permanência até 18h)
📍 Pça. Charles Miller, s/n — Estádio Paulo Machado de Carvalho — Pacaembu
📞 (11) 3664-3848
🌐 museudofutebol.org.br
📷 museudofutebol 📷 bubu_restaurante

MUSEU JUDAICO DE SÃO PAULO — MUJ

O museu funciona no edifício onde antes existia uma sinagoga, projetada no fim da década de 1920, e tombado pelo patrimônio municipal, juntamente a uma nova construção, de arquitetura moderna, que traz exposições de curta e longa duração. A instituição conta a história da comunidade judaica em São Paulo e no Brasil e defende, acima de tudo, a coexistência pacífica e a troca cultural entre os diversos povos que formam o país. O valor do ingresso é R$20 e a meia-entrada é R$10, aos sábados a entrada é gratuita. No subsolo, mas com luz natural proveniente do janelão lateral, fica uma filial do Kez Café, onde você pode tomar um café e comer um bom bagel lox (bagel com salmão defumado). **#didica:** Dá para ir a pé do Museu até o Parque Augusta — um belo "combo" de programa cultural e passeio ao ar livre. Mas vale lembrar que a região ali no entorno do museu não é das mais seguras, então cuide bem dos seus pertences.

🕐 de terça a domingo, das 10h às 19h
📍 Rua Martinho Prado, 128 — Bela Vista — Centro
🌐 museujudaicosp.org.br
📷 museujudaicosp   📷 kezpadaria

PINACOTECA DO ESTADO + ESTAÇÃO PINACOTECA

É a mais antiga instituição cultural da cidade e se divide entre o prédio principal, no Parque da Luz, e a Estação Pinacoteca, num espaço anexo. Projetado pelo arquiteto Ramos de Azevedo em 1895, o prédio abrigava o Liceu de Artes e Ofícios — instituição que formava técnicos e artesãos da cidade — e, em 1905, se tornou a Pinacoteca do Estado, que viria a funcionar de fato em 1911, com a Primeira Exposição Brasileira de Belas Artes. Entre 1994 e 1998, Paulo Mendes da Rocha reformou a Pina, que acabou ganhando o prêmio de arquitetura Mies Van der Rohe, no ano 2000. Hoje o acervo com mais de 10 mil itens está distribuído em 19 salas e um espaço reservado para técnica, restauração e catalogação. Na Estação Pinacoteca acontecem mostras temporárias e, no Jardim da Luz, ao lado do prédio, estão esculturas do acervo, além de um restaurante e uma loja com produtos exclusivos assinados por artistas e designers de moda. Há ainda um novo prédio por vir, a Pinacoteca Contemporânea.

🌙 segunda, quarta, sexta e domingo, das 10h às 18h (entrada até às 17h) quintas, das 10h às 20h (entrada gratuita a partir das 18h) sábados gratuitos, das 10h às 18h (entrada até às 17h)

📍 Pina Luz: Pça. da Luz, 2
📞 (11) 3324-1000
📍 Pina Estação: Largo General Osório, 66
📞 (11) 3335-4990
🌐 pinacoteca.org.br
📷 pinacotecasp

PIVÔ ARTE E PESQUISA

Associação cultural sem fins lucrativos, o Pivô, fundado em 2012, atua como plataforma de intercâmbio e experimentação artística em um espaço de três andares do Edifício Copan — o local estava fechado há 20 anos e já tinha sido a sede de um hospital. São mais de 3.000 m² que abrigam projetos comissionados, exposições, programas públicos, publicações e residências artísticas, sempre com a ideia de fomentar artistas locais, aqui e lá fora. Para manter o negócio girando, a instituição conta com parcerias, patrocinadores e apoiadores,

além de um leilão anual beneficente que acontece todo fim de ano e é um dos mais aguardados entre a turma artsy paulistana. O motivo? Vários artistas doam trabalhos que são leiloados com lance inicial abaixo do mercado, ou seja, é a chance de garantir uma obra incrível por valores acessíveis e ainda ajudar uma causa, já que todo lucro das vendas é usado para manter a instituição no ano seguinte.

🌙 de quarta a domingo, das 13h às 19h
📍 Av. Ipiranga, 200 — Centro Histórico (Edifício Copan, loja 54)
📞 (11) 3255-8703
🌐 www.pivo.org.br
📷 pivoartepesquisa

SESC

Educação permanente, artes, esportes, turismo social, saúde, cidadania e alimentação em 42 unidades no Estado. Essa é a proposta do Sesc (Serviço Social do

Comércio). A maioria dos endereços tem uma vibe de clubinho com piscina e atividades esportivas, mas alguns se destacam pelos projetos mais artsy, arquitetônicos e modernos. São eles:

- **SESC POMPEIA**
Onde funcionava uma fábrica de tambores da década de 1930, Lina Bo Bardi projetou a unidade, mantendo sua estrutura original. A primeira parte foi inaugurada em 1982 e, em 1986, veio o bloco esportivo. Na programação há cerca de 120 atrações musicais ou teatrais por mês, e o centro ainda tem quadras, piscina, espaços de exposições, restaurante e choperia, tudo sempre movimentadíssimo. O teatro é uma atração à parte — são duas frentes de plateia com o palco entre elas e poltronas de madeira sem estofado que remetem aos antigos teatros greco-romanos.

🕐 de terça a sábado, das 10h às 22h, e domingos e feriados, das 10h às 19h
📍 Rua Clélia, 93 — Pompeia
📷 sescpompeia

- **SESC AVENIDA PAULISTA**
A unidade não tem piscina, mas o mirante no 17º andar tem uma vista incrível da cidade para compensar a falta de um mergulho. Lá de cima, é possível ver quase toda a extensão da Avenida Paulista e o horário próximo ao pôr

do sol é o melhor para arrasar nas fotos. Por ali também há um espaço para crianças, exposições tecnológicas, duas galerias de arte, biblioteca e café. Como o terraço é um grande hit, as filas costumam ser grandes nos fins de semana, pelo acesso limitado. Se quiser evitá-las, vá durante a semana.

🕐 de terça a sexta, das 10h às 21h30, e sábados, domingos e feriados, das 10h às 18h30

📍 Av. Paulista, 119 — Bela Vista

📷 sescavpaulista

• SESC INTERLAGOS

O complexo é enorme e ideal para levar as crianças, especialmente pelo jacaré com mais de 30 metros que pode ser escalado e usado como escorregador. Localizada em uma área repleta de verde, a unidade também tem trilhas, campo de futebol gramado e quadras poliesportivas. Vale lembrar que Interlagos está um pouco mais afastado das regiões turísticas da cidade, então, se não quiser se aventurar por algumas horas no transporte público, é melhor ir de carro.

🕐 de quarta a domingo e feriados, das 9h às 17h

📍 Av. Manuel Alves Soares, 1.100 — Parque Colonial

📷 sescinterlagos

UNIBES CULTURAL

Funciona desde 2015 como hub de empreendedorismo criativo e centro cultural, com uma programação variada que inclui shows, exposições, eventos literários, palestras, workshops, peças de teatro e mais. Também há uma série de cursos disponíveis, como hebraico moderno, estudos bíblicos e cultura judaica; assim como uma biblioteca high tech, 100% inclusiva e equipada com unidades de OrCam MyEye (dispositivo portátil que fotografa, digitaliza e transforma textos e números em áudio), e mais de 1.400 títulos, entre literatura universal, brasileira, portuguesa, best-sellers, infantojuvenil, autoajuda e outros gêneros.

🕐 de quinta a domingo, das 12h às 20h

📍 Rua Oscar Freire, 2.500 — Sumaré

📞 (11) 3065-4333

🌐 unibescultural.org.br

📷 unibescultural

CASAS DE SHOWS E ESPETÁCULOS, TEATROS E GRANDES ESTÁDIOS

São Paulo tem uma programação cultural rica e intensa — aliás, esta é uma das características que eu mais amo dessa cidade. Listei aqui as casas de espetáculos, teatros e grandes estádios onde já tive a oportunidade de assistir a shows de música, peças teatrais e outras apresentações memoráveis. Quando você estiver a fim de um programa cultural bacana, vale a pena checar a programação dos locais a seguir:

AUDIO
⊙ audio

ALLIANZ PARQUE
⊙ allianzparque

AUDITÓRIO IBIRAPUERA
⊙ audibira

BLUE NOTE
⊙ bluenotesp

BOURBON STREET MUSIC
⊙ bourbon_street

CASA DE FRANCISCA
⊙ casadefrancisca

CASA NATURA MUSICAL
⊙ casanaturamusical

CENTRO CULTURAL SÃO PAULO
⊙ centroculturalsp

CINE JOIA
⊙ cine_joia

ESPAÇO UNIMED
⊙ espacounimed

ESTÁDIO DO MORUMBI
⊙ estadiodomorumbi

NEO QUÍMICA ARENA
⊙ neoquimicaarena

PAVILHÃO PACAEMBU
⊙ pacaembu.oficial

SALA SÃO PAULO
⊙ salasaopaulo_

STUDIO SP
⊙ studiospaugusta

TEATRO ALFA
⊙ teatroalfa_iac

TEATRO BIBI FERREIRA
⊙ teatrobibi

TEATRO BRADESCO
⊙ teatrobradesco

TEATRO CLARO SÃO PAULO
⊙ teatroclarosp

TEATRO DA FAAP
⊙ teatrofaap

TEATRO DO CENTRO DA TERRA
⊙ centro.da.terra

TEATRO DO SESI
⊙ centroculturalfiesp

TEATRO EVA HERZ
⊙ teatroevaherzsp

TEATRO J. SAFRA
⊙ @teatrojsafra

THEATRO MUNICIPAL
⊙ theatromunicipal

TEATRO OFICINA
⊙ oficinauzynauzona

TEATRO PORTO SEGURO
⊙ teatroporto

TEATRO PROCÓPIO FERREIRA
⊙ teatroprocopioferreira

TEATRO RENAISSANCE
⊙ teatrorenaissance

TEATRO RENAULT
⊙ teatrorenaultoficial

TEATRO SANTANDER
⊙ teatrosantander

TEATRO SÉRGIO CARDOSO
⊙ teatrosergiocardoso

TEATRO SHOPPING FREI CANECA
⊙ teatroopusfreicaneca

TEATRO TUCA
⊙ TeatroTUCA

TEATRO UNIMED
⊙ teatrounimed

TEATRO UOL
⊙ teatrouol

TOKYO MARINE HALL
⊙ tokiomarinehall

VIBRA SÃO PAULO
⊙ vibrasaopaulo

E sempre vale a pena checar a programação do Sesc:

TEATRO DO SESC BELENZINHO
⊙ sescbelenzinho

TEATRO DO SESC CONSOLAÇÃO (TEATRO ANCHIETA)
⊙ sescconsolacao

TEATRO DO SESC PINHEIROS (TEATRO PAULO AUTRAN)
⊙ sescpinheiros

TEATRO DO SESC POMPEIA
⊙ sescpompeia

TEATRO DO SESC VILA MARIANA
⊙ sescvilamariana

Entre outros.

IMPER**DIDÍ**VEIS

Da lista completa, separei aqui as peculiaridades de algumas das minhas indicações:

CASA DE FRANCISCA

São algumas características que fazem da Casa de Francisca um espaço de shows tão especial. Em primeiro lugar, a localização: o Palacete Teresa, edifício histórico restaurado no Centro de São Paulo; em segundo lugar, o fato de que ali dentro, além de mesas para você se sentar em duas ou mais pessoas, você pode ver as apresentações em cadeiras dispostas em uma mini-arquibancada — muito bacana! E, por fim, o fato de que a Casa de Francisca tem uma curadoria muito apurada em sua programação cultural. Se o artista está se apresentando ali, é porque é bom mesmo. Pode apostar.

⊙ casadefrancisca

ESTÁDIO DO MORUMBI

Projeto de Vilanova Artigas, considerado um dos principais nomes da história da arquitetura paulista, o Estádio do Morumbi foi inaugurado em 1960 e desde então é a casa do São Paulo Futebol Clube. Além disso, shows memoráveis acontecem ali — eu já assisti, por exemplo, às apresentações da Madonna e do Michael Jackson, ambas em 1993, Rolling Stones em 2016 (com um público estimado em mais de 130 mil pessoas!), entre tantos outros. Os são-paulinos ou fãs de futebol em geral podem fazer (mediante inscrição e pagamento de taxa) o Morumbi Tour, uma visita guiada com cerca de 1h de duração que conta a história do time e do estádio, o terceiro maior do Brasil. **#didica:** Procure, entre os camarotes, pelo By Koji — bom restaurante japonês instalado em um deles, com vista para o gramado.

⊙ estadiodomorumbi

NEO QUÍMICA ARENA

Além de ser a casa do "Timão eôoooo, Timão eôoooo" (Corinthians, esse é o meu time!), o "Itaquerão", como é popularmente chamado, tem algumas atrações especiais. Tive a oportunidade de testar a tirolesa durante as gravações do "Lugar Incomum" em maio de 2021. Como ainda estávamos na pandemia do coronavírus, o estádio estava vazio e abriu especialmente para nos receber. A tirolesa tem um percurso de 200 metros, com uma altura de aproximadamente 50 metros, e passa por cima do setor onde ficam as torcidas organizadas. Fiquei só imaginando como deve ser incrível ter essa experiência em dia de jogo. Ainda mais com o Timão ganhando, hehehe! Vai, Corinthians!

🄞 neoquimicaarena

SALA SÃO PAULO

De arquitetura neoclássica, cheia de detalhes em estilo Luís XVI, a Sala São Paulo ocupa o antigo jardim interno da estação Júlio Prestes, que era a central da Estrada de Ferro Sorocabana, por onde as safras de algodão e café chegavam do interior paulista à capital até os anos 1920. Patrimônio histórico tombado pelo governo, o espaço recebe cerca de 200 concertos por ano, entre apresentações sinfônicas, corais e de câmara, e é sede da Orquestra Sinfônica do Estado de São Paulo (OSESP).

🄞 salasaopaulo_

TEATRO OFICINA

Projetado por Lina Bo Bardi e comandado pelo diretor, autor e ator paulista José Celso Martinez Corrêa (o célebre Zé Celso, ícone da dramaturgia brasileira), o Oficina foi fundado em 1958, e teve forte papel de resistência na ditadura militar — foi Zé Celso quem dirigiu a primeira montagem de "Roda Viva", de Chico Buarque —, e por lá já passaram versões do dramaturgo para clássicos como "Hamlet", de Shakespeare, e "Os Sertões", de Euclides da Cunha. As montagens costumam ter longa duração ("Os Sertões", por exemplo, tinha mais de 5 horas), então, quando for, vá com vontade mesmo hahaha!

🄞 oficinauzynauzona

GALERIAS DE ARTE

Além de museus e grandes instituições de arte, São Paulo também tem galerias super bacanas que representam nomes relevantes do cenário brasileiro e internacional e apresentam boas exposições. Aqui vão algumas das minhas favoritas:

A GENTIL CARIOCA
agentilcarioca

ALMEIDA E DALE
almeidadale

BERGAMIN E GOMIDE
gomide.co

CARBONO GALERIA
carbonogaleria

CASA TRIÂNGULO
casatriangulo

CENTRAL GALERIA
centralgaleria

CHOQUE CULTURAL
choquecultural

DAN GALERIA
dangaleria

FORTES D´ALOIA & GABRIEL
fortesdaloiagabriel

GALERIA BERENICE ARVANI
galeriabereniceavani

GALERIA CARIBÉ
galeria_caribe

GALERIA JAQUELINE MARTINS
galeriajaquelinemartins

GALERIA LEME
galerialeme

GALERIA LUCIANA BRITO
lucianabritogaleria

GALERIA LUME
galerialume

GALERIA MARILIA RAZUK
galeriamariliarazuk

GALERIA MILLAN E ANEXO MILLAN
⊙ _millan.art

GALERIA NARA ROESLER
⊙ galerianararoesler

GALERIA RAQUEL ARNAUD
⊙ galeriaraquelarnaud

GALERIA VERMELHO
⊙ galeriavermelho

HOA
⊙ hoa.goooold

LONA GALERIA
⊙ lonagaleria

LUISA STRINA
⊙ galerialuisastrina

MENDES WOOD
⊙ mendeswooddm

PROJETO VÊNUS / LANTERNA MÁGICA
⊙ projetovenus.sp

VERVE GALERIA
⊙ vervegaleria

ZIPPER GALERIA
⊙ zippergaleria

IMPER**DIDÍ**VEIS

Destaco aqui algumas das galerias indicadas na lista completa:

CARBONO GALERIA

Focada em edições de arte contemporânea, ou seja, reproduções em série limitada de pinturas e esculturas de artistas nacionais e internacionais. Ótima opção para investir em um presente — caro, mas diferenciado! — para aquela ocasião especial.

⊙ carbonogaleria

CASA TRIÂNGULO

Especializada em arte contemporânea, a Casa Triângulo está localizada nos Jardins, em uma elegante construção de arquitetura moderna e linhas retas, feita especialmente para ser a sede da galeria.

⊙ casatriangulo

CHOQUE CULTURAL

A Choque, fundada por Baixo Ribeiro em 2004, é uma galeria especializada em arte de rua. Representa artistas brasileiros e internacionais e organiza exposições individuais e coletivas que muitas vezes ocupam, além das paredes e salas da galeria, as ruas em seu entorno e espaços não convencionais, fazendo jus ao seu DNA street art.

⊙ choquecultural

FORTES D'ALOIA & GABRIEL

Márcia Fortes, Alessandra D'Aloia e Alexandre Gabriel lideram a representação de 40 artistas, 32 deles brasileiros, entre eles nomes estrelados como Adriana Varejão, Beatriz Milhazes e Ernesto Neto. Sediada em um amplo e bonito galpão na Barra Funda, a galeria tem um calendário intenso de exposições.

⊙ fortesdaloiagabriel

GALERIA JAQUELINE MARTINS

A galeria fica no centro da cidade de São Paulo e procura destacar nomes históricos assim como outros em ascensão no mundo das artes. A locação da galeria, um predinho industrial restaurado na Vila Buarque, já vale a visita.

⊙ galeriajaquelinemartins

GALERIA LUCIANA BRITO

Instalada na Residência Castor Delgado Perez, uma belíssima casa modernista com projeto arquitetônico do fim dos anos 1950 concebido por Rino Levi e com paisagismo de Burle Marx (e do Levi também), a galeria ocupa essa casa no Jardim Europa que foi tombada pelo patrimônio histórico e passou por uma revitalização cuidadosa, respeitando todos os elementos originais da construção, para abrigar exposições de nomes do primeiro time da arte contemporânea brasileira e internacional, como a gaúcha Regina Silveira e o argentino Leandro Erlich.

⊙ lucianabritogaleria

GALERIA NARA ROESLER

A recifense Nara Roesler e seus filhos Alexandre e Daniel cuidam dessa galeria que representa nomes importantes da arte brasileira como Angelo Venosa, Artur Lescher e Vik Muniz, além de artistas de outros países da América Latina. Ali eu já pude ver exposições muito bacanas, como uma mostra dedicada ao artista alemão Heinz Mack (um dos fundadores do Grupo ZERO) e outra voltada para as produções de Abraham Palatnik.

⊙ galerianararoesler

HOA

Instalada em um antigo prédio no Minhocão, onde também ficam a livraria Gato Sem Rabo e o restaurante Cora, a galeria fundada por Igi Ayedun representa 13 jovens artistas negres, LGBTQIAPN+ e indígenas, além de acumular uma rede de mais de 40 talentos de todo o país, que estão construindo uma nova visão sobre a arte contemporânea nacional, baseada numa perspectiva decolonial. Da pintura ao 3D e NFTs, o núcleo apresenta uma grande diversidade de mídias que exploram as raízes raciais brasileiras por meio de conceitos futuristas/ficcionais, indo do abstrato ao figurativo. Os conteúdos navegam pelas identidades através da subjetividade, do pensamento político e queer, ressaltando heranças africanas, indígenas e asiáticas sob um olhar de preservação + projeção. Gabriel Massan, Iagor Peres, Larissa de Souza e Rafaela Kennedy estão entre os artistas representados pela galeria, que também tem direção artística de Lucas Andrade e curadoria contribuinte de Felipa Damasco.

⊙ hoa.goooold

VERVE GALERIA

Dirigida pelo artista Allann Seabra e pelo arquiteto Ian Duarte Lucas, a galeria foi reinaugurada em 2021 num novo espaço no histórico Edifício Louvre, projetado nos anos 1950 por Artacho Jurado na Avenida São Luis, no Centro. Com diferentes plataformas de experimentação artística, a galeria representa artistas jovens e consagrados que transitam livremente entre a pintura, a performance e o desenho. Ana Beatriz Almeida, Francisco Hurtz, Gustavo Rezende e Paulo von Poser são alguns desses nomes.

⊙ vervegaleria

ESPAÇOS DE RESISTÊNCIA

APARELHA LUZIA

Idealizado em 2016 pela artista e deputada estadual Erica Malunguinho, é um espaço artístico-cultural voltado ao movimento negro e considerado um "quilombo urbano". Entre as atividades gratuitas promovidas estão shows, exposições, debates, lançamentos de livros e exibição de filmes. O local passou por dificuldades durante a pandemia e quase fechou de vez, mas uma campanha de arrecadação apoiada por artistas que já se apresentaram por lá, como Rincon Sapiência, Liniker e Luedji Luna, ajudou a manter a casa, situada em um galpão na região central da cidade.

aparelhaluzia

CASA CHAMA

A ONG existe desde 2018 e atua em diversas frentes para garantir a emancipação, valorização e qualidade de vida para a população trans. Há desde uma parceria com um hospital do SUS, no bairro da Barra Funda, com serviço ambulatorial voltado para pessoas transvestigêneres a uma frente jurídica focada na retificação documental de nome e gênero, até festivais de música, leilões de arte beneficentes, espaço expositivo na SP-Arte, e muito mais. Com a pandemia de coronavírus, também foi criado um fundo emergencial para doações voltadas ao apoio das pessoas acolhidas pela instituição, não só com o objetivo de distribuir cestas básicas, kits de redução de danos, de saúde e de higiene, mas também para garantir auxílio moradia para aquelas em situação crítica. Vale dar um pulo no site oficial para conferir na íntegra o trabalho incrível que a Casa Chama vem fazendo, e também ajudar a causa.

🅞 casachama_org

CASA UM

O projeto possui três espaços na região central. O primeiro é uma residência para jovens LGBTQIAPN+ que foram expulsos de casa, com uma biblioteca comunitária e uma sala de atendimento para pessoas em situação de rua — há distribuição de roupas e produtos de higiene pessoal. Os outros dois espaços são o Galpão Casa 1, que funciona diariamente com programação socioeducativa (aulas de inglês, espanhol, cursinho preparatório para o Enem, lutas, costura, canto e mais); e também a Clínica Social, com atendimentos psicoterápicos gratuitos e de baixo custo. No total, são atendidas aproximadamente 3.500 pessoas mensalmente e a Casa Um realiza campanhas de arrecadação para manter sua infraestrutura.

🅞 casa1

ESPONJA (RESIDÊNCIA ARTÍSTICA)

Em uma cobertura no Centro, nas cercanias do Largo do Arouche, fundado pelo diretor de arte turco Yusuf Etiman, o espaço multidisciplinar investe em agitos culturais como reuniões de coletivos, exposições de arte, festas com apresentações de performers, batalhas de voguing, pequenas mostras de cinema e grupos de estudos sobre arte e oficinas. Tudo comunicado de forma intimista (até o site oficial tem uma vibe secreta) e investindo no boca a boca dos frequentadores.

🌐 www.esponja.info

PASSAGEM LITERÁRIA DA CONSOLAÇÃO

Em pleno cruzamento da Avenida Paulista com a Rua da Consolação, um dos mais movimentados da cidade, há um pequeno tesouro cultural: uma passagem subterrânea ocupada há mais de nove anos pela Via Libris, uma associação de livreiros que recebeu autorização da Subprefeitura da Sé para administrar o local. Espécie de espaço cultural transitório, a Passagem Literária da Consolação tem um sebo permanente de livros e revistas, além de exposições de arte e fotografia, shows e performances. Aberta de segunda a sexta, das 7h às 20h, e sábados e alguns feriados, das 10h às 20h, ela também liga as salas de cinema do Petra Belas Artes com os drinks e pratos do Riviera.

📍 Rua da Consolação, 2.425 — Consolação

ONDE
FICAR

Acostumada a receber os mais variados tipos de visitantes o ano todo — turistas, executivos, estudantes e até moradores da cidade procurando uma experiência diferente —, a hotelaria de São Paulo tem opções para todos os gostos e propósitos. Com certeza, nessa lista que estou deixando aqui, vai ter um hotel para você.

CANOPY BY HILTON

Num mix de luxo clean com brasilidade, o hotel butique abriu as portas em junho de 2021 nos Jardins, bem pertinho da Paulista, Masp e outros endereços legais da cidade. Os espaços comuns são assinados pela arquiteta Maria Magalhães e inspirados na cultura local, com direito a móveis exclusivos, obras de arte artesanais produzidas por uma comunidade amazônica exclusivamente para o hotel e outras de artistas como Speto, Marcella Riani e Nathalia Favaro, distribuídas pelo local. Enquanto o chef David Kasparian comanda o menu do restaurante Stella, com pratos influenciados pela gastronomia paulistana, o bartender Jeff Silveira se encarrega dos drinks no bar que fica no centro do salão, com uma carta de releituras dos clássicos usando elementos dos biomas brasileiros. Uma curiosidade legal — e sustentável — do Canopy: o hotel tem o primeiro sistema de ar-condicionado a gás do Brasil e uma estação de filtro de água em cada quarto para reduzir o uso de plástico.

🌐 canopybyhiltonjardins.com.br
📷 canopysaopaulojardins

FASANO SÃO PAULO

Localizado na região mais disputada dos Jardins (os quarteirões próximos à Rua Estados Unidos), o Fasano fica em uma rua mais tranquilinha que tem o nome do fundador do primeiro restaurante da família Fasano em São Paulo. O hotel é um dos clássicos da cidade, com circulação constante de celebs e endinheirados — boa parte nem está hospedada ali, apenas tomando um dry no bar do lobby ou assistindo a algum show no Baretto, que já recebeu apresentações de artistas como Caetano Veloso, Ney Matogrosso e Bebel Gilberto, só para citar alguns. O Fasano tem projeto assinado por Isay Weinfeld em parceria com Marcio Kogan e foi o primeiro empreendimento hoteleiro do grupo, que começou em 1902, quando o patriarca Vittorio Fasano chegou a São Paulo e abriu uma brasserie no Centro. Hoje existem nove unidades ao todo, sendo sete no Brasil, uma no Uruguai, uma em Nova York e outras por vir. Como a marca também comanda 25 operações de restaurantes e um empório, o Selezione Fasano, o hotel também é famoso pela alta gastronomia italiana do Fasano, comandado pelo estrelado chef Luca Gozzani e considerado uma das melhores cozinhas da cidade. No quesito serviços, a ideia é mimar o hóspede ao máximo — tem desde mordomo pessoal a personal trainers disponíveis e um spa deluxe no último andar, com piscina aquecida. As melhores suítes ficam acima do 18°, quando a vista fica realmente privilegiada.

🌐 www.fasano.com.br/hoteis/fasano-sao-paulo
📷 fasano

FASANO CIDADE JARDIM

O novo projeto do grupo é grandioso e envolve tanto uma área residencial quanto um clube e um hotel. No complexo Cidade Jardim — que reúne um shopping, torres residenciais e comerciais —, ele será integrado ao mall por uma passarela/instalação de arte assinada por Regina Silveira e terá espaços residenciais prontos e com cozinha completa, de

230 m² a 570 m², com 2 a 4 suítes e a possibilidade de plantas personalizadas. Já no hotel estão previstos 50 quartos e acesso full-time para os residentes. Nos lobbies de cada edifício residencial haverá biblioteca, recepção, sala de reunião, quadra de beach tênis e acesso exclusivo ao futuro Fasano Club, com piscina aquecida com raia semiolímpica, saunas, salas de massagem, academia, squash, simulador de golfe, biblioteca, kids club e ainda um spa completo. A piscina principal ainda terá ao lado um restaurante do grupo. O projeto é do hypado escritório Triptyque Architecture, com design de interiores de Carolina Proto e a obra está em andamento.

🌐 www.fasano.com.br/hoteis/fasano-cidade-jardim
📷 fasano

FASANO ITAIM

Outra novidade do grupo, o Fasano Itaim ocupa um terreno de quase 5.000 m² na Rua Pedroso Alvarenga, praticamente no coração do bairro, que mistura centro comercial com moradia tradicional e vive movimentado. Não à toa, o projeto inclui uma torre residencial, além de hotel e restaurantes. Os escritórios Aflalo/Gasperini e Márcio Kogan são os responsáveis pela arquitetura e design de interiores do complexo, previsto para ser inaugurado em breve.

🌐 www.fasano.com.br/hoteis/fasano-itaim
📷 fasano

JW MARRIOTT

Na Avenida das Nações Unidas, mesmo endereço que o Four Seasons ocupou de 2018 até o fim de 2020, o JW Marriott fez seu debut em São Paulo em maio de 2022. Ao todo são 258 quartos, entre 38 m² e 220 m², duas piscinas, spa, academia, além de restaurante e bar. Do projeto original, ficaram a estrutura e parte da decoração, como a escada de mármore com detalhes em vermelho e dourado do lobby. É mais indicado para quem vem fechar negócios na cidade, porque fica perto de centros comerciais, mas — vale saber de antemão — está meio fora de mão da maioria dos pontos turísticos e do aeroporto internacional.

🌐 www.marriott.com.br/hotels/travel/saojw-jw-marriott-hotel-sao-paulo
📷 jwmarriottsaopaulo

HOTEL EMILIANO

É o primeiro hotel-butique paulistano e tem um clima moderno e low-profile. O projeto arquitetônico é de Arthur Casas. A recepção e a área do lobby foram projetadas para priorizar a circulação, então é tudo bem discreto, até os elevadores, e isso vem aliado ao serviço impecável do hotel. Os interiores seguem uma linha tropical minimalista com toque asiático e incluem uma instalação do artista Siron Franco, um jardim de orquídeas suspensas, cadeiras assinadas pelos irmãos Campana, entre outros detalhes que fazem toda a diferença no décor. Há cinco tipos diferentes de quartos, todos com janelas de vidro, vista para a cidade, banheirão de mármore e todos os luxinhos que um bom hotel de luxo deve ter. No caso do Emiliano, eles têm a própria marca de beleza, a Santapele, que fornece as amenities e comanda o spa no último andar, outra atração delícia do local. A suíte Cubo é a mais famosa e fica literalmente em um cubo de vidro, tem vista 180° da cidade, piscina privada e outros requintes. O restaurante e o bar de champagne e caviar no térreo são bacanas, e há várias outras boas opções gastronômicas nas redondezas, como o D.O.M., do chef Alex Atala, além de um serviço particular de delivery para quem não quer abandonar o conforto cinco estrelas.

🌐 emiliano.com.br
📷 hotelemiliano

HOTEL UNIQUE

O formato peculiar, que lembra uma fatia de melancia, já é suficiente para despertar a curiosidade sobre o edifício na Avenida Brigadeiro Luís Antônio, pertinho do Parque do Ibirapuera. Assinado por Ruy Ohtake, o Unique recebeu vários prêmios internacionais e é cheio de detalhes e histórias curiosas — na Suíte Broadway, por exemplo, Bob Burnquist já fez manobras de skate na parede em formato de half pipe. Na entrada, praticamente todo o mobiliário é assinado por algum designer, como Ingo Maurer e os irmãos Campana, e ainda tem um bar em homenagem ao Pink Floyd: o The Wall. Os corredores são cheios de curvas e diferentes em cada andar, e os 94 quartos (de 36 m² a 312 m²) com janelas redondas tipo escotilhas de um navio não estão distribuídos uniformemente entre os pavimentos. No subsolo, uma piscina climatizada toca música dentro da água e oferece vista do céu com um teto vazado — de quebra, o Spa Caudalie tem um menu de massagens e outros tratamentos de beauté. A cereja do bolo fica no oitavo e último andar, com o restaurante Skye, atualmente comandado pelo chef-celebridade Emmanuel Bassoleil, e com a famosa piscina vermelha de 25 metros assinada pelo paisagista Gilberto Elkis. De lá você tem uma bela vista dos Jardins, do Ginásio e Parque do Ibirapuera, e do skyline da Avenida Paulista. A conclusão é: mesmo que não se hospede ali, vale a pena ir tomar um drink ou jantar para dar uma espiada na coisa toda.

🌐 www.hotelunique.com
📷 hotelunique

GRAND HYATT

Quer viver um momento "Encontros e Desencontros" em São Paulo? O Hyatt é o lugar. Além de ser da mesma rede do filme cult de Sofia Coppola, os quartos seguem uma linha parecida, com janelões de vidro para você sentar e admirar a vista da cidade — nesse caso, da ponte estaiada e da Marginal Pinheiros, que também têm seu charme quando vistas das alturas (por isso, a dica é ficar num quarto nos andares mais altos). Também é uma opção para quem vem a trabalho ou quer ficar mais próximo de regiões como Morumbi, Itaim Bibi, Vila Olímpia e Moema, outros centros de negócios fora da Avenida Paulista — que está a uns 30 minutos de carro ou mais, dependendo do trânsito. São 467 quartos, 2 piscinas, academia 24 horas, spa e 2 restaurantes: o japonês Kinu e o C-Cultura Caseira, com culinária brasileira e um bar de drinks no térreo. Os pets são bem-vindos por ali, e o hotel lançou recentemente um pacote de bem-estar para quem quer turistar mantendo o lado zen em dia.

🌐 www.hyatt.com/pt-PT/hotel/brazil/grand-hyatt-sao-paulo/saogh

📷 grandhyattsp

PALÁCIO TANGARÁ

É o primeiro hotel da alemã Oetker Collection na América Latina — responsável também pelo Le Bristol, em Paris —, e fica no meio do Parque Burle Marx, no Morumbi, como uma espécie de oásis para quem quer escapar do ritmo acelerado de São Paulo. Não há nada parecido com ele por aqui e por isso os valores são bem salgados — a Grand Suíte São Paulo, por exemplo, tem 528 m², 250 m² deles de terraço, e uma diária em torno de R$ 38.000: a mais cara da metrópole. Mas, não se assuste, há outros 140 quartos com valores menos exorbitantes disponíveis. A obra do hotel começou em 1999 e ficou parada por 12 anos, até ser retomada no fim de 2014 e resultar num prédio de cinco andares que parece um palacete abraçado pela Mata Atlântica. O décor é assinado por Luiz Ricardo Bick, e o projeto arquitetônico é dividido entre William Simonato e Patricia Anastassiadis, que assina o ultraluxuoso Spa Flora by Sisley. Outro detalhe deluxe: o Tangará tem o primeiro e único restaurante da América do Sul com menu do francês Jean-Georges Vongerichten, cujo currículo ostenta três estrelas do Guia Michelin. Suas receitas contemporâneas de pegada asiática utilizam ingredientes típicos brasileiros, como mandioquinha e tapioca, e os pratos do serviço de quarto e do bar também levam seu toque de mestre. Ah, e se não quiser encarar o preço da diária, há um Pool Day Pass para não hóspedes usarem a piscina externa, por R$ 650.

🌐 www.oetkercollection.com/pt/hoteis/palacio-tangara

📷 palaciotangara

ROSEWOOD HOTEL (CIDADE MATARAZZO)

É o novo lugar para ver e ser visto na cidade. Com diferentes restaurantes e bares, o Rosewood abriu em 2021 e já virou reduto de celebridades e da turma artsy/ fashion da cidade — pelo menos da parcela com disposição e saldo bancário suficientes para encarar os preços, digamos, fora do convencional. Além de visualmente atrativo, com um lobby repleto de móveis de design nacional e obras de arte de artistas brasileiros espalhadas por todos os cantos do hotel, tudo com direção criativa de Philippe Starck, o endereço traz o efeito de suas cinco estrelas para os visitantes: paisagismo com jardins tropicais e espécies da Mata Atlântica; torre com 160 suítes projetada pelo arquiteto francês Jean Nouvel, premiado pelo Pritzker em 2008; 450 obras exclusivas criadas por mais de 50 artistas (a piscina com azulejos de Sandra Cinto é visita obrigatória); e por aí vai. O restaurante principal, Le Jardin, é o mais clássico e conecta o hotel a outras duas atrações: o bar Rabo di Galo, com pouquíssimas mesas e teto pintado pelo artista Cabelo — um bolovo com caviar sai por R$ 135; e o Blaise, que lembra um chalé e tem menu rebuscado de comida francesa/suíça. Outro destaque é o restaurante Taraz, comandado pelo chef Felipe Bronze, cuja filosofia é oferecer um menu de pratos para compartilhar. Ali vale mais ir em turma e ficar no terraço externo com oliveiras centenárias trazidas do Uruguai.

🌐 www.rosewoodhotels.com/pt/sao-paulo
📷 rosewoodsaopaulo

SELINA HOTEL

Favorito da turma hipster descolada, fica no meio do fervo da Vila Madalena e, como os outros endereços da rede panamenha, funciona num mix de hostel e hotel, com opções de quartos compartilhados e individuais. Nas redondezas, há várias lojas de moda e decoração, baladas, bares, restaurantes, cafés etc. Ele também está ao lado do Beco do Batman, uma das maiores atrações de street art do bairro. Como a pegada ali é mais comunitária, não espere telefone, frigobar ou televisão no quarto — exceto pela suíte e loft, que tem um retroprojetor para acoplar no computador: mais hipster impossível. **#didica:** Leve um cabo HDMI se estiver a fim da sessão de cinema. A decoração vai na mesma proposta descoladinha, com paredes ilustradas por artistas locais e até mesa com máquina de escrever. Os quartos compartilhados ficam nos últimos andares, e a maioria tem um mezanino acessado por escadas internas do quarto, bom pra ficar em turma. Há várias áreas comuns, como biblioteca, sala de cinema, jardinzinho com food truck, salas de coworking, cobertura com vista 360° de São Paulo, pista de skate e uma programação agitada de festinhas. Se joga! **#didica:** Da mesma rede, o Selina Aurora fica próximo à Praça da República, no Centro de São Paulo, em um edifício histórico restaurado, e conta com o restaurante Green Kitchen, de culinária vegana.

🌐 www.selina.com/pt/brazil/madalena-sao-paulo

🌐 www.selina.com/pt/brazil/aurora-sao-paulo

📷 selinabrasil_

TIVOLI MOFARREJ

Amy Winehouse e Lady Gaga já se hospedaram na suíte presidencial do hotel, a maior da América Latina. Ocupando o que antes era o hotel Sheraton Mofarrej, o Tivoli fica num prédio alto a uma quadra da Paulista, perto dos principais museus e instituições de arte da cidade, e tem 218 quartos com mimos como docks para iPhone e máquinas de café Nespresso — se quiser uma vista show do skyline paulistano, a dica é ficar acima do 14° andar. O clima é de luxo e ostentação, começando pelo suntuoso lobby e o Must Bar, com vista para a piscina, noites de jazz, drinks artesanais e menus diferentes para o dia e a noite. Mas o verdadeiro hotspot é o Seen, no último andar. Com bar central em 360°, o restaurante do hotel, de cozinha variada, é comandado pelo chef Olivier da Costa, e também tem um sushi-bar bastante concorrido. No balcão de oito lugares, o chef Fernando Sant'Anna oferece opções de niguiris de foie gras, wagyu e trufas negras, além dos peixes tradicionais, entre outras iguarias asiáticas com toque brasileiro. O mais bacana é a harmonização de saquês especiais, desenvolvida pela sommelière Yasmin Yonashiro. O hotel também abriga o único spa Anantara nas Américas, com profissionais treinadas em massagem tailandesa. Luxo!

🌐 www.tivolihotels.com/pt/tivoli-mofarrej-sao-paulo
📷 tivolimofarrej

ONDE
COMER

São Paulo é a capital da gastronomia no Brasil e, sinceramente, acho que não deixa nada a dever para nenhuma outra metrópole do mundo em número de restaurantes de qualidade, dos mais variados tipos de culinária, com ambientes que vão do rústico ao ultrarrefinado. Mas aqui também tem muitos endereços gastronômicos que abrem e fecham em pouco tempo. Por isso, separei só os endereços que, acredito (e torço!), vieram para ficar. Aqui eu os dividi nas seguintes categorias, em ordem alfabética:

Alta Gastronomia; Árabes; Asiáticos (incluindo as culinárias coreana, japonesa, vietnamita, entre outras); Bom dia, São Paulo (lugares gostosos para um bom café da manhã); Cozinha Autoral (com chefs estrelados que dão seu toque especial ao cardápio); Cozinha Brasileira; Cozinha do Mar; Cozinha Variada; Franceses; Gregos; Ibéricos; Italianos; Orgânicos, Veganos e Vegetarianos; Peruanos; Pizzarias; Portugueses; e Sanduíches.

Alguns restaurantes com mais de 50, 60 anos de história, outros recém-inaugurados, todos para você curtir e se deliciar à vontade.

ALTA GASTRONOMIA

CAVIAR KASPIA

São Paulo recebeu sua primeira filial deste badalado e quase centenário restaurante francês — fundado em Paris em 1927 — dentro do CJ Shops, "mini" shopping center nos Jardins. A especialidade são os pratos com ovas de peixes variados (como salmão e truta) e do esturjão, cujas ovas são as únicas que podem receber a denominação "caviar". Os preços não são lá tão convidativos quanto o ambiente, que é lindo e animado.

$$$$

📞 (11) 91259-8129
📷 kaspiabrasil

D.O.M.

É no D.O.M. que o chef Alex Atala, que na edição de 2022 do "The Best Chef" passou a ocupar a décima posição no ranking de melhores chefs do mundo (e de quem sou fã), se esmera em receitas que adotam ingredientes brasileiros regionais para criar pratos de apresentação e sabor únicos. No jantar, a única opção é o menu degustação, que cobre da entrada à sobremesa. Fundado em 1999, o D.O.M. foi o primeiro restaurante do Brasil a ganhar duas estrelas Michelin e já garantiu várias vezes sua colocação na lista "The World's 50 Best Restaurants" (Os 50 melhores restaurantes do mundo) — incluindo um impressionante 4° lugar em 2012. O D.O.M. é, definitivamente, o mais sofisticado representante da cozinha brasileira contemporânea.

$$$$

📞 (11) 3088-0761 / (11) 3081-4599
🌐 domrestaurante.com.br

EVVAI

O chef Luiz Filipe Souza coloca seu talento em pratos de inspiração italiana que muitas vezes são reinterpretados com ingredientes tipicamente brasileiros - que ele denomina "Oriundi" (originário), termo tradicionalmente usado para identificar os italianos que imigraram para outros países e seus descendentes. A experiência completa envolve o menu degustação, mas é possível também jantar à la carte. O restaurante fica em uma charmosa casa na Rua Joaquim Antunes, em Pinheiros.

$$$$

🌐 www.evvai.com.br
📷 evvai_sp

FASANO

A equação de comida extremamente bem executada, ambiente sóbrio, sofisticado e aconchegante (com projeto do arquiteto Isay Weinfeld) e serviço impecável — marca registrada da família Fasano em todos seus empreendimentos — fazem do jantar no Fasano uma experiência única. A cozinha é comandada pelo chef Luca Gozzani. O sommelier Manoel Beato, há 30 anos na casa, é tido por muitos como o maior conhecedor de vinhos do país. O Fasano, localizado no térreo do Hotel homônimo, é "o" lugar para se celebrar ocasiões especiais.

$$$$

🌐 www.fasano.com.br/gastronomia/fasano

📷 fasano

LA TAMBOUILLE

Um clássico paulistano, o La Tambouille foi fundado em 1971 por Giancarlo Bolla e, desde 2014, quando o restaurateur faleceu, é tocado por suas duas filhas, Carla e Cláudia. Em mais de 5 décadas de funcionamento na mesma charmosa casa no Itaim, a clientela é assídua, e o serviço, gentil e atencioso. O cardápio é composto por carnes, peixes e massas das cozinhas da França e Itália. Na hora do café (ou chá), é servido um prato redondo lindo, cheio de guloseimas como pé de moleque, chocolate amargo e uvas caramelizadas. O bar (e sala de espera) conta com apresentações de um pianista.

$$$$

🌐 www.tambouille.com.br/mobile/sp_pt.html

📷 latambouille

ÁRABES

AL JANIAH

Fundada em 2016 pelo palestino-brasileiro Hasan Zarif, a casa é um misto de bar, restaurante e espaço para shows, com pegada ativista. Com grande parte dos funcionários vinda do campo de refugiados Yarmouk, na Síria, o espaço também abriga eventos culturais e políticos, que vão de manifestações de causas diversas a pré-lançamento de candidaturas. A comida é realmente muito boa (o preço também), especialmente o espetinho de kafta, um dos melhores de São Paulo, temperado com especiarias e acompanhado de tomate, cebola e homus.

$$

📞 (11) 98139-0419
📷 aljaniah_oficial

ALMANARA

Um dos mais antigos restaurantes de comida árabe de São Paulo ainda em funcionamento, a primeira unidade do Almanara foi aberta em 1950 e continua operando no Centro da cidade, próxima à Praça da República. Hoje são mais de 10 filiais, a maioria em shopping centers. Ingredientes de qualidade, serviço eficiente e preços razoáveis fazem do Almanara um restaurante de história longeva, muito querido pelos paulistanos, geração após geração.

$$$

🌐 almanara.com.br/site
📷 almanararestaurante

ALYAH SWEETS

Comida libanesa de qualidade. As esfihas — "esticadinhas", com formato mais alongado e massa bem fina — são oferecidas em mais dez sabores, entre eles a de queijo com zátar (tempero de ervas secas típico do Oriente Médio). Mas as grandes estrelas do cardápio são os doces libaneses tradicionais, como a baklava, um pastel de massa folhada, recheado com nozes ou pistache e regado com mel, e o maamoul, feito à base de semolina e manteiga, com recheio de nozes, tâmaras ou nata. **#didica:** O restaurante vende os doces em lindas latas e caixas de presente.

$$$

🌐 alyahsweets.com.br
📷 alyahsweets

ARABIA

Ótimo representante da culinária árabe/libanesa, o Arabia tem uma linha de pratos prontos vendidos em supermercados, lojas em shoppings centers e um delivery que funciona bem, mas nada como a experiência de almoçar ou jantar na unidade da Rua Haddock Lobo, cujo charmoso projeto arquitetônico, com pé-direito bem alto e jardim interno, completou 30 anos em 2022. Alguns dos meus pratos favoritos são o tabule e o fundo de alcachofra com carne moída, coalhada e snoobar, presente no cardápio de forma sazonal. Isso sem falar na esfiha de zaatar (tempero de tomilho, summac e gergelim), coalhada seca, babaganoush (pasta de berinjela)... Tudo uma delícia!

$$$
🌐 arabia.com.br
📷 restaurantearabia

SAINTE MARIE GASTRONOMIA

O endereço é fora de mão: fica no Jardim Taboão, nos confins do Morumbi, a aproximadamente 20 km do Centro da cidade; e o ambiente é bem simples, quase sem charme nenhum. Mas esses dois fatores são compensados por uma culinária árabe bem executada e inventiva, caso da esfiha de polvo e do "kibe montado", uma torre formada por camadas de kibe, tabule sem trigo e da coalhada seca — criação mais que perfeita da casa. O proprietário Stephan Kawijian, libanês descendente de armênios, imigrou para o Brasil em 1987 e está sempre presente para receber os clientes. **#didica:** O restaurante não abre aos domingos, e, aos sábados, é praticamente impossível conseguir uma mesa, então tente se programar para ir lá durante a semana.

$$
📞 (11) 3501-7552
📘 Mercizao

SAJ

Comida libanesa bem-feita, serviço honesto, ambiente agradável sem grandes firulas. O Saj é uma boa pedida para quem curte pratos típicos da culinária árabe. São várias unidades, algumas delas, inclusive, em shoppings centers, mas a que eu gosto mesmo é a da Vila Madalena.

$$$
📞 (11) 3032-5939
📷 sajrestaurante

ASIÁTICOS

Quando eu agrupei os restaurantes por tipo de culinária, e a lista de nomes especializados em comida japonesa foi ficando mais longa, comprovei o que eu já suspeitava há bastante tempo: São Paulo tem ótimos e numerosos representantes da culinária do Japão. Mas, além deles, você também vai encontrar aqui boas indicações de restaurantes de comida chinesa, coreana e vietnamita.

AIMA
CULINÁRIA JAPONESA
Dos mesmos donos do Kitchin, o Aima fica no Shopping Iguatemi e oferece um bom mix de sushis, sashimis e pratos quentes. O crispy rice — minicubos de arroz frito, servidos com atum ou salmão cru batidinho — é seco e crocante. Outra especialidade: os tacos recheados de wagyu beef, camarão, atum ou salmão.

$$$
🌐 www.restauranteaima.com.br
📷 restauranteaima

ATSUI
CULINÁRIA JAPONESA
Restaurante amplo, arejado e de estética moderna, do mesmo grupo dono do Nakka. O cardápio é especializado na culinária japonesa, com boas opções de sushis e sashimis, mas o carro-chefe são os pratos quentes preparados na grelha a carvão e forno combinado, como o pargo ao molho de champagne com legumes ao mel de romã, a berinjela grelhada com katsuobushi (conserva seca

japonesa de atum) e o milho doce com manteiga e ervas.

$$$

🌐 www.atsui.com.br

📷 atsui_oficial

AYA

CULINÁRIA JAPONESA

Um dos sócios do Aya é o Juraci Pereira — ou "Jura" — que começou como manobrista, virou garçom, e, depois de um tempo, decidiu se arriscar como sushiman. Trabalhou como assistente do renomado Jun Sakamoto, até abrir negócio próprio. No Aya, você pode pedir o omakase (seleção especial de sushis e sashimis feita pelo chef) ou à la carte. Não deixe de provar o ovo à milanesa com ovas de salmão, flor de sal e azeite trufado e o sushi de anchova negra empanada com molho teriyaki e mel trufado — opa, acabei de reparar que as duas sugestões têm algo "trufado". Sei que não agrada a todos os paladares, mas não se preocupe: o menu tem inúmeras outras opções igualmente saborosas.

$$$

🌐 www.restauranteaya.com.br

📷 ayajapanesecuisine

BIA HOI

CULINÁRIA VIETNAMITA

Um espaço pequeno com balcão e algumas mesas no Centro de São Paulo é o "point" da comida vietnamita, feita pela chef Dani Borges, que passou alguns meses no Vietnã desbravando a cultura e culinária locais antes de abrir seu restaurante por aqui. A carta de drinks é extensa, com destaque para o Jaca Amiga — uma versão do conhecido Caju Amigo, só que feito com esta fruta originária do Vietnã e região (e eu achando que a jaca era brasileira!). Tem também chopp do dia e várias opções de cervejas, muitas delas artesanais. O Pho Bo, prato nacional do Vietnã, é um caldo de osso de boi e especiarias com tiras de carne, macarrão de arroz e legumes e é um dos destaques do cardápio.

$$

🌐 biahoi.com.br

📷 biahoisp

BICOL

CULINÁRIA COREANA

Restaurante de culinária coreana no bairro da Aclimação. Cada mesa conta com sua própria

grelha, onde é preparado o churrasco ao estilo coreano — calma, o salão conta com exaustores de fumaça para que os clientes não terminem a refeição completamente defumados. Uma das opções do menu é o Sendunshim: cortes altos de bife ancho, acompanhados de 8 unidades de banchan (miniguarnições do dia, como broto de feijão e acelga fermentada) e arroz. Para finalizar, o picolé coreano Melona de sabor melão.

$$
🌐 www.bicol.com.br
📷 bicolrestaurante

BY KOJI
CULINÁRIA JAPONESA
Como boa corintiana que sou, arrisco dizer que a única coisa que merece o meu elogio no Estádio do Morumbi, estádio oficial do time São Paulo, é o By Koji, hahaha! Brincadeirinha, tá, gente? Mas é realmente uma experiência diferenciada se deliciar com os sushis, sashimis e temakis preparados pela equipe do By Koji, tendo como vista o gramado do campo de futebol, seja em dia de jogo ou quando as arquibancadas estão vazias.

$$$
🌐 bykojirestaurante.com.br
📷 bykoji

HI PIN SHAN
CULINÁRIA CHINESA
Fundado na década de 1980, o Hi Pin Shan tem cardápio extenso e conta com pratos típicos, como o frango xadrez, o macarrão chop suey e o camarão trovão. Eu, que sou "órfã" do sino-brasileiro — durante muitos anos o restaurante chinês mais tradicional de São Paulo e que fechou suas portas em 1994 —, acho uma boa opção. São dois endereços na cidade: em Perdizes e no Itaim.

$$
🌐 www.hipinshan.com.br
📷 hipinshan

JUN SAKAMOTO
CULINÁRIA JAPONESA
Hoje em dia o conceito de omakase — seleção de pratos feita pelo chef — já está disseminado, mas um dos primeiros a trazer essa ideia para São Paulo, que eu saiba, foi o Jun Sakamoto. Em seu restaurante, que conta com poucas mesas e um balcão de apenas 8 lugares, Jun e sua equipe preparam sushis e sashimis de forma meticulosa, com máxima atenção a cada ingrediente — os peixes são superfrescos, o arroz vem morno e a alga é seca e crocante.

$$$$
⊕ www.junsakamoto.com.br
Ⓞ restaurante_junsakamoto

KITCHIN
CULINÁRIA JAPONESA
Ambiente de decoração contemporânea e um cardápio com clássicos da culinária japonesa que vão do sushi e sashimi ao te pan (grelha), tempurá e yakissoba (macarrão), entre outros. O ponto original é o da Rua Iaiá (Itaim). A filial do Shopping JK é uma boa pedida para depois de uma sessão de cinema.

$$$
⊕ kitchin.com.br
Ⓞ restaurantekitchin

KOMAH
CULINÁRIA COREANA
O Komah traz receitas coreanas tradicionais, além de pratos autorais. Localizado na Barra Funda, bairro que vem passando por um hype, o restaurante oferece em seu bar criações exclusivas com inspiração coreana, como o Khaennip Sour, preparado com soju (bebida destilada transparente de origem coreana), gim, suco de limão, açúcar, clara de ovo e folha de gergelim selvagem.

$$$
⊕ komahrestaurante.com.br
Ⓞ komahrestaurante

KOSUSHI
CULINÁRIA JAPONESA
Em 1988, o Kosushi abriu suas portas no bairro do Ipiranga, distante do bairro da Liberdade, onde os restaurantes japoneses tradicionalmente ficavam. Anos depois, mudou para a Rua Viradouro (no Itaim) e foi um hit instantâneo, graças ao talento do sushiman George Koshoji somado a um espaço com impactante projeto arquitetônico de Arthur Casas, que, inclusive, foi também o responsável pela renovação de projeto finalizado em 2017.

$$$
⊕ kosushi.com.br
Ⓞ kosushi

MAKOTO
CULINÁRIA JAPONESA

O Makoto original fica no Bal Harbour Shops, em Miami. Em São Paulo, o restaurante ganhou duas filiais. O menu oferece pratos frios, quentes à base de arroz ou macarrão (noodles), robata (espetinhos), sushis, sashimis e makis (ou rolls), em receitas originalmente japonesas que recebem um mix de referências de outros países. Exemplos: o galeto marinado no missô (pasta feita de soja fermentada e sal), com minilegumes e curry; crisps de parmesão e raspas de limão siciliano; e a tuna pizza — entrada que leva atum, azeitona preta, cebola, coentro, jalapeño e anchova aioli sobre uma fina camada de massa. De sobremesa, uma das opções é o mochi (sorvete com cobertura de arroz gelatinoso). Há, inclusive, opções de sabores sem açúcar.

$$$
🌐 makotookuwa.com.br
📷 makotobrasil

MURAKAMI
CULINÁRIA JAPONESA

Restaurante pequeno e de decoração minimalista, que atende só com reserva, apenas para jantar em esquema de menu degustação (omakase). O proprietário e chef titular Tsuyoshi Murakami trabalhou durante anos no restaurante de seu sogro — o Kinoshita, no bairro Liberdade —, e depois decidiu abrir seu próprio negócio, que conta com a ajuda de sua mulher Suzana e do filho Jun. O menu de seis etapas muda todas as noites, levando em conta os peixes e ingredientes mais frescos de cada dia.

$$$$
🌐 www.murakami.net.br
📷 restaurantemurakami

NAGA E NAGAYAMA
CULINÁRIA JAPONESA

O Nagayama da Rua Bandeira Paulista (Itaim) está há mais de 30 anos no mesmo endereço. São dois espaços: o térreo, com poucas mesas e um sushi bar, é uma boa opção para almoços; e o andar superior, que recebe o nome de Naga, é a pedida certa para noites mais animadas. Por falar nisso, mais recentemente foi inaugurado, em frente aos restaurantes da Rua Bandeira Paulista, o Bar do Naga — que, além de drinks, serve petiscos orientais. Dos mesmos donos, e tão clássico quanto o primeiro Nagayama do Itaim, é o Naga Jardins. Tive muitos jantares gostosos por lá, especialmente nas mesas de tatame ao fundo do salão.

$$$
🌐 www.nagayama.com.br
📷 restaurantenagayama

NAKKA
CULINÁRIA JAPONESA

Era quase impossível jantar em horários mais convencionais no ponto da Rua Padre João Manuel, até que o restaurante passou por uma ampliação e manteve o astral movimentado, mas agora sem aquela batalha para conseguir uma mesa. Além do endereço nos Jardins, há também a matriz no Itaim. Comida bem executada, serviço atencioso e clientela animada ajudam a manter o hype nas duas unidades.

$$$
🌐 www.restaurantenakka.com.br/pt
📷 restaurantenakka

NOSU
CULINÁRIA JAPONESA

Acho o projeto arquitetônico do Nosu — com paredes revestidas por bambus, formando um arco no teto no salão de pé-direito duplo — um dos mais bonitos de todos os restaurantes de comida japonesa de São Paulo. Localizado em uma rua tranquila de Santana (Zona Norte), tem sushis e sashimis como foco principal, com seleção cuidadosa de peixes frescos e frutos do mar — o king crab aparece no cardápio com frequência. Para finalizar, sorvetes com sabores curiosos, como o de gengibre ou o de wasabi (raiz forte).

$$$
🌐 nosu.com.br
📷 restaurantenosu

OHKA E OHKINHA
CULINÁRIA JAPONESA

Ambos têm mesas bastante disputadas, principalmente pelo público jovem, graças ao ambiente escurinho com trilha sonora animada de fundo. Um dos hits do cardápio é o sashimi de atum gordo (toro) servido sobre uma pedra de sal rosa do Himalaia — além da apresentação linda, a base "salgadinha" dá um sabor especial ao peixe.

$$$
🌐 www.ohka.com.br
📷 ohkasushi

SUSHI LIKA
CULINÁRIA JAPONESA

Entre tantas opções de restaurantes de comida japonesa no bairro da Liberdade, o foco aqui é nos peixes frescos com corte bem-feito e o arroz preparado direitinho — sem "firulas" tipo cream cheese e outras invencionices do mundo ocidental. O balcão é grande, mas eu gosto mais ainda de sentar nas mesas baixas com banco de tatame. Para a hora do almoço, há opções de "teishoku" (uma espécie de "prato feito" japonês) a valores mais favoráveis.

$$$

📞 (11) 3207-7435
📷 sushidolika

UM RESTAURANTE JAPONÊS QUE ESTÁ — E NÃO ESTÁ — NO GUIA...

Eu gostaria de indicar o Ryo Gastronomia porque só li matérias elogiosas a respeito e admiro muito o fato de o restaurante ostentar duas estrelas Michelin. Mas, apesar de algumas tentativas, nunca consegui uma reserva. Uma vez não responderam às minhas mensagens, outra vez me retornaram dizendo que entrariam em reforma sem previsão de reabertura. Se você já foi (opa, me conta como você conseguiu esta proeza, hehehe!), imagino que tenha tido uma refeição especial. São apenas 8 clientes atendidos por vez pelo chef Edson Yamashita, um mestre na arte de fazer sushis. Se você pretende ir, é preciso um certo empenho — além de bolsos preparados, já que o menu degustação está entre os mais caros da cidade.

$$$$

🌐 www.ryogastronomia.com.br
📷 ryogastronomia

BOM DIA, SÃO PAULO

AAO CAFÉ ORGÂNICO

Em um país campeão mundial no uso de agrotóxicos, a feira do produtor orgânico do Parque da Água Branca, inaugurada em 1991 pela AAO (Associação de Agricultura Orgânica), e realizada desde então aos sábados e domingos, vem bastante a calhar para quem, como eu, se preocupa com a origem daquilo que come e com o impacto da indústria alimentícia no planeta. São mais de 300 famílias que comercializam seus alimentos sem intermediários, entre frutas, hortaliças e flores, além de ovos caipiras, sucos, bolos, mel, pães e cereais. Boa maneira de provar essas iguarias fica logo na entrada da feira, onde é servido café da manhã com sucos, doces e salgados integrais — tudo 100% orgânico e feito no dia.

$$

☎ (11) 3875-2625

🌐 aao.org.br/aao/feira-do-produtor-organico.php

BOTANIKAFÉ

O lema aqui é "Brunch all day", ou seja: menu de brunch servido o dia todo. E quando se fala em brunch, a ideia é que você possa pedir de um simples ovo mexido a um sanduíche mais elaborado de pastrami ou rosbife, por exemplo. Para acompanhar, boas opções de café e sucos naturais.

$$

🌐 www.botanikafe.com

📷 botanikafe

CASARÌA SP

Instalado em um casarão arejado e integrado à rua, com suas fachadas laterais todas abertas e em localização central nos Jardins, o Casarìa SP reúne confeitaria, padaria, restaurante e escola de culinária, tudo sob o comando do chef Diego Lozano. O espaço abriu em dezembro de 2020, depois do período mais restritivo da pandemia do coronavírus, e, desde que abriu, está sempre lotado. O menu, eclético, conta com saladas, sanduíches, ovos, massas, bolos e doces.

$$$

☎ (11) 3068-0778

📷 casariasp

FUTURO REFEITÓRIO

O Futuro Refeitório não tem nome na entrada, e sim um luminoso em neon que diz "deve ser aqui". Funciona de manhã até de noite, mas o que eu gosto mesmo é de ir para o brunch. Tem pães de fermentação natural, waffle, french toast, panquecas e boas opções de bebidas à base de café — que podem, inclusive, ser preparadas com leite de amêndoa ou de coco caseiro. Quem toca o restaurante são as irmãs Gabriela, chef também do Chou, e Karina Barretto. Para o almoço ou jantar, o menu foca mais em pratos à base de plantas e cereais, mas também há sugestões para quem consome proteína animal.

$$$

🌐 www.futurorefeitorio.com.br
📷 futurorefeitorio

PADOCA DO MANÍ

Padaria da premiada chef Helena Rizzo, que também comanda o Manioca e o Maní. Boa opção para cafés da manhã a qualquer hora do dia, onde você encontra no cardápio desde sucos naturais, como o sabor original de uva com água de coco, até sanduíches, como o tostex — minha escolha é sempre o de queijo curado com pão integral. De sobremesa, é "de lei" pedir o "segredo do bolo", um bolo de chocolate e brigadeiro dos deuses!

$$$

🌐 manimanioca.com.br/padocadomani
📷 manimanioca

SANTO GRÃO
(ver em DELICINHAS — CAFETERIAS)

CARNES

BARBACOA

Uma das churrascarias de rodízio mais tradicionais de São Paulo. O buffet de entradas e saladas é um verdadeiro banquete — destaque para o palmito, que é enorme e macio. Depois, você é "confrontado" a cada minuto com o garçom trazendo à mesa as mais variadas e suculentas opções de carnes bovinas, suínas e frango, em cortes nobres e especiais. Programão!

$$$
🌐 barbacoa.com.br
📷 barbacoabrasil

BEEFBAR

O que São Paulo tem em comum com Mônaco? Bom, além de ser sede para uma das etapas do circuito mundial de Fórmula 1, o fato de ter uma filial do Beefbar, restaurante original do principado e que tem pontos em outras dez cidades, como Paris e Hong Kong. Quem trouxe o Beefbar para cá foi o piloto de carros Felipe Massa e seu irmão Dudu Massa, em sociedade com o dono original do restaurante, o italiano Riccardo Giraudi. O cardápio é variado, com foco nas carnes, entre elas, o wagyu beef, de origem japonesa. Para acompanhar, purê de batatas, oferecido em 8 versões distintas. Existem ainda boas opções de pratos vegetarianos.

$$$
🌐 beefbar.com/sao-paulo
📷 beefbar_saopaulo

CHE BÁRBARO

É a segunda casa do grupo argentino que também comanda o Bárbaro e o Emporium Bárbaro. Aberta desde 2008 na Vila Madalena, a churrascaria tem como foco a gastronomia portenha. No menu, destacam-se as empanadas e os cortes especiais de carnes, todos altos e preparados na parrilla, como o ojo del bife e o assado de tira. Outras receitas também fazem sucesso entre os comensais, como o molho chimichurri, a clássica panqueca recheada com doce de leite e o cléricot (espécie de sangria feita com vinho branco ou rosé e frutas).

$$$
🌐 chebarbaro.com.br
📷 barbaro_chebarbaro

CORRIENTES 348

O primeiro ponto do restaurante foi inaugurado em 1997, na Rua Comendador Miguel Calfat, 348 — daí seu nome. Hoje, esta casa de "parrilla porteña" (churrasco argentino) conta com três unidades em São Paulo, mais dois pontos no Rio de Janeiro. Eu costumo pedir a salada juliana (alface, tomate, pepino e palmito em cubos, com molho mostarda e queijo parmesão ralado), ojo de bife (miolo do contrafilé) e, de acompanhamento, a papatasso — batatas ao murro (amassadas) e crocantes. De sobremesa, vale se jogar nas panquecas de doce de leite acompanhadas de sorvete de creme. ¡Muy bueno!

$$$

🌐 www.corrientes348.com.br
📷 corrientes348br

DINHO'S

Depois de 60 anos no mesmo endereço no bairro do Paraíso, em 2022 o Dinho's se mudou para uma casa de dois andares localizada nos Jardins, ainda que em um local um tanto "escondiDI-NHO" — hahaha, eu amei essa brincadeira que não tem relação nenhuma com o nome do restaurante, e sim com o novo ponto. O nome é, na verdade, o apelido do fundador Fuad Zegaib. Seu filho Paulo é atualmente o chef titular. Em tanto tempo de funcionamento, o Dinho's traz memórias de almoços em família para muita gente. A feijoada, servida aos sábados em buffet, também vale a pena, tudo fresquinho e separado para você montar como quiser.

$$$

🌐 www.dinhosjardins.com.br
📷 restaurantedinhos

FIGUEIRA RUBAIYAT E RUBAIYAT

O grupo, com décadas de história — e 8 restaurantes entre Brasil, Argentina, Chile e Espanha —, foi um dos primeiros a trazer o conceito "da fazenda ao prato" por aqui. Enquanto o Rubaiyat costuma atrair os executivos da região da Faria Lima para os almoços de negócios durante a semana e famílias aos sábados e domingos, a Figueira se tornou um ícone de charme por conta da centenária e frondosa árvore que dá nome ao restaurante e que abriga as mesas do grande pátio de entrada. Aos sábados, a Figueira tem um caprichado buffet de feijoada — programão para quem vem de fora e quer conhecer essa receita clássica da gastronomia brasileira.

$$$$

🌐 gruporubaiyat.com
📷 rubaiyatbrasil
📷 afigueirarubaiyat
📷 emporiofigueirarubaiyat

GIULIETTA

Esta casa de carnes do Grupo Famiglia Nino parece quase ter uma entrada secreta, já que fica atrás da Salumeria, extensão do vizinho Nino Cucina, no Itaim. Oferece cortes especiais, entre eles o assado de tira com cogumelo portobello e cebola roxa, a costela de boi grelhada e o scottadito de cordeiro (carré servido com brócolis e batata gratinada). Outros sucessos da casa são a polenta taragna com ovo de gema mole e linguiça, a burrata al forno e a torta morna de queijo e frutas vermelhas. Gosto mais do Giulietta para o jantar — o ambiente é escurinho e sempre agitado.

$$$

📞 (11) 3368-6863
📷 giulietta.fogo

QUINTAL DEBETTI

Como o nome indica, o lugar tem uma vibe de estar no fundo de uma grande casa, com churrasqueiras ao centro e fachadas de antigas moradas ao redor. Quem comanda o espaço é Rogério Betti, idealizador do evento Churrascada e dono do açougue DeBetti Dry Aged, situado no mesmo endereço. Os cortes são preparados em churrasqueiras a lenha e a carvão e servidos em tábuas para compartilhar. Uma das especialidades é o hambúrguer dry aged. Não deixe de finalizar a refeição com a panqueca de doce de leite tostada com ferro quente e açúcar cristalizado.

$$$

🌐 debetti.com.br
📷 quintaldebetti

RODEIO

Um verdadeiro clássico de São Paulo: o Rodeio Jardins está em funcionamento desde 1958. Em 2011, foi inaugurada sua primeira (e única até agora) filial, o Rodeio Iguatemi, com projeto arquitetônico de Isay Weinfeld. O couvert é uma sensação: supercompleto, conta com o famoso "pão de queijo" (na verdade, de polvilho) quentinho e assado na hora, molho vinagrete e crudités. As carnes têm cortes especiais — destaque para a picanha fatiada —, e, para quem prefere peixes, o linguado assado é uma boa opção. Entre as guarnições, recomendo o palmito pupunha assado e a batata souflé. **#didica:** A salada Didi — que não está oficialmente no menu e é uma criação minha junto aos maîtres do Rodeio. Leva cenoura ralada, palmito desfiado e batata palha, com molho de azeite, limão e sal. Se o garçom não reconhecer a salada pelo nome, é porque é novo na casa, hahaha!

$$$$
🌐 rodeiosp.com.br
📷 rodeiorestaurante

SUJINHO

Não é para levar o nome a sério — o Sujinho, na verdade, tem ambiente limpo e é uma boa pedida para quem está em busca do combo bom e barato. A bisteca bovina é o carro-chefe, junto da tradicional feijoada, servida às quartas e aos sábados. O horário de funcionamento merece destaque — vai das 11h30 às 4h da manhã, todos os dias da semana. Recentemente, o grupo entrou em expansão, com a abertura de uma hamburgueria estilo fast-food, um café e uma janelinha chamada King Trudel, que vende um pão doce de massa fina em formato de cilindro, assado na brasa e servido com açúcar e canela polvilhados.

$$
🌐 www.sujinho.com.br/Sujinho
📷 sujinhochurrascaria

COZINHA AUTORAL

A CASA DO PORCO

CHEFS JANAÍNA E JEFFERSON RUEDA

Eleito, em 2022, o 7° melhor restaurante do mundo no ranking do "The World 's 50 Best Restaurants" (Os 50 melhores restaurantes do mundo), a Casa do Porco alia um ambiente descontraído a uma culinária muito bem executada, inventiva e autoral. O nome não deixa dúvidas: o restaurante é focado em pratos que têm como base a carne suína em todas as suas versões. Os chefs Janaína e Jefferson Rueda também criaram o menu degustação versão vegetariana — os pratos têm inclusive apresentações muito semelhantes. Como é um dos restaurantes mais disputados de São Paulo, o único jeito de conseguir mesa é reservar com bastante antecedência.

$$$$

🌐 acasadoporco.com.br
📷 acasadoporcobar

ARTURITO

CHEF PAOLA CAROSELLA

Restaurante da chef Paola Carosella, conhecida por muitos pela participação como jurada no reality show culinário Masterchef Brasil, e que comanda a cozinha do Arturito há mais de 10 anos. O restaurante tem ares diferentes na hora do almoço — com opção de menu executivo e prato do dia — e do jantar — quando ganha um clima e cardápio mais sofisticados. Em 2023, o Arturito sairá do ponto original na Rua Artur de Azevedo (Pinheiros) e ganhará um espaço três vezes maior em novo endereço na Vila Madalena. Cenas para o próximo capítulo!

$$$

🌐 www.arturito.com.br/arturito
📷 restaurantearturito

BORGO MOOCA EM SANTA CECÍLIA

CHEF MATHEUS ZACHINI

Já ouviu falar de churros com foie gras? Ok, Ok, sei que foie gras é bastante controverso, eu particularmente não sou adepta, mas é só para dar uma ideia do grau de criatividade do cardápio da casa, de inspiração fortemente italiana, que tem menu 100% sazonal (troca toda semana) e só recebe os clientes mediante reserva. O dono resolveu mudar do endereço original na Mooca, numa casa dos anos 1950 nas imediações do Clube Juventus, para um novo ponto na Rua Barão de Tatuí, em Santa Cecília, com o acréscimo de um bar — o Bargô — em esquema speakeasy. No logradouro da Mooca, a ideia é abrir uma trattoria.

$$

📞 (11) 97574-3213
📷 borgomooca

CARLOTA

CHEF CARLA PERNAMBUCO

A chef Carla Pernambuco é a responsável pela cozinha inventiva do Carlota. Foi ela quem criou, por exemplo, o suflê de goiabada com calda fria de catupiry — uma adaptação do clássico "Romeu e Julieta" (goiabada com queijo). O sucesso foi tanto que a receita se popularizou nas casas de muita gente e até em outros restaurantes. Eu também adoro o pudim de fruta do conde, que costuma aparecer no cardápio de acordo com a estação. Obviamente, nem só de sobremesas vive um restaurante, e são muito boas as opções de entradas e pratos principais do Carlota, que ocupa um charmoso sobrado em Higienópolis.

$$$

🌐 carlapernambuco.com
📷 carlapernambucocarlota

CEPA

CHEF LUCAS DANTE

Instalado discretamente em uma casinha residencial no Tatuapé, com área interna e externa transformadas em ambientes do restaurante pelo chef Lucas Dante e pela sommelière Gabrielli Fleming. A dupla assina um cardápio totalmente autoral, de acordo com a sazonalidade dos ingredientes. Primeiro restaurante da zona leste a integrar o Guia Michelin, o pão (de fermentação natural, claro), os curados, os embutidos, tudo é feito artesanalmente, com seleção de peixes e carnes superfrescos. A carta de vinhos segue a mesma cartilha, com diversas opções biodinâmicas e orgânicas para curtir e complementar com excelência a experiência.

$$$

📞 (11) 2096-0687
📷 restaurante.cepa

CHARCO

CHEF TUCA MEZZOMO

Uma das melhores surpresas que eu tive nos últimos tempos no cenário gastronômico de São Paulo. O foco do restaurante — localizado nos Jardins, mas fora do eixo mais convencional — são as receitas feitas na brasa. É difícil conseguir uma reserva, porque são poucas mesas. Mas não desista, porque a experiência vale a pena.

$$$

📞 (11) 3063-0360
📷 charcorestaurante

CHEF VIVI

CHEF VIVIANE GONÇALVES

A chef Viviane Gonçalves costuma passar de mesa em mesa para se apresentar e conversar um pouco com os clientes em seu restaurante de clima intimista, que conta com poucas mesas, um balcão de apenas 7 lugares e cozinha à mostra. Quando fomos lá, a experiência começou com um couvert de deliciosos pães feitos na casa e manteigas artesanais. O cardápio privilegia ingredientes da estação, preferencialmente os orgânicos.

$$$

🌐 chefvivi.com.br
📷 chefvivicasa

CHEZ CLAUDE

CHEF CLAUDE TROISGROS

Fica em uma esquina no bairro do Itaim o restaurante do chef Claude Troisgros e de seu filho Thomas. Receitas que agregam ingredientes de forma criativa compõem o menu de culinária variada. Alguns exemplos: a entrada de atum cru,

melancia, wasabi (erva forte) e missô; e o "big ravioli" (pastel grande de massa de macarrão) recheado com batata baroa e molho de iogurte e pinolis. Ao lado do Chez Claude, os mesmos donos abriram o Boucherie (restaurante de carnes) e o Bar Du Quartier — ao que deram o nome de Le Quartier — "o quarteirão", formado pelos empreendimentos que levam a assinatura Troisgros (e que ainda vai receber o Mediterranée). Como diria o próprio Claude: Que maRRavilha!

$ $ $
📞 (11) 3071 4228
📷 chez.claudesp

CORRUTELA
CHEF DANIEL BURNS

Localizado em uma charmosa casa na Vila Madalena, o Corrutela tem grande preocupação com a sustentabilidade, que se traduz, por exemplo, no reaproveitamento das sobras de alimentos através do uso de composteiras e na escolha de ingredientes típicos de cada estação, preferencialmente vendidos por produtores locais. Sob o comando do chef canadense Daniel Burns, a cozinha prepara receitas como a (sobremesa) "île flottante" de jenipapo: uma sopa de tonalidade azul profundo tingida naturalmente graças a essa iguaria amazônica, com ovos nevados ao centro. Além de deliciosa, é certamente uma das sobremesas mais bonitas que eu já vi.

$ $ $
🌐 www.corrutela.com.br
📷 corrutela

DONNA
CHEF ANDRÉ MIFANO

O carismático e talentoso chef André Mifano é o responsável pela cozinha desse restaurante pequeno e aconchegante de culinária italiana com toques autorais. Destaque para o pão de queijo da Serra da Canastra, que, em vez de tradicionalmente assado, é frito. Eu nem sabia que isso era possível! A casca é fina e crocante, e o recheio, supercremoso, derrete na boca.

$$$

📞 (11) 97593-9047

📷 restaurantedonna_

EMA

CHEF RENATA VANZETTO

Renata Vanzetto é tão prolífica que tem-se a sensação de que, a cada curto intervalo de tempo, ela lançará um novo restaurante. Atualmente, ela tem 7 empreendimentos gastronômicos em São Paulo: Me Gusta, Mé Taberna, Muquifo, Mi.ado, Mico, Matilda e o Ema — que apresenta a cozinha de *autora* (coloquei em itálico para chamar atenção para o fato de que o Google só reconhece "de autor" e já está na hora de introduzir a expressão atualizada para o gênero feminino, não é mesmo?) de Vanzetto. Ela comanda as caçarolas ao lado da chef Tassien Barban — que começou como estagiária do Marakuthai, primeiro restaurante de Renata Vanzetto, que depois o vendeu para outro grupo — e do chef Lucas Jaen. De tempos em tempos, o cardápio do Ema traz novidades — caso, por exemplo, do nhoque de mandioquinha, creme de pupunha, aspargos, gema mole e parmesão e da berinjela assada com molho de tomate defumado, creme de queijo, manjericão e farofinha frita, lançados em maio de 2022.

$$$$

🌐 www.grupoemerestaurantes.com.br/ema

📷 restauranteema

FAME

CHEF MARCO RENZETTI

A experiência no Fame é única, a começar pelo espaço: você abre uma porta sem identificação nenhuma na Rua Oscar Freire (entre a Alameda Ministro Rocha Azevedo e a Rua Peixoto Gomide), sobe um lance de escada e se depara com o salão, com algumas poucas mesas e 4 assentos à frente de um balcão voltado para a cozinha que fica à vista dos clientes, em um total de 16 a 20 pessoas no máximo. O menu degustação tem 10 etapas. A sequência varia de tempos em tempos e leva em consideração os ingredientes da estação. As massas frescas são produzidas no próprio restaurante. A harmonização dos vinhos é obra da sommelière Erika — esposa do chef titular Marco Renzetti, nascido em Roma. Quando fui, fiquei especialmente maravilhada com a trilha (peixe de água salgada) com creme de beterraba e ovas de salmão, e, de sobremesa, o sorbet de frutas amarelas com zabaione.

$$$$

📞 (11) 99364-4442
📷 fame_osteria

MANÍ

CHEF HELENA RIZZO

Na edição de 2022 do "The Best Chef", Helena Rizzo passou a ocupar a centésima posição no ranking de melhores chefs do mundo. Ela é a consagrada e ultra premiada chef do Maní, que funciona desde 2006 em uma casa na simpática Rua Joaquim Antunes com ambientação que preza pela simplicidade e pelo aconchego. O couvert, com o biscoito de polvilho "gigante", é o prefácio para uma refeição leve e fresca, com receitas que agregam ingredientes típicos do nosso país como o tucupi (caldo extraído da mandioca), o cumaru (especiaria nativa da Amazônia) e a jabuticaba, só para citar alguns. Um dos pratos clássicos é o "Ovo do Maní", cozido a 63°C durante 1h30 e servido sobre espuma de pupunha.

$$$$

🌐 manimanioca.com.br/o-mani
📷 manimanioca

NELITA

CHEF TÁSSIA MAGALHÃES

A chef Tássia Magalhães e sua equipe na cozinha, composta essencialmente por mulheres, fazem uma culinária italiana contemporânea que encanta o paladar, acima de tudo — e o olhar também. Os pratos têm apresentação criativa e refinada e sabores inesperados, seja nos risotos, peixes, carnes ou massas — o agnolotti de queijo de cabra, alho negro e favo de mel é de uma delicadeza única.

$$$$

📞 (11) 3798-9827
📷 nelita.restaurant

PRÉSIDENT

CHEF ÉRICK JACQUIN

Um bistrô sob comando do célebre chef Érick Jacquin, em um endereço central no bairro dos Jardins. A decoração do restaurante, com paredes vermelhas preenchidas por pinturas, gravuras e objetos pessoais do chef Érick Jacquin, além de sofás com estampa de onça, é um charme. O cardápio traz clássicos bem executados da culinária francesa. Fico na torcida para que o atendimento fique menos blasé, porque a comida e o ambiente ali

são bem especiais. Além do Président, Jacquin abriu também em São Paulo o Lvtetia (pronuncia-se "Lutécia"), de culinária italiana.

$$$
📞 (11) 3062-7169
📷 president_jacquin

SAL GASTRONOMIA
CHEF HENRIQUE FOGAÇA
Restaurante de cozinha inventiva e contemporânea de Henrique Fogaça que, além de chef de cozinha, atua como jurado do programa de TV Masterchef (Band) e é vocalista da banda de rock Oitão. Nas duas unidades: uma em Higienópolis, colada à Galeria de Arte Vermelho, e outra no Shopping Cidade Jardim, com vista privilegiada para o skyline de São Paulo, o variado cardápio traz opções como o queijo coalho tostado com melado e uva verde de entrada, e o magret de pato ao vinho do porto com purê de mandioquinha, banana ouro e minicebola caramelizada no capim santo. Para sobremesa, o pudim de cumaru com calda de frutas vermelhas e sementes de papoula é um acerto.

$$$
🌐 salgastronomia.com.br
📷 salgastronomia

COZINHA BRASILEIRA

A BAIANEIRA (BARRA FUNDA) E A BAIANEIRA (MASP)

O primeiro restaurante da chef Manuelle Ferraz está sempre cheio e já ganhou diversos prêmios, entre eles o da categoria Bib Gourmand, do Guia Michelin, o que levou a chef a abrir, em 2019, um segundo ponto, no Masp. As receitas são inspiradas nos pratos de sua infância e adolescência em Almenara, no Vale do Jequitinhonha, onde nasceu — daí o nome também, do mix de "baiana" com "mineira".

$$$

📞 (11) 2538-0844 (Barra Funda)
📞 (11) 3266-6864 (Masp)
📷 abaianeira

BALAIO IMS

Idealizado pelo celebrado chef Rodrigo Oliveira, mesmo dono do Mocotó, o restaurante fica no Instituto Moreira Salles e nasceu junto com o projeto da nova sede, em 2013. Além de incluir os famosos dadinhos de tapioca no menu, a casa também foca em comida saudável e natural, misturando diferentes culturas culinárias do país. Há pratos individuais, como o arroz de linguiça bragantina, ou para compartilhar, como a moqueca de caju. Tem também opções vegetarianas, sanduíches e saladas.

$$$

🌐 balaioims.com.br
📷 balaioims

BANZEIRO

Boa maneira de conhecer a vasta e deliciosa gastronomia amazônica longe de suas origens, o Banzeiro, cuja sede original fica em Manaus, oferece em sua filial paulistana delícias como o matrinxã, peixe de água doce do qual é possível comer até mesmo a costela (que não tem espinhos e derrete na boca). Além dos peixes, vale se aventurar pelas sobremesas, como o pé-de-moleque, feito de carimã, massa de mandioca temperada com erva-doce e enrolada na folha de bananeira para ser assada no fogo por até três horas, utilizando a técnica do moquém, que é uma espécie de churrasqueira ancestral, trazida pelo chef Felipe Schaedler para seu restaurante de São Paulo.

$$$
📞 (11) 2501-4777
📷 banzeirosp

BOLINHA

O Bolinha completou 76 anos em 2022, e se você quer comer uma feijoada caprichada, a qualquer dia da semana, é lá que você tem

que ir. Eles oferecem três opções: a feijoada tradicional, com pé, rabo, orelha, costela salgada, carne seca, linguiça portuguesa, paio, lombo defumado, língua defumada e bacon; a "magra", que vem com carne seca, paio, linguiça portuguesa, costela salgada, lombo defumado e língua defumada; e — pasme! — a feijoada kosher — sim, variação do prato tradicional brasileiro que respeita os preceitos judaicos de alimentação e não tem nada de carne suína (mas, atenção, esta versão deve ser encomendada com no mínimo 1 hora de antecedência).

$$$
🌐 www.bolinha.com.br
📷 bolinharestaurante

CAPIM SANTO

Original de Trancoso, na Bahia, o Capim Santo fica dentro do Museu da Casa Brasileira e segue a mesma proposta da casa matriz, misturando a tropicalidade da região nordestina com técnicas francesas da escola Cordon Bleu, onde a chef Morena Leite estudou. O ambiente com jardim externo é supergostoso para curtir receitas como o acarajé com vatapá, camarão e vinagrete; o ceviche de peixe com palmito pupunha e chips de banana da terra; o famosíssimo brigadeiro de capim santo; entre outras delícias. Na hora do almoço, o restaurante funciona em esquema buffet.

$$$

🌐 www.restaurantecapimsanto.com.br
📷 restaurantecapimsanto

CASA DE IEDA

É neste pequeno restaurante localizado em Pinheiros que a chef baiana Ieda de Matos apresenta a culinária da Chapada Diamantina, sua terra natal. São pratos nordestinos típicos, como o baião de dois (carne de sol artesanal, arroz, feijão de corda e farofa) — que recebem toques pessoais da chef de cozinha. Para os vegetarianos, uma boa pedida é o Baião de Dois Vai à Horta. Destaque também para a boa seleção de cachaças.

$$

🌐 casadeieda.negocio.site
📷 casadeieda

CUIA CAFÉ

O Cuia Café fica dentro da Livraria Megafauna, no térreo do icônico Edifício Copan, no Centro da cidade. A chef é a talentosa Bel Coelho, que comanda também o Clandestino, experiência mensal com apenas uma mesa para 12 pessoas (mediante reserva). Voltando ao Cuia, o espaço funciona no sábado das 10h às 23h e no domingo das 10h às18h, então você pode ir lá para curtir um brunch, almoço, drinks e aperitivos em um happy hour ou jantar. Delicinha!

$$

🌐 belcoelho.com.br/cardapio
📷 cuia_cafe

FITÓ

Restaurante de comida brasileira com influência nordestina comandado pela chef Cafira Foz, que nasceu no Ceará e passou boa parte de sua vida no Piauí. O ambiente é amplo e arejado — mas sem ar--condicionado, o que, em um dia muito quente, pode ser um inconveniente. Os pratos têm preços moderados, o que é um atrativo e tanto.

$$

🌐 www.fitocozinha.com.br
📞 (11) 99674-2745
📷 fitocozinha

MOCOTÓ

O restaurante foi fundado na Vila Medeiros, zona norte de São Paulo, pelo pernambucano José de Almeida, e ganhou mais projeção quando o chef Rodrigo Oliveira, filho de Seu José, decidiu trazer algumas inovações à culinária sertaneja do Mocotó. Rodrigo Oliveira foi quem inventou os dadinhos de tapioca com queijo de coalho, depois copiados em diversos estabelecimentos.

$$$
🌐 mocoto.com.br
📷 mocotorestaurante

TORDESILHAS

Comandado por Mara Salles, tem mais de 30 anos de trabalho e pesquisa dedicados à gastronomia e à cultura do país. Das opções para compartilhar, fazem sucesso a Comissão de Frente (pastel de camarão, marinada de vegetais, carne seca confitada em manteiga de garrafa e queijo de coalho com melado) e o Bolinho Errado e Aioli de Pequi (feito com massa pura de mandioca e queijo artesanal da Mantiqueira). Dos tradicionais da chef, o Baião de Dois e Carne Seca (confitada em manteiga de garrafa, com feijão fradinho, purê de abóbora com gengibre e couve); e o pirarucu (peixe amazônico de água doce) ao molho de hortaliças e purê de banana-da-terra são boas pedidas. Já na parte de sobremesas, vale provar o pudim de tapioca com baba-de-moça, a cocada de tabuleiro com sorvete de tapioca e calda de tamarindo, ou o creme anglaise de pequi, compota de maracujá e suspiros de jatobá.

$$$
🌐 www.tordesilhas.com
📷 tordesilhas

COZINHA DO MAR

DA MARINO

Mais uma empreitada bem-sucedida de Rodolfo de Santis, dono, entre outros, do Nino Cucina — restaurante italiano dos mais concorridos de São Paulo. O Da Marino, como o nome indica, é especializado em peixes e frutos do mar, especialmente receitas do sul da Itália. Ao fim de uma refeição com sabores mediterrâneos, você pode pedir o sorvete de limão-siciliano, moldado no formato da fruta de verdade, que chega à mesa em uma cesta de palha em meio a vários limões-sicilianos — a graça é descobrir qual destes é o sorvete. É uma das sobremesas mais instagramáveis da cidade.

$$$
📞 (11) 3368-6863
📷 da.marino

RUFINO'S

Restaurante "das antigas" especializado em peixes e frutos do mar. Um dos meus pratos favoritos é o Tranche de peixe à Húngara: peixe branco assado no forno com creme de leite fresco, páprica e batatas (adoro as que vêm mais "queimadinhas"). Talvez o fato de eu ser descendente da Eva, minha avó nascida na Romênia e fluente em romeno e húngaro, explique por que eu gosto tanto desse prato, né? Eu adoro o Rufino's da Praia da Enseada, Guarujá. Mas quando não dá para ir até lá, o endereço do Itaim traz um pouco do astral do litoral de São Paulo para a cidade.

$$$
🌐 www.rufinos.com.br
📷 rufinosrestaurante

TABERNA 474

O Taberna 474 tem um quê de bar e restaurante: ótimos petiscos, seleção de queijos e embutidos e pratos à base de arroz com os mais diversos acompanhamentos. Mas entrou aqui nesta seção porque as opções de pratos de frutos do mar e peixes são o forte no cardápio — muitos deles preparados na brasa e na chapa. O Taberna fica a uma esquina do Adega Santiago, e também é de Ipe Moraes (que, além desses, é dono do Casa Europa). O ambiente é descontraído e animado.

$$$
🌐 www.taberna474.com.br
📷 taberna474

COZINHA VARIADA

CASA EUROPA

De Ipe Moraes, proprietário também do Adega Santiago e do Taberna 474, o Casa Europa tem pratos mais focados na culinária italiana — destaque para as massas frescas recheadas, como o tortelloni di zucca (recheado com abóbora, com molho de manteiga de sálvia). Mas o cardápio, extenso, também traz influências de outras nacionalidades — caso, por exemplo, do Bacalhau à Bráz. As diversas opções de entrada garantem um saboroso e farto início de refeição. Mesas e cadeiras em madeira compõem o ambiente, que é descontraído e animado.

$$$
🌐 casaeuropa.com.br
📷 casaeuropa

CHARLÔ BISTRÔ E ROTISSERIE

O Charlô, de Charlô Whately e Felipe Sigrist, existe desde 1988 no mesmo ponto e já passou por várias reformas. Na mais recente delas (2021), adotou um perfil mais despojado e concedeu espaço à sua rotisseria, que vende pratos prontos para serem consumidos em casa. O cardápio tem pratos de culinárias variadas, preparados na cozinha envidraçada e à vista da clientela — boas opções são o picadinho com arroz, farofa, couve, banana e ovo poché, o polvo grelhado e a clássica Torta de Marzipan, recheada com chocolate meio amargo. Perdição!

$$$
🌐 www.charlo.com.br
📷 charlo.bistro

CORA

No mesmo predinho revitalizado onde estão a livraria Gato Sem Rabo e a galeria HOA, o Cora abriu as portas há pouco mais de um ano e segue com as mesas mais concorridas da cidade. O principal motivo é a localização, um terraço gostoso com vista para o Minhocão, mas as comidas também fazem bonito. No menu criado pelo chef Pablo Inca — que nasceu em Jujuy, no norte da Argentina, trabalhou com Paola Carosella e no extinto Mangiare —, todos os pratos são para compartilhar ou comer devagar, como os bollitos crocantes de berinjelas assadas (com coalhada e melaço de cacau), a tortilla de lula (feita com milho, minilulas, limão, pimenta e coentro) e a couve-flor assada (com abóbora, grão-de-bico, especiarias e ervas frescas).

$$$
📞 (11) 3231-4561
📷 cora.sp

COZINHA 212

A Rua dos Pinheiros concentra bons restaurantes com mesas disputadas, entre eles o Cozinha 212, dos sócios Stefan Weitbrecht e Victor Collor de Mello. O espaço recebe só para o jantar — à exceção de sábado, quando abre também para o almoço (sendo que aos domingos e às segundas-feiras fica fechado). O ambiente à noite é escurinho, com mesas de madeira iluminadas por velas. Muitos pratos são preparados no forno à lenha que fica à vista dos frequentadores. As hortaliças e verduras em sua maioria são orgânicas e vêm direto do sítio de Stefan — por conta disso, o menu é sazonal.

$$$
🌐 www.cozinha212.com.br
📷 cozinha212

GULA GULA

Original do Rio de Janeiro, onde faz sucesso desde 1984 no Leblon e em outras 7 locações da Cidade Maravilhosa, a filial paulista ocupa um charmoso e centenário casarão nos Jardins, com um agradável pátio com mesas ao ar livre. A comida agrada a diversos paladares, com várias opções de saladas, quiches, tortas e pratos clássicos como o strogonoff de filet mignon, acompanhado de arroz e batata palha.

$$$
🌐 gulagulaspdelivery.com.br/restaurantes
📷 gulagularestaurante

MANIOCA

O Manioca é a versão mais casual do Maní. Seu couvert também tem o delicioso e sempre crocante polvilho extragrande. O menu traz alguns clássicos do Maní — como o talharim de pupunha ao molho de parmesão, além de pratos exclusivos, como o atum levemente grelhado com quinoa e chutney de amora, gengibre e shissô (conhecido como o "manjericão japonês"). Para finalizar, um café expresso acompanhado de um minibrigadeiro. Dupla infalível.

$$$
🌐 manimanioca.com.br/restaurantemanioca
📷 manimanioca

MERCEARIA DO CONDE

Desde 1991 funcionando em uma casa na Rua Joaquim Antunes com fachadas coloridas e o interior repleto de elementos decorativos e lúdicos — como brinquedos "retrô" e fadas de papier machê —, a Mercearia do Conde tem um cardápio variado, com pratos que têm influências das culinárias brasileira, indiana, tailandesa, entre outras. Gosto bastante desse lugar para o almoço. Além do cardápio fixo, há também a opção do "prato do dia", que muda semanalmente.

$$$

🌐 www.merceariadoconde.com.br

📷 merceariadoconde

MERCEARIA SÃO ROQUE

Bom lugar para um PF (prato feito) acompanhado de um chopp bem tirado e gelado, o Mercearia São Roque é um daqueles casos em que, entra moda sai moda, o restaurante se mantém ativo e com frequência constante. Gosto das mesas na calçada lateral e no pátio de entrada, bem arejadas e com luz natural.

$$$

📞 (11) 3085-6647

📷 merceariasaoroque

MESTIÇO

Desde 1997, quando abriu as portas, segue o mesmo conceito: cozinha contemporânea variada, com especialidades tailandesas e toques brazucas. A ideia veio da chef baiana Ina de Abreu, após uma viagem ao país do sudeste asiático. Dessa vibe fusion, vale destacar o Krathong-thong (cestinhas de massa crocante recheadas com frango, milho e especiarias), o Ipanema (namorado ao molho de laranja com gengibre, espinafre e palmito pupunha grelhado) e, claro, o Pad Thai, um dos melhores da região, preparado com talharim de arroz, frango, broto de feijão, camarão seco, amendoim e especiarias.

$$$

🌐 www.mestico.com.br

📷 restaurante_mestico

ORFEU

O bar e restaurante está situado no circuito térreo do edifício Copan, com foco na comida brasileira. Da cozinha, saem dadinhos de tapioca e casquinha de siri para começar, principais como baião de dois, mariscadas e picadinhos e doces tradicionais tipo brigadeiro de colher e mousse de maracujá. Nos fins de semana, o burburinho é daqueles, com muita gente de pé bebericando, vendo e sendo vista.

$$$

📞 (11) 94745-8063
📷 orfeu

RITZ

Mais do que qualquer outro fator, acredito que a meta de todo restaurante é ser lembrado pelos seus pratos — e o Ritz, pra mim, é um desses casos. O cardápio é composto por receitas exclusivas e comuns a outros estabelecimentos — como o bolinho de arroz e o penne mediterrâneo (com tomates frescos, mussarela de búfala, azeitonas pretas, manjericão e um toque de alho) —, mas as versões do Ritz são especiais. Será que o que faz a diferença é o sabor único de momentos de boas conversas à mesa, em um ambiente animado e que tem a cara de São Paulo? Pode ser.

$$$

🌐 restauranteritz.com.br
📷 restauranteritz

SPOT

Arrisco dizer que esse é um dos meus restaurantes favoritos de São Paulo. São vários atributos em um lugar só, a começar pela localização em frente a uma praça urbana enfeitada por uma fonte de água ornamental iluminada, que faz parte de um conjunto de prédios da Avenida

Paulista. Logo na entrada há um bar com um balcão em formato retangular, onde são servidos ótimos drinks enquanto você espera sua mesa — aliás, se você decidir ficar só por ali mesmo, já é um programão, já que a frequência é sempre animada. O cardápio é variado e conta com pratos super "spotianos", como a terrine de queijo de cabra, com berinjela, tomate seco e molho pesto, e o penne oriental, com legumes shitake, gengibre e amêndoas. Outro clássico é a sobremesa de sagu com creme inglês.

$$$

🌐 www.restaurantespot.com.br
📷 restaurantespot

FRANCESES

BISTROT DE PARIS

A primeira vez que fui ao Bistrot de Paris foi por recomendação da Rita Lobo. Ela me convidou para um almoço, e foi assim que eu conheci este restaurante instalado nos fundos de uma vila de casas na Rua Augusta, com cardápio focado em pratos da autêntica culinária francesa, como o Bœuf Bourguignon com champignon e cebolinhas, em cozinha comandada pelo chef Alain Poletto. Nos meses de inverno, vale provar o ótimo fondue de queijo.

$ $ $
🌐 bistrotdeparis.com.br
📷 bistrot_de_paris

CHEF ROUGE

Comida francesa bem-feita, boa carta de vinhos, serviço atencioso e ambiente charmoso. Essa é a equação que faz do Chef Rouge, dos irmãos Vanessa Fiuza Cussiol (minha amiga querida) e Rodrigo Fiuza, um dos restaurantes franceses mais queridos e longevos de São Paulo, em funcionamento há mais de 25 anos no mesmo ponto, no coração dos Jardins. O menu conta com consultoria do chef francês Alain Ducasse. De sobremesa, não deixe de pedir a Tarte Tatin, reconhecida como uma das melhores da cidade.

$ $ $
🌐 www.chefrouge.com.br
📷 chef_rouge_fr

CHEZ CLAUDE
(ver em COZINHA AUTORAL)

ICI BISTRÔ

Além do menu criado por Benny Novak e inspirado na culinária clássica francesa, o ambiente é bem charmosinho e com atmosfera parisiense, graças à luz baixa, toque retrô, espelhos e sofás vermelhos. As jambonnettes de grenouille — coxinhas de rã douradas na manteiga de alho e salsinha com tomate picado e ervas fritas — estão entre os hits da casa. Há outros pratos clássicos, como o steak tartare com batatas fritas, o carré de cordeiro (com batatas, brócolis, cebolas e alhos confitados) e os moules frites marinière (mexilhões, vinho branco, salsão, cebola e manteiga de alho e salsa, com fritas).

$ $ $
🌐 www.icibistro.com.br
📷 ici_bistro

LA CASSEROLE

Desde 1954 no mesmo ponto, no Largo do Arouche — praça tradicional da região central de São Paulo, o La Casserole é considerado por muitos um patrimônio da cidade. O décor remete a bistrôs franceses clássicos e o cardápio também — com opções que vão da soupe à l'oignon (sopa de cebola) e do filet au poivre aos profiteroles com calda de chocolate, entre outros pratos típicos. A frequência varia entre clientes antigos — meu avô Sig, por exemplo, era cliente assíduo — e um pessoal mais jovem, que muitas vezes decide emendar o jantar em uma noitada no Infini, bar "escondido" ao lado da entrada da cozinha.

$$$
⊕ www.lacasserole.com.br
⊙ lacasserole1954

LA TAMBOUILLE
(ver em ALTA GASTRONOMIA)

LE JAZZ BRASSERIE

O primeiro Le Jazz é o da Rua dos Pinheiros — o sucesso foi tamanho que, atualmente, a cidade conta com mais três endereços — à Rua Melo Alves e nos shoppings Iguatemi e Higienópolis. No menu, clássicos como o Croque Monsieur e opções vegetarianas como o Falafel du Marais. Vizinho do ponto original fica o Le Jazz Petit — cocktail bar em que os drinks podem ser acompanhados por petis plats (entradas) como os croquetes de bacalhau e o queijo de cabra grelhado, servido com figos, beurre noisette e pistache.

$$$
⊕ www.lejazz.com.br
⊙ lejazzbrasserie

PRÉSIDENT
(ver em COZINHA AUTORAL)

GREGOS

Fotiá, Kouzina e Myk são da mesma dona, a chef Mariana Fonseca — e, por isso mesmo, procuram ter características diferentes entre si. O Fotiá, que significa fogo em grego, oferece pratos feitos na brasa. O Kouzina foca essencialmente na culinária mediterrânea. E o Myk é o restaurante mais refinado entre os três do grupo. Eu adoro o Kouzina dos Jardins, que parece saído de alguma ilha grega. Graças à lateral toda aberta, é superarejado e recebe uma linda luz natural durante o dia. No Myk, a culinária grega é composta de pratos mais sofisticados. Já o Fotiá é uma ótima opção para almoços descontraídos — principalmente se você conseguir uma mesa no pátio ao ar livre logo na entrada.

FOTIÁ
$$$
📞 (11) 2638-6174
📷 fotiamyk

KOUZINA
$$$
📞 (11) 2935-0888
📷 kouzinamyk

MYK
$$$
📞 (11) 2548-5391
📷 mykrestaurante

IBÉRICO

ADEGA SANTIAGO

Uma ótima combinação de comida portuguesa e espanhola bem executadas, ambiente descontraído, clientela animada e uma carta de vinhos ibéricos completa, você pode começar com uma porção de croquete de pato e outras "tapas". Para o prato principal, recomendo a "bacalhoada na lenha", que serve duas pessoas. De sobremesa, os minichurros com doce de leite chegam quentinhos à mesa. Uma outra boa (e doce) pedida é a Torta de Santiago, feita com farinha de trigo, ovos e amêndoas — receita clássica da Galícia, região ao norte da Espanha.

$$$

🌐 www.adegasantiago.com.br
📷 adegasantiago

ITALIANOS

Em uma cidade que recebeu uma expressiva imigração italiana, ocorrida principalmente entre o fim do século XIX e início do XX, é de se imaginar que São Paulo tenha tantas boas opções de restaurantes desta que é, indiscutivelmente, uma das culinárias favoritas do mundo. Selecionei aqui os restaurantes italianos que têm uma boa combinação de comida, ambiente e astral, em diferentes faixas de preço. Buon appetito!

BOTTEGA BERNACCA

Além do endereço original dos Jardins, mais recentemente foram inauguradas unidades no Itaim e no Shopping Iguatemi. Todos têm em comum um ambiente aconchegante, com bastante madeira na decoração, e uma comida italiana bem-feita, com destaque para as massas, muitas vezes servidas diretamente da panela — como acontece em muitos restaurantes na Itália. O Bottega dos Jardins continua sendo o meu favorito — o espaço é pequeno, intimista e tem mesmo o clima de "ponto original".

$$$
📞 (11) 3586-7103 (Jardins)
📞 (11) 97351-7152 (Itaim)
📞 (11) 5904-6670 (Shopping Iguatemi)
⌾ bottegabernacca

DUE CUOCHI

O cardápio foca essencialmente nas massas, que podem ser frescas, secas ou recheadas, e vão do clássico espaguete "ao sugo" (com molho de tomate) a criações mais autorais como o ravioli de maçã verde e shimeji ao creme de gorgonzola doce. Para a sobremesa, aposte no tiramisu, feito com il vero (o verdadeiro) queijo mascarpone. Vizinho à matriz do Itaim, foi inaugurado mais recentemente o Due Bar, espaço descontraído e agradável para tomar uns drinks enquanto se espera pela mesa e também onde dá para comprar as massas artesanais da casa.

$$$
⊕ www.duecuochi.com.br
⌾ duecuochi

FAMIGLIA MANCINI

A Rua Avanhandava é uma pequena e sinuosa travessa da Rua Augusta perto da Praça Roosevelt e de teatros tradicionais como o Cultural Artística e o Teatro Maria Della Costa, no Centro de São Paulo. É também onde, em 1980, Walter Mancini abriu seu primeiro restaurante, o Famiglia Mancini — uma das cantinas italianas mais conhecidas da cidade. O farto buffet de antepastos é uma atração à parte e o bife à parmegiana agrada a todos que frequentam a casa.

$$$
⊕ www.famigliamancini.com.br
⌾ famigliamancini

FASANO
(ver em ALTA GASTRONOMIA)

GERO

É o irmão mais novo e mais informal do Fasano, há 30 anos no mesmo endereço nos Jardins. A experiência gastronômica começa pelo couvert, com pães quentinhos, sardela (pasta de pimentão vermelho, sardinha e anchova) e chips de zuchini — abobrinhas italianas em rodelas, fritas e crocantes. Boa introdução para o momento da escolha do prato principal em um menu de culinária italiana que conta com receitas exclusivas e outras clássicas — como a Costoletta di Vitella Alla Milanese (vitela à milanesa com salada de rúcula e tomate), na minha opinião, a melhor da cidade. Com perfil semelhante ao Gero, o grupo Fasano tem também o Parigi, na Rua Amauri e o Trattoria, no Itaim. **#didica:** Para as noites em que o clima está agradável, tente uma reserva no Gero em uma das mesas ao ar livre logo na entrada do restaurante.

$$$$
🌐 www.fasano.com.br/gastronomia/gero-sao-paulo
📷 fasano

IL CAPITALE

Em pouco tempo de funcionamento, o Il Capitale já se tornou um queridinho entre os restaurantes italianos da cidade. De antipasti, a burrata com tomates cerejas mornos e o carpaccio de carne — cortado bem fininho e com molho delicado — são boas escolhas. Algumas opções de massas são servidas à mesa diretamente da panela, o que já dá um charme a mais para o pedido. Entre os peixes, o atum selado é um prato leve, saboroso e tem um colorido bonito graças ao rosado do peixe e aos diferentes tons de legumes cozidos da guarnição. Para arrematar, uma mousse de chocolate meio amargo com farofa crocante.

$$$
📞 (11) 97832-3460
📷 ilcapitale

JARDIM DE NAPOLI

Restaurante tradicional de São Paulo, conhecido especialmente pelo polpettone à parmegiana — bolo de carne moída recheado com mussarela, empanado com farinha de rosca e coberto com molho de tomates e parmesão ralado. A parte de fora é durinha e o recheio vem derretido. Para acompanhar, recomendo o fusilli ao sugo (molho de tomate) — aqui, o fusilli é uma massa fresca em formato de canudo comprido, em vez do macarrão "torcidinho" comumente conhecido pelo mesmo nome. O ambiente é acolhedor e o atendimento é cordial. Quase em frente ao restaurante há uma pizzaria do mesmo grupo.

$$$

📞 (11) 3668-8383

📷 jardimdenapoli

LELLIS TRATTORIA

Com mais de 40 anos de funcionamento, equipe fiel — por exemplo, Cícero, um dos maîtres, trabalha lá há 20 anos, outros têm em torno de 15 anos de casa, e por aí vai. A Lellis da Alameda Campinas é frequentada por uma clientela devota. O cardápio abrange saladas, sopas, massas, carnes, peixes e frutos do mar da culinária italiana, tudo servido em porções fartas. As paredes são ocupadas por caricaturas de pessoas famosas que já frequentaram o restaurante. Aproveitando... Alô, pessoal da Lellis, está na hora de incluir a minha caricatura ali, hein?! ;-)

$$$

🌐 www.lellis.com

📷 trattorialellis

MODI GASTRONOMIA E MODI GIARDINO

Notório por fazer receitas diferenciadas usando tripas e outras partes menos nobres do boi, o primeiro MoDI funcionava no térreo do Edifício Paquita, localizado em frente à Praça Buenos Aires (Higienópolis) e datado de 1952 — um charme! O espaço infelizmente fechou, mas em seu lugar foi inaugurado o MoDi Giardino, em Perdizes, com direito a um agradável deck e varanda com plantas. Além deste, há também o MoDi colado ao Shopping Higienópolis.

$$

📞 (11) 2338-8277

📷 modigastronomia

NINO CUCINA

O chef Rodolfo de Santis é um fenômeno da cena de restaurantes de São Paulo: a cada novo empreendimento que ele lança, o espaço fica imediatamente badalado e concorrido. Atualmente, o chef comanda 10 espaços gastronômicos em São Paulo — entre eles o Peppino Cantina, Da Marino, Ninetto e Vito Mozzarella Bar. Mas o primeiro grande sucesso de Rodolfo e sua equipe é o Nino Cucina, restaurante de comida italiana deliciosa, ambiente animado, com mesas ultra-disputadas tanto na hora do almoço quanto no jantar. Entre as massas do cardápio, o Cacio e

Pepe — espaguete com queijo pecorino e pimenta — chega al dente e com molho cremoso e ardidinho na medida certa. Entre as sobremesas, uma boa pedida é o cannoli & pistachio, canudo de massa frita, recheado com creme e pistaches e acompanhado de calda de chocolate meio amargo à parte.

$$$

📞 (11) 3368-6863

🅾 ninocucina

PISELLI

Juscelino Pereira foi garçom, maître, sommelier e gerente de restaurantes renomados de São Paulo até que, em 2004, aos 35 anos de idade, teve a oportunidade de abrir seu próprio negócio: o Piselli Jardins, focado em receitas italianas clássicas. Atualmente são três pontos na cidade, o que inclui o Piselli Sud, no Shopping Iguatemi, mais informal e com cardápio próprio.

$$$$

🌐 piselli.com.br

🅾 restaurantepiselli

PIÙ

O proprietário e chef titular Marcelo Laskani é o responsável pelo cardápio de pratos italianos que recebem releituras próprias — como o nhoque de ricota de búfala e espinafre, recheado de queijo caccio cavalo, molho de tomate e manjericão. O Più de Pinheiros tem mesas na varanda na frente e nos fundos do restaurante — ótima pedida para dias de clima agradável.

$$$

🌐 www.piurestaurante.com.br

🅾 piu_restaurante

TATINI

Tradicional restaurante de comida italiana, aberto desde 1983 na Rua Batataes (Jardins), o Tatini é especialmente conhecido pelo linguini nel grana padano — prato que é finalizado no salão, dentro da casca deste queijo típico do norte da Itália. Os mesmos donos do Tatini abriram, em 2018, o Casimiro no quarto andar do edifício Santos Augusta, na esquina da Alameda Santos com a Rua Augusta. Focado em receitas italianas clássicas e com cozinha sob comando do jovem Thiago Tatini, que faz parte da quinta geração da família, o restaurante conta com projeto arquitetônico de Isay Weinfeld.

$$$

🌐 tatinirestaurante.com.br

🅾 tatinirestaurante_oficial

ORGÂNICOS, VEGANOS OU VEGETARIANOS

AAO CAFÉ ORGÂNICO
(ver em BOM DIA, SÃO PAULO)

CAMÉLIA ÒDÒDÓ
Restaurante de Bela Gil, o Camélia Òdòdó fica na Vila Madalena e tem cardápio essencialmente vegano — com algumas concessões a opções vegetarianas. Todas as receitas priorizam ingredientes orgânicos, especialmente de pequenos produtores. Quando visitei o restaurante, além de provar receitas deliciosas como os "patacones" — espécie de panqueca de banana verde frita, servida com vinagrete de tomate e ervas, fiquei maravilhada com a beleza da Limonada Tie Dye, que ganha um degradé de tons do rosa ao roxo, graças ao chá de clitória.

$$
🌐 www.cameliaododo.com.br
📷 camelia_ododo

DOIS TRÓPICOS
O casal de proprietários Carol Von Atzingen e Fernando Werney define o Dois Trópicos como um lugar de comida "consciente" — os pratos são feitos com ingredientes preferencialmente orgânicos e produzidos, sempre que possível, de forma sustentável. O cardápio muda semanalmente, para se adaptar aos itens disponíveis na estação. Uma boa opção para o café da manhã, almoço ou lanche da tarde, em um lugar arejado, arborizado e muito charmoso.

$$
📞 (11) 98432-8495
🌐 www.doistropicos.com
📷 doistropicos

EMPÓRIO FRUTARIA
Misto de restaurante e minimercado de comidas naturais e orgânicas. O cardápio, extenso e variado, tem saladas, pokes (prato tipicamente havaino, servido normalmente em bowls com, por exemplo, atum ou salmão em cubos, em uma base de arroz e legumes), tapiocas e sanduíches, além de inúmeras opções de sucos naturais e kombuchás. Vale destacar que há também uma seção no menu de pratos veganos.

$$
🌐 emporiofrutaria.com.br
📷 emporiofrutaria

GREEN KITCHEN

Restaurante 100% vegano localizado no térreo de um edifício histórico restaurado no Centro de São Paulo, onde funciona também o hotel Selina Aurora. O Green Kitchen é tocado pelo casal Daniele e Fabio Zukerman, que defende a alimentação plant based (à base de plantas). Entre as especialidades do restaurante está o hambúrguer vegano, feito com proteína de ervilha. Abre todos os dias da semana, das 7h às 22h.

$$

🌐 greenkitchenbrasil.com.br
📷 greenkitchenbr

PURANA.CO

Os pratos — todos veganos — do Purana.Co são saborosos e coloridos graças à variedade de ingredientes naturais e frescos usados em cada receita. Em março de 2022, levei meu amigo Derrick Green, vocalista do Sepultura que segue alimentação vegana, para almoçar lá e ele super aprovou a escolha do lugar.

$$

📞 (11) 95225-8606
📷 purana.co

PERUANOS

A culinária peruana sofreu influências de várias culturas, entre elas a espanhola, africana, chinesa, japonesa e italiana. Selecionei três endereços que representam bem esta gastronomia — todos bem casuais e com um ótimo ceviche no cardápio, claro, além de outras especialidades.

AMA.ZO COZINHA PERUANA

Situado nos jardins de um casarão da Belle Époque em Campos Elíseos. O chef Enrique Paredes, também responsável pela cozinha do restaurante Barra Khuda em Lima (Peru), faz ali releituras de pratos peruanos tradicionais, caso do Pulpo Anticuchero — polvo fresco, marinado em molho anticuchero (típico do Peru), e grelhado na brasa.

$$$
📞 (11) 99560-4321
📷 amazoperuano

LA PERUANA CEVICHERIA

Empreitada da chef peruana Marisabel Woodman, o espaço se autointitula uma cevicheria — são oferecidas diferentes versões desse prato típico, todas preparadas com peixes e frutos do mar (como lula e polvo) superfrescos.

Para acompanhar, você pode pedir o tradicional Pisco Sour — drink preparado com pisco, limão, açúcar, clara de ovo e bitter de ervas peruanas.

$$$
📞 (11) 5990-0623
📷 laperuanabr

RINCONCITO PERUANO

Conta com 9 endereços na capital paulistana, em bairros como Centro, Tatuapé e Santana, e tem planos de expandir ainda mais a rede. O chef titular, Edgar Villar, é peruano e traz, entre as especialidades da casa, o Arroz Chaufa de Mariscos — arroz preparado com camarão, lula, polvo e mexilhões banhados com molho de soja e temperos especiais.

$$$
🌐 www.rinconcitoperuano.com.br
📷 rinconcitoperuano

PIZZARIAS

Segundo uma pesquisa da Associação de Pizzarias Unidas do Brasil (de 2018), São Paulo é a segunda cidade que mais consome pizza no mundo, perdendo apenas para Nova York (EUA). Não consegui confirmar esse dado, mas fato é que, com pesquisas ou sem para corroborar, é indiscutível que os paulistanos amam uma "redonda", especialmente nas noites de domingo.

Fica na cidade a pizzaria mais antiga do Brasil ainda em funcionamento: a Castelões, inaugurada em 1924 e ativa no mesmo endereço até hoje, no bairro do Brás. O ambiente é rústico e um tanto quanto desgastado, mas compensa em apelo histórico. Em maio de 2021, eu tive a oportunidade de gravar uma matéria para a temporada do Lugar Incomum São Paulo (Multishow) com Fábio Donato, neto do fundador. Fábio me levou para conhecer o imenso forno a lenha do restaurante e tentou me ensinar — sem muito sucesso, já que a aluna aqui não é lá das mais jeitosas na cozinha, hehehe — a abrir a massa de pizza ao estilo Castelões. Um dos sabores mais pedidos é o de mesmo nome do restaurante, que leva mussarela, calabresa e molho de tomate fresco.

Outra pizzaria clássica de São Paulo é a Speranza, há mais de 60 anos em funcionamento em um casarão no bairro do Bixiga. Dizem que foi a família Tarallo, proprietária da Speranza, que introduziu na cidade a Pizza Margherita — de mussarela, tomate e manjericão fresco, em 1958.

Para quem gosta de pizza de massa grossa e bordas fartas, São Paulo tem ótimas opções, como a Bráz Pizzaria. Não deixe de pedir de entrada o delicioso pão de calabresa. Dos mesmos donos da Bráz, a Bráz Elétrica traz o conceito de pizzas feitas em forno elétrico, que saem tostadinhas e saborosas.

Os que curtem massa de pizza fina encontram na Pizzaria Cristal um porto seguro. O restaurante também tem uma grelha para os amantes de carne. Eu frequento a Cristal desde criança, e até hoje meus pais marcam presença ali semanalmente. A Divina Increnca (sim, a grafia é assim mesmo, com "i" em vez de "e") fica embaixo do Minhocão e tem um ambiente descontraído com direito a mesas na calçada.

Se você tem restrição a glúten ou procura uma pizza mais consciente, tente a Itzza — aqui, há também massas à base de batata-doce, brócolis, couve-flor ou mandioca. Um pouco mais fora do eixo central, na Granja Viana (Cotia), fica a matriz da A Tal da Pizza — que conta com noites regadas a som ao vivo.

Esses são apenas alguns exemplos das inúmeras pizzarias boas que São Paulo tem a oferecer. A seguir está a lista das que eu mais gosto. Fique à vontade para desbravar estas e outras.

A TAL DA PIZZA
ataldapizza

BRÁZ ELETTRICA
brazelettrica

BRÁZ PIZZARIA
brazpizzaria

CAMELO PIZZA
pizzariacamelo

CASTELÕES
cantina_casteloes

CRISTAL PIZZA BAR & GRILL
cristalpizza

DIVINA INCRENCA
divinaincrenca

ITZZA
itzzabr

LA BRACIERA
labracierapizza

PIZZARIA CARLOS
carlospizza_sp

PRIMO BASÍLICO
primobasilico

SPERANZA
pizzariasperanza

VERIDIANA
veridianapizzaria

VICA POTA
vicapotapizza

▶ Aproveite para incluir aqui as suas favoritas:

_____

_____

_____

_____

_____

_____

_____

_____

_____

DIDICAS

PIZZAS 24H/DIA

Para aqueles que sentem vontade de devorar uma "redonda" a qualquer hora do dia ou da noite, e até mesmo de madrugada, a Al Capizza é um delivery de pizza que funciona 24 horas por dia e atende diferentes endereços da cidade.

🌐 alcapizza.com.br
📷 alcapizza

PIZZAS E COMIDA ITALIANA 365 DIAS POR ANO

O Via Castelli é um restaurante italiano supertradicional que funciona — atenção! — 365 dias por ano. Está em funcionamento desde 1977 no mesmo endereço, em uma casa em Higienópolis. Agora você já sabe: bateu uma fome de comida italiana, o Via Castelli estará aberto te aguardando!

🌐 www.viacastelli.com.br
📷 via_castelli

PORTUGUESES

Como o Brasil foi colonizado por Portugal, é de se esperar que aqui a gente encontre bons restaurantes de comida portuguesa — inclusive porque a culinária é um pilar forte da cultura daquele país. Entre meus prediletos, estão A Bela Sintra — acho genial a escolha do nome, uma homenagem dupla à cidade de Sintra, em Portugal, e à Rua Bela Cintra, onde o restaurante está localizado. O Tasca da Esquina de São Paulo é uma filial do restaurante original que fica em Lisboa — mais autêntico que isso, impossível. E o Mirandês é um restaurante pequeno (para alguns, mais parece um boteco), com direito a mesas na calçada e culinária focada em especialidades da cidade Miranda do Douro, ao norte de Portugal. Além dos citados aqui, a Adega Santiago também traz ótimos pratos de bacalhau. Fixe! ;-)

A BELA SINTRA
$ $ $ $
🌐 abelasintra.com.br
📷 restauranteabelasintra

TASCA DA ESQUINA
$ $ $
🌐 tascadaesquina.com
📷 tascadaesquina_

O MIRANDÊS
$ $ $
📞 (11) 3661-8538
📷 omirandes

SANDUÍCHES

ESTADÃO LANCHES

Um grande balcão atende aqueles que estão indo trabalhar, outros voltando da balada e quem mais estiver passando por ali em busca do sanduíche de pernil, carro-chefe da casa, um lanche rápido ou um PF completo e com preço acessível. Além da localização bem central (ele literalmente fica no Centro da cidade), o Estadão é um super "quebra-galho": funciona 24 horas por dia, 7 dias da semana.

$$

🌐 www.estadaolanches.com.br

📷 barelanchesestadao

FAT COW

O forte aqui são os burgers em versões exclusivas e nomes supercriativos — como o "Cheeeeeesus" (não sei se acertei no número de "e"s, hehehe!), cheeseburger que vem com queijo em dobro. A batata frita beira à perfeição, crocante e sequinha, com destaque para as kimcheese fries, que levam molho coreano kimchi e queijo. De entrada, você pode pedir a coxinha de... polvo! Pois é: assim como eu, você pode até achar estranho, mas saiba que ela tem muitos adeptos.

$$

📞 (11) 3078-8098

📷 fatcowbr

FREVO

Uma instituição paulistana. Frequento o Frevo — ou Frevinho, como é carinhosamente chamado — desde bem pequena. Meus pais gostavam de levar meu irmão e eu lá no sábado para comer um beirute — que é, para muitos (eu, inclusa) o melhor da cidade. O meu favorito? Beirute salada de rosbife "com pouca maionese e bem passado". Outra tradição lá é o Rabo de Peixe, uma referência ao formato do copo em que é servido o chopp, bem tirado e com espuma cremosa. Mais um clássico: o Capricho, sorvete de creme ou chocolate, marshmallow, calda de chocolate e a melhor farofa doce de castanhas do planeta.

$$

🌐 www.frevinho.com.br

📷 frevo_delivery

KEZ PADARIA

São Paulo demorou para ter bons bagels, mas a Kez Padaria veio para mudar esse cenário. Entre as opções de sanduíches com bagel, tem o "inescapável" salmão clássico, composto de salmão defumado, cream cheese sabor limão, cebola roxa, tomate, alcaparras e mix de folhas; o Kez também oferece doces e salgados tradicionais judaicos, como a bureka — massa folhada com recheio de cebola com batata, espinafre ou queijo; e a babka — pão doce trançado recheado com chocolate e nozes.

$$
☎ (11) 2774-2731
⌾ kezpadaria

LANCHONETE DA CIDADE

A Lanchonete da Cidade começou o ano com novidades: três novas opções de hot dogs, frutos de uma parceria com os chefs

Janaína e Jefferson Rueda, da Casa do Porco; e a estreia da milkshakeria Urbana, que traz sabores como Chocolatudo, Leite e Derivados e o Frutas Amarelas, versão vegana da bebida. A casa se garante também com os sanduíches x-salada, x-burguer, x-egg, x-bacon e x-tudo.

$$$
🌐 www.lanchonetedacidade.com.br
⌾ lanchonetedacidade

PONTO CHIC

Lanchonete famosa por ter sido onde o Bauru — sanduíche de rosbife, mix de quatro tipos de queijos derretidos, tomate e pepino picles no pão francês — foi inventado em 1937. O ambiente de todos os endereços é bastante simples, mas o Ponto Chic "do

Centro" tem valor histórico: completou 100 anos em 2022.

$$

🌐 www.pontochic.com.br

📷 pontochicsp

Z DELI SANDWICHES

Eu adoro os hot dogs, preparados com salsichas de carne 100% bovina, mas meu sanduíche favorito é o de pastrami: a carne vem morna, uma delícia. Os pães usados no restaurante são feitos à mão e assados todos os dias na Padaria Z Deli. A filial do Centro é a única (pelo menos por enquanto) a oferecer café da manhã e brunch aos sábados e domingos — ovos, french toasts e panquecas são algumas das delicinhas que fazem parte do cardápio.

$$$

🌐 zdeli.com.br

📷 zdelisandwiches

"LARICA" PÓS-BALADA

Você foi a uma balada, dançou sem parar e saiu de lá morrendo de fome? Aqui vão as lanchonetes que podem te salvar nessa situação — endereços clássicos de São Paulo para você "bater um lanche" antes de voltar para casa, mesmo nas mais altas horas da madrugada: Joakin's, Milk & Mellow e New Dog. Dependendo da ocasião, essas lanchonetes viram continuação da festa: lembro que foi o que aconteceu depois do show dos Rolling Stones no Estádio do Morumbi em 2016, quando uma galera foi ao Milk & Mellow atrás de um bom burger e um milkshake daqueles bem densos e cheios de cobertura (amo!) para se recuperar depois de mais de 2 horas pulando ao som de Mick Jagger e companhia. "Satisfaction" garantida kkk

JOAKIN'S
$$
🌐 www.joakins.com.br
📷 joakinsoficial

MILK & MELLOW
$$
🌐 milkmellow.com.br
📷 milkmellowoficial

NEW DOG
$$
🌐 newdog.com.br
📷 newdoghamburger

DELICINHAS

BOLOS

Minha intenção com este guia é fazer você circular por São Paulo e descobrir ou revisitar lugares bacanas da cidade — e também conhecer pessoas talentosas que fazem desta cidade um lugar interessante e diferenciado. É o caso dessas doceiras, que transformam qualquer celebração em um momento ainda mais especial graças aos bolos e doces que fazem sob encomenda.

CRAZY FOR CAKES

A Simone Ferrarezi faz bolos muito gostosos, macios, doces na medida certa e lindos, muito lindos. São "bundt cakes" (bolos redondos com furo no centro) de diferentes formatos e sabores. Meus prediletos são o de limão-siciliano com semente de papoula e glacê e o bolo de canela, um pão de ló fofinho com cobertura de leite condensado mais a especiaria em questão, que exala um aroma que dá água na boca. As encomendas podem ser feitas por WhatsApp ou e-mail.

$$$
📞 (11) 99144-8512
🌐 www.crazyforcakes.com.br
⊙ crazyforcakes

FS COOKING

Conheci o trabalho da doceira Flavia Steinberg através do Instagram, e um dia ganhei de presente de uma amiga o Bolo Fudge de Chocolate: chocolate meio amargo com textura fudge e sem glúten. Uma perdição! Os bolos e tortas da FS Cooking são delicados e refinados e normalmente vêm enfeitados com flores frescas ou secas, o que dá um lindo toque artesanal a cada criação.

$$$

📞 (11) 93330-7995
📷 fs.cooking

ISABELLA SUPLICY

Se você quiser comemorar uma data importante com um bolo gostoso e de visual absolutamente impactante, faça sua encomenda com a Isabella Suplicy. A confeiteira e sua equipe são mestres em transformar ideias em doces que são verdadeiras obras de arte.

$$$$

🌐 www.isabellasuplicy.com.br
📷 isabellasuplicyofficial

TAMMY MONTAGNA CAFÉ

Era uma vez uma americana que casou com um brasileiro, se mudou para São Paulo e começou a fazer quitutes sob encomenda na cozinha de sua casa. O negócio evoluiu, e a Tammy Montagna abriu um charmoso e aconchegante café de rua, que serve pratos salgados e, claro, seus bolos, tortas e

cookies, feitos sem excesso de açúcar. A doceira aceita encomendas e sempre traz um toque criativo e refinado para suas criações.

$$$

🌐 www.tammymontagna.com
📷 tammymontagna

CAFETERIAS

Gosto da frase "que não nos falte fé" — mas, para o meu dia correr bem, eu diria que quase prefiro a adaptação "que não nos falte café", hehehe! Para quem morou em Nova York de 2006 a 2011, onde há uma cafeteria a cada esquina, vocês não imaginam minha alegria em constatar que cada vez mais a cidade de São Paulo — como todo grande centro urbano neurótico, hehehe — abre espaço para cafeterias charmosas, especializadas na arte de extrair o melhor do grão de café. Aqui vão as minhas cafeterias preferidas em São Paulo.

COFFEE LAB

Como o próprio nome indica, é um "laboratório do grão de café" — ou seja, um espaço de torra, degustação e preparo de cafés. Além disso, a charmosa casa na Vila Madalena funciona também como escola de baristas e cafeteria, com a opção de menu degustação de cafés. Para acompanhar, bolinhos de tamanho individual — de milho, laranja, banana, entre outros — servidos em uma minimarmita de alumínio.

$$

🌐 www.coffeelab.com.br

📷 coffeelab_br

COFFEE SELFIE

Na Coffee Selfie é assim: você manda uma foto em formato digital para o e-mail da cafeteria e uma máquina especial "imprime" a imagem com pó de café na espuma do leite da sua bebida favorita. Eu pedi um capuccino, que veio com uma selfie minha "estampada" com riqueza de detalhes. Aproveitei e tirei uma selfie da selfie, claro. Programa divertido com uma boa dose de cafeína — e egotrip — junto, hehehe! **#didica:** Em vez da "auto-homenagem", você pode escolher uma foto do seu pet, namorado(a) ou até o símbolo do seu time de futebol do coração. Vale tudo!

$$

🌐 www.coffeeselfie.com.br

📷 coffeeselfie_sp

SANTO GRÃO

Lembro quando o primeiro Santo Grão abriu, na Rua Oscar Freire. Eu costumava ir lá aos domingos de manhã com o Fred e a Laura (nossa filha mais velha) no carrinho de bebê. De lá para cá, o negócio cresceu — atualmente, são 6 endereços na cidade. Misto de cafeteria e restaurante, com um cardápio extenso, que vai do café da manhã ao jantar, contemplando também o almoço e o happy hour — sim, há boas opções de drinks alcoólicos. O Santo Grão tem sua própria marca de café.

$$$

🌐 santograo.com.br

📷 santograo

TAKKØ CAFÉ

Desde 2014, a cafeteria prioriza os grãos especiais de pequenos produtores nacionais, a maioria baseada na Serra da Mantiqueira, sempre mostrando o nome do produtor e da fazenda onde foram cultivados, a altitude, a localização, a data da torra e as notas sensoriais encontradas. Além do expresso, há café gelado, Macchiato, Aeropress, Doppio, entre outros. Para petiscar, o menu inclui quitutes especiais como torta de banana, bolo de matchá e torrada de beterraba com figo.

$$

📞 (11) 2889-8250

📷 takkocafesp

TFC FOOD & MARKET

O TFC Food & Market é uma iniciativa da Track & Field para traduzir para o universo gastronômico o espírito wellness que guia a marca. É composto de duas seções: de um

lado, um minimarket de produtos gostosos e saudáveis cuidadosamente selecionados — você pode comprar iogurtes, chás, biscoitos, mel orgânico, alimentos low carb (baixos em teor de carboidratos), entre outros. Do outro lado, a cafeteria que serve bebidas à base de café, smoothies (vitaminas) e toasts (pão de fermentação natural tostado com toppings especiais, como a saborosa opção que leva cogumelos, pasta de avocado e brotos). O café utilizado tanto para as bebidas em versão quente quanto fria vem de microlotes especiais, entre eles de uma fazenda com cultivo feito de forma orgânica e biodinâmica. Se você curte matcha latte — preparado com leite e pó de chá verde concentrado, aqui você encontra um dos melhores de São Paulo.

$$$
🌐 www.tfco.com.br/ri/sobre-a-trackfield/experience-store
📷 tfc.coffee

THE COFFEE

A The Coffee tem uma proposta minimalista no espaço da cafeteria, que é sempre diminuto, muitas vezes contando apenas com um balcão de atendimento, sem bancos, e também na forma de você fazer o pedido: é tudo realizado através da tela de um tablet. Você escolhe a bebida, pode personalizá-la de acordo com as suas preferências (leite desnatado ou integral, por exemplo), efetua o pagamento e depois é só aguardar que te chamem pelo nome para entregar a bebida pronta. **#didica:** Peça o Iced Vanilla, uma das minhas opções favoritas do menu — café com leite gelado com aroma de baunilha e chocolate granulado (que eu sempre peço que venham com uma dose extra, hehehe!).

$$
🌐 www.thecoffee.jp
📷 thecoffee.jp

UM COFFEE CO

A Um Coffee Co (Um é o sobrenome da família sul-coreana e proprietária da cafeteria) se preocupa com todos os passos da elaboração de uma bebida de café — desde a origem e escolha dos grãos, provenientes de suas próprias fazendas de café em Minas Gerais, ao processo de torrefação de alta tecnologia, até chegar à xícara perfeita. Na matriz do Bom Retiro, além da cafeteria, fica também a Um Coffee Academy, com cursos destinados a futuros baristas. Atualmente, a Um tem seis endereços na cidade, todos com a garantia de um café bem tirado, com controle de todas as etapas de produção.

$$

🌐 www.umcoffeeco.com.br
📷 umcoffeeco

WE COFFEE

Filial de uma rede asiática de cafeterias, tem um cardápio extenso de bebidas à base de café — dos clássicos Capuccino e Macchiato a opções frias e originais, como o Sparkling Ginger, que leva café expresso, água tônica de gengibre e alecrim. Suas vitrines são recheadas com doces de formatos inusitados, bem coloridos e instagramáveis — talvez essa seja, inclusive, a principal razão de sempre haver fila na entrada, tanto na matriz da Liberdade quanto na filial dos Jardins #preguiça hahaha. Mas o hype é compreensível, já que tudo, além de lindo, é bem gostoso.

$$$

🌐 wecoffee.com.br
📷 wecoffee.br

ZUD CAFÉ

Na Santa Cecília, este lugar moderninho tem diferentes métodos de preparo, especialmente coados. É um ótimo lugar para trabalhar ou fazer um lanchinho, já que também oferece um menu com doces e salgados, entre eles o bolo de café expresso com calda de caramelo, iogurte com geleia de morango e queijo quente no pão multigrãos de fermentação natural.

$$

📞 (11) 2769-3369
📷 zudcafe

CHOCOLATES

Se eu disser que o chocolate é bom, pode confiar porque eu sou "chocólatra" assumida, hehehe! Aqui vão as minhas chocolaterias favoritas na cidade — algumas delas paulistas de nascimento e que depois chegaram a várias outras cidades do Brasil.

CAU CHOCOLATES

A CAU completou 15 anos em 2022. Eu adoro as "Lascas", fatias bem fininhas de chocolate ao leite ou meio amargo com amêndoas e flor de sal; e os "Rochedos" de macadâmias caramelizadas, cobertas por chocolate ao leite ou amargo. Quer algo com uma pegada mais saudável? Experimente as barras sem açúcar ou a vegana feita com chocolate 54% cacau.

$$$$

🌐 cauchocolates.com.br
📷 cauchocolates

CHOCOLAT DU JOUR

A Chocolat Du Jour existe desde 1987 e é sinônimo de excelência em chocolates. Lembro de frequentar a primeira loja com a minha mãe, logo que abriu, para ela comprar as trufas e o damasco coberto de chocolate amargo — criações que existem até hoje! A Chocolat Du Jour tem fábrica própria e é supercriteriosa na seleção do cacau, além de colocar cada vez mais foco na produção sustentável, contando com ingredientes 100% brasileiros. Meus chocolates preferidos são as Choc Amandes — amêndoas caramelizadas, cobertas por chocolate ao leite e pó de cacau —, premiadas pela International Chocolate Awards em 2016, e a Truffe Du Jour de champagne, trufa que combina o chocolate ao leite a um suave sabor da bebida.

$$$$
🌐 www.chocolatdujour.com.br
📷 chocolatdujour

DENGO CHOCOLATES

Marca 100% brasileira e que só utiliza ingredientes nacionais. Nas lojas, você encontra uma vitrine com grandes placas de chocolates em sabores originais e exclusivos, como o chocolate 65% cacau com cupuaçu e castanha-de-caju, chocolate ao leite com morango desidratado e, o meu favorito, o chocolate ao leite com biju — supercrocante! O cliente escolhe que porção quer levar, o atendente quebra o pedaço e paga-se pelo peso, daí o nome desta linha: Quebra-quebra — gostei! A Dengo também tem boas opções de chocolates sem lactose, zero adição de açúcares e veganos.

$$$
🌐 www.dengo.com.br
📷 dengochocolates

KOPENHAGEN

Chumbinho, Lajotinha, Língua de Gato e Nhá Benta estão presentes na minha vida desde a infância e são sinônimos de "obras-primas" dos chocolates, na minha mais singela opinião. Acho tudo perfeito: o sabor do chocolate ao leite — que, no caso da Lajotinha, tem um toque especial de canela —, os nomes, os formatos. Outras marcas podem tentar fazer suas versões, mas nada se compara às criações originais da Kopenhagen. No fim de 2021, foi inaugurado um espaço conceito no Itaim, com loja e cafeteria.

$$$
🌐 www.kopenhagen.com.br
📷 kopenhagen_

STEFAN BEHAR SUCRÉ

Um dos ícones da Stefan Behar é a "Barra Gigante de Nutella": 1,1 kg — é isso mesmo, mais de 1 quilo! — de chocolate ao leite, com recheio farto de Nutella e acabamento de pó dourado. Talvez doce demais para o meu paladar, a Barra Gigante é um hit. Uma ótima opção para dar de presente — e aproveitar para comer junto, hehehe! Os bombons e o bolo de mel em formato de favos também são deliciosos — e lindos.

$$$$
🌐 www.stefanbehar.com.br
📷 stefanbeharsucre

DOCERIAS

São inúmeras as opções de docerias, confeitarias e pâtisseries de qualidade em São Paulo. Algumas têm espaço para degustação acompanhada de um cafezinho. Outras vendem os doces apenas sob encomenda — mas fazem sobremesas tão especiais, que eu fiz questão de incluir no guia.

ANUSHA

Minha bisavó Sofia era especialista em fazer a torta de palha italiana, conhecida popularmente como "salame de chocolate". A receita leva chocolate em pó meio amargo, bolacha maizena e manteiga, e a aparência lembra o embutido — daí o nome. Minha bisavó faleceu há muitos anos e, na busca de um bom "salame de chocolate", meus pais descobriram o da Anusha: amargo no ponto certo, com a proporção ideal de chocolate e biscoito e ponto de firmeza perfeito. Outra torta da mesma doceira feita para quem ama chocolate é a Quattro — em formato quadrado, com quatro tipos diferentes de brigadeiro — ao leite, amargo, branco e Ovomaltine. Voltando ao "salame", o da Anusha só não é melhor que o da "bisa" Sofia, porque este, para mim, tem um sabor único de memória de infância.

$$$

🌐 www.anushachocolates.com.br
📷 anushachocolates

CAROLE CREMA

Nome consagrado da confeitaria, Carole tem livro publicado ("O mundo dos cupcakes"), já levou prêmio de Chef Pâtissier pela revista Prazeres da Mesa e é jurada no programa "Que Seja Doce" do GNT, além de, claro, preparar ótimas guloseimas. Em seu QG, na Rua da Consolação, nos Jardins, oferece desde brigadeiros a um menu completo de festas. O bolo de coco gelado é um dos melhores da cidade, assim como o brownie de chocolate meio amargo e o bombom de morango, que tem a fruta envolta por um doce de leite condensado e casca de chocolate.

$$$
🌐 www.carolecrema.com.br
📷 carolecremadoces

CONFEITARIA DAMA
A torta mil folhas da Dama provavelmente tem a quantidade de camadas citada no nome, todas crocantes e "sequinhas", e recheadas com creme patisserie de sabor delicado, sem carregar demais no açúcar. Certamente uma das melhores de São Paulo.

$$$
🌐 www.confeitariadama.com.br
📷 confeitariadama

CORA PÂTISSERIE
Aberta no fim de 2021, vem causando burburinho entre os frequentadores do bairro de Pinheiros pelos ótimos bolos, chocolates e tortas. A banoffee é uma das mais pedidas, com brigadeiro de doce de leite e flor de sal, banana caramelada, merengue ao rum tostado e uma renda de chocolate branco caramelizado. O bolinho de limão-siciliano e frutas vermelhas é outro hit, assim como os cookies e bombons feitos com matéria-prima da Callebaut.

$$$
📞 (11) 3815-0300
📷 cora.patisserie

CRIME PASTRY SHOP
O confeiteiro Rafael Protti se formou na França, trabalhou no restaurante de Joël Robuchon, com o chef pâtissier Pierre Hermé, e desenvolveu menus nos extintos restaurantes Tuju e Lilu, antes de abrir seu próprio negócio, em 2020. O local é inspirado nos cafés e confeitarias de Paris e Berlim, e tem mil folhas como carro-chefe. As finas camadas de massa folhada são à base de

farinha de trigo francesa e manteiga, intercaladas por chantilly de mascarpone e uma leve película de caramelo. Ainda há outras delícias, como o cruffin, um croissant em forma de muffin recheado de creme de doce de leite da casa, o macaron de cacau com recheio de caramelo e amendoim e a tartelete de abacaxi.

$$$

🌐 www.crimepastryshop.com
📷 crimepastryshop

FIOCA CONFEITARIA SAUDÁVEL

Fioca é o apelido da confeiteira Regina Paula, que frequentemente está presente na loja para atender seus clientes e explicar as receitas dos bolos que ela faz junto à sua equipe. Os ingredientes são orgânicos e, em grande parte, provenientes do sítio da família. O uso do açúcar é reduzido, e o sabor adocicado é muitas vezes conquistado com o uso de mel ou agave. Eles aceitam encomendas, mas melhor ainda é a experiência de visitar a doceria e provar in loco um café acompanhado de um pedaço do "bolo de cenoura rústica" — feito com farinha de arroz, nozes, passas e açúcar mascavo.

$$$

🌐 www.fioca.com.br
📷 fiocacs

FÔRMA DE PUDIM

Os pudins são gostosos e, o mais importante: não têm furinho. Sei que este é um assunto m-u-i-t-o polêmico, mas eu sou uma pessoa que luta pelos seus ideais, e sempre vou defender o pudim sem furinhos, hahaha! Nesta loja, você pode se sentar a uma das mesinhas para consumir um pedaço de pudim acompanhado de um café, ou comprar para viagem — ou as duas coisas, por que não? O tradicional pudim "de leite" aqui ganha um upgrade: é o pudim de fava de baunilha. São mais de 10 sabores fixos, entre eles o meu preferido, de pistache.

$$$

🌐 www.formadepudim.com.br
📷 formadepudim

ISABELA AKKARI

Os doces da Isabela Akkari são em geral sem açúcar ou — máxima concessão — com açúcar de coco ou demerara; são também, em geral, sem glúten, sem lactose e, em alguns casos, veganos. Um dos destaques é o alfajor, oferecido em diferentes sabores, como o de chocolate branco com brigadeiro de pistache e açúcar de coco. Gosto bastante também do brownie sem açúcar, com sabor de chocolate meio amargo e textura "molhadinha". Sacia plenamente a vontade de comer doce.

$$$
www.isabelaakkari.com.br
isabelaakkari

MARIA BRIGADEIRO

Hoje em dia, são muitas as doceiras que oferecem o brigadeiro gourmet — esse termo me soa um tanto quanto cafona, mas ajuda a definir as novas versões do tradicional doce brasileiro que realmente atingiram um patamar diferenciado pela escolha cuidadosa dos ingredientes e apresentação mais refinada. A primeira a introduzir o brigadeiro gourmet — e, na minha opinião, a melhor até hoje — foi a Maria Brigadeiro. Os brigadeiros produzidos pela doceira Juliana Motter e equipe são feitos com chocolate de produção própria, têm tamanho delicado, circunferência perfeita e sabores diferenciados, como cachaça (por encomenda), gianduia e fava de baunilha. Eu amo.

$$$
www.mariabrigadeiro.com.br
mariabrigadeirooficial

MARILIA ZYLBERSZTAJN

Após se formar em pâtisserie e panificação na Escola Cordon Bleu de São Francisco, nos EUA, a doceira Marilia Zylbersztajn trouxe para São Paulo seu conhecimento.

A torta Toucinho do Céu é "dos deuses" — a associação é infame, eu sei, mas esta versão do tradicional doce português é mesmo divina (opa, olha eu insistindo na brincadeira, hehehe!). **#didica:** A receita, que leva amêndoa e ovos, não contém lactose e glúten, portanto é uma boa opção para quem segue dietas restritivas. Outros hits: a torta sem glúten Explosão de Chocolate e a torta de pera com crumble de noz-pecã. O bolo integral de cenoura com cobertura de mascarpone é fofinho e doce na medida certa. Aliás, esta é uma das características das receitas da Marilia Zylbersztajn — o teor de açúcar é moderado.

$$$

🌐 www.mariliaconfeitaria.com.br
📷 marilia_zylber_confeitaria

MUSHMUSH

A melhor cocada "brulé" de São Paulo — feita no forno e com a camada superior torradinha. Outra marca registrada é a torta Camafeu de Nozes — ou seja, uma versão "anabolizada" do tradicional docinho. Tudo por encomenda.

$$$

📷 mushmushsweetcakes

OFNER

Com mais de 70 anos de história, a Ofner é conhecida por várias delicinhas: a coxinha de frango é ótima, assim como o bolo Floresta Negra, um clássico e favorito do meu pai. Os bombons são encontrados em opções de chocolate branco, ao leite, amargo, zero açúcar e sem lactose. As geleias, firmes e quadradinhas, têm seus fortes adeptos.

$$

🌐 www.ofner.com.br
📷 ofner

PETITE FLEUR

O wafer (biscoito fino) com chocolate "puxa-puxa" da Petite Fleur é muito gostoso e tem tamanho delicado. Aqui você também encontra a torta de brigadeiro com crocante de Nutella com acabamento de pó dourado. Glamour em forma de sobremesa, hehehe!

$$

🌐 www.petitefleurpatisserie.com.br
📷 petitefleurpatisserie

#didica: Ainda falando em wafer de chocolate, se você gosta da versão "puxa-puxa" do doce (que leva mel na receita), experimente a

versão feita pela tradicional doceira Maria Beatriz Andrade — são deliciosos, e olha que charme: vêm embrulhados um a um com papel e fita da cor que você escolher. Apenas sob encomenda.

$$

🌐 www.mariabeatrizdoces.com.br

⊙ mariabeatriz_doces

SUCRIER

Localizada em uma simpática casa na Rua Mateus Grou (Pinheiros), com direito a um agradável pátio ao ar livre, esta doceria foi fundada pelas irmãs Daniela, que cuida mais do lado administrativo, e Gabriela, responsável pela cozinha. Seu currículo inclui um curso de 6 meses na doceria Lenôtre de Paris (aliás, foi lá que eu comi o melhor éclair da minha vida, quando passei férias na capital francesa com a minha Ticiana, em julho de 1996 — faz só um tempinho, né?, hehehe!). Voltando à Sucrier, a sua proposta é fazer releituras de doces tradicionais das pâtisseries americana e francesa. O doce Sucrier é uma criação própria, composto de duas camadas de bolacha de amêndoas com recheio cremoso — de pistache, framboesa ou manteiga de amendoim, entre outros sabores — e uma camada de chocolate belga, que pode ser branco, ao leite ou meio amargo. Além disso, há opções de bolos, tortas e doces, que são preparados diariamente e sem adição de qualquer produto artificial.

$$$

🌐 shop.sucrier.com.br

⊙ sucrier

ESPECIALIDADES

QUEIJOS

A QUEIJARIA

Loja especializada em queijos artesanais feitos por pequenos produtores de todas as regiões do Brasil. Os vendedores têm prazer em contar curiosidades sobre os itens e seus fabricantes e te deixam super à vontade para fazer uma degustação dos queijos. A seleção muda de tempos em tempos, para dar espaço a diferentes fabricantes.

$$$

🌐 www.aqueijariavirtual.com.br
📷 aqueijaria

BISCOITOS

CASA BONOMETTI

A Casa Bonometti é especializada em biscoitos — entre os salgados, há, por exemplo, o biscoito de gorgonzola com nozes ou o "flaky" (bolacha quadrada bem fininha) de ervas finas. Entre os doces, as opções vão do cookie tradicional com gotas de chocolate ao biscoito de pistache com cobertura de açúcar de confeiteiro.

$$$

🌐 casabonometti.com.br
📷 casabonometti

CHALÁ (PÃO JUDAICO)

CASA ZILANNA

O bom da Casa Zilanna são suas especialidades focadas na culinária judaica. A chalá (pronuncia-se "ralá") — pão branco trançado com uvas passas e cobertura de gergelim — é uma das melhores de São Paulo. Eu também adoro o pepino azedo "da casa", vendido a granel. Os pepinos ficam armazenados em salmoura em um tonel enorme, bem "old school". Ali também é possível encontrar boas opções de suco de uva kosher, para servir junto com a chalá nas rezas de Shabat nas noites de sexta-feira. TraDIDIção!

$$

📞 (11) 3256-5053
📷 casazilanna

BEIGALE

EMPORIUM BRASIL ISRAEL

Você sabe o que é o pão judaico conhecido como beigale? O beigale (pronuncia-se "beigalê" com ênfase no "e" final) e o bagel, apesar da origem judaica em comum e dos nomes com pronúncia semelhante, têm diferenças entre si. O beigale é uma rosca salgada, "torcida", que é primeiro cozida e depois coberta com gergelim para ir ao forno. A massa fica firme, meio "puxa-puxa", quase difícil de mastigar. Eu A-M-O! Dei essa explicação toda para te contar que o melhor beigale de São Paulo você encontra aqui. Além dessa delicinha, costumo comprar a chalá (pão trançado tipicamente judaico), que sai sempre em fornadas frescas.

$$

📞 (11) 3228-6105
📘 emporiumbrasilisrael

HOT DOG

HOT PORK

Point de hot dog de Janaína e Jefferson Rueda, consagrados chefs do restaurante A Casa do Porco, que fica ali pertinho. O cachorro-quente leva salsicha 100% porco caipira, com pão de batata, maionese de limão, ketchup de tomate com maçã e mostarda da casa. O interessante é que todos os ingredientes são produzidos de forma artesanal, sem conservantes ou aditivos químicos. Para os vegetarianos, existe a opção da salsicha feita com tofu e cogumelos.

$$$

📞 (11) 3129-8735
📷 hot.pork

MASSAS ARTESANAIS

MESA III

A Mesa III, em funcionamento desde 1995 sob comando da chef Ana Soares, é especializada em massas secas e frescas, produzidas artesanalmente em fábrica própria. Na loja do Sumaré, você pode comprar e levar para casa espaguete, tortellini, ravioli e nhoque, entre outros formatos tradicionais de pasta italiana, além de molhos, pestos e pães, assados em forno a lenha. Entre as tantas opções, todas preparadas com ingredientes selecionados e apresentação impecável, eu costumo comprar o Agnolotti de Burrata — o recheio de queijo com raspas de limão-siciliano é uma delícia! **#didica:** Na loja de fábrica, aberta em janeiro de 2022 na Vila Romana, os preços são mais acessíveis.

$ $ $ $

🌐 www.mesa3.com.br
📷 mesa3_rotisseria

FALAFEL

PINATI

Não sei quantos lugares em São Paulo têm falafel em seus cardápios, mas com certeza o melhor é o do Pinati, que é frito na hora e servido com pão pita fresco e salada. A lanchonete tem ambiente supersimples e é focada em especialidades israelenses e do Oriente Médio. Vale destacar que a cozinha é kosher — ou seja, eles seguem os preceitos judaicos de alimentação, como não misturar carnes e leite (ou derivados), não servir carne de porco, entre outras regras. Por conta disso, é comum se deparar com judeus ortodoxos entre os comensais, o que é uma cena interessante.

$ $

📞 (11) 3668-5424
📷 pinatisp

PADARIAS ARTESANAIS

A FORNADA PADARIA ARTESANAL

Todos os pães são preparados com farinha orgânica, branca ou integral, de forma artesanal e livre de fermentos químicos, aceleradores ou conservantes. Há uma grande variedade de pães rústicos, pains au chocolat, cookies, croissants e merengues gigantes, além de bolos caseiros. A casa ainda possui brunch, toasts (como o Patriotic, com brotos, pesto de manjericão, tomates-cereja confitados e burrata) e sanduíches, com destaque para o Salmon Cheese (com salmão defumado, cream cheese e rúcula no pão de sua preferência).

$$$
🌐 afornadapadaria.com.br
📷 afornadapadaria

ASSAZ ORGÂNICA

Aqui não há mesas nem mesmo um balcão com bancos para você degustar suas escolhas com calma. O esquema é "take away" — a vitrine exibe os pães e os sanduíches do dia, e o cliente escolhe, paga e leva embora. A **#didica** é curtir um passeio — a pé, de bicicleta ou skate — pelo Parque Minhocão e depois passar na Assaz Orgânica, comprar os brioches, pães de forma, focaccias — todos feitos com ingredientes orgânicos certificados — e comer em casa.

$$
📷 assazorganica

BATÂRD PADARIA ARTESANAL

Trabalha com opções de fermentação natural, como o pão da casa feito com mix de farinhas orgânicas (de trigo, integral e centeio), o de azeitonas verde e preta e o de grãos. O menu também inclui uma seleção de salgados (vale provar o minibressane de ricota, gorgonzola e nozes) e doces, entre eles a medialuna, o cinnamon roll e o brownie com castanha-de-caju. Como os produtos variam de acordo com a estação e a disponibilidade de ingredientes, dê uma conferida no Instagram da casa antes de ir.

$$
📞 (11) 93205-3929
📷 batardsp

BRIOCHE BRASIL

Um dia meus pais me trouxeram uma bandeja de croissants de presente e me disseram que estavam me apresentando a melhor versão desse pão feita na cidade de São Paulo. Como meu pai, além de ser um cara exigente, é casado com uma francesa há mais de 40 anos — minha mãe nasceu em Paris e morou lá antes de se mudar com os pais e a irmã para o Brasil — eu sabia que era para levar a dica a sério. De fato, o croissant da Brioche Brasil é idêntico ao feito na França, o que não é algo trivial. A massa é sequinha, crocante e pouco gordurosa. Obra do francês Christophe Guillard, que sabe tudo da arte da "boulangerie". O que o espaço tem de simples em ambientação, compensa pelo refinamento de seus pães — além do croissant, você encontra brioches, claro, e também pain au chocolat, entre outros.

$ $

☎ (11) 98115-0834

⊙ briochebrasil

FABRIQUE PÃO E CAFÉ

Charmoso endereço para comprar ótimos pães frescos — inclusive de fermentação natural — ou se acomodar a uma das mesas para tomar um suco de frutas naturais e um capuccino, acompanhados de uma omelete ou de um sanduíche feito na hora.

$ $ $

☎ (11) 4801-4318

⊙ fabriquepaes

PÃO PADARIA ARTESANAL ORGÂNICA

É uma das primeiras do segmento e tem 5 endereços pela cidade. Os pães são feitos com farinha orgânica e sal do Himalaia e há diversos sabores, como o de grãos 100% integral, o de nozes com figo e o de amêndoas com damasco, além de bolos, saladas, sopas, sanduíches e mais.

$ $ $

🌐 www.padariaartesanal.com.br

⊙ padariaorganica

SANTIAGO PADARIA ARTESANAL

Cada pão leva em média 24 horas para ficar pronto e há diversos sabores, como azeitona, alecrim com sal grosso, nozes e cacau com chocolate. Na confeitaria, reinam clássicos (cookies e bolo de coco gelado são exemplos), e a casa também oferece comidinhas para comer no local, como o pão na chapa com ovo mexido, um dos mais pedidos, ou o toast mediterrâneo (com tomate italiano assado, pasta de ricota e amêndoa e molho pesto no pão integral).

$$$

🌐 santiagopadariaartesanal.com.br
📷 santiagopadariaartesanal

TØAST

A bióloga de formação e padeira por opção Flávia Maculan Ades é quem, literalmente, coloca a mão na massa na TøAST. Conheci seu trabalho através de amigos em comum. Semanalmente, Flávia envia à sua lista de clientes um e-mail comunicando qual será a fornada da semana e cada um faz sua encomenda. Todos os seus pães são de fermentação natural, sem nenhum conservante, aditivo ou ingrediente artificial. A casca é crocante e o recheio tem aquelas "bolhas de ar" e sabor levemente ácido, característico do sourdough. Aqui em casa somos fãs do pão de azeitonas pretas, entre outros. São todos deliciosos! **#didica:** Você pode fatiar o pão, embrulhar cada fatia com filme plástico e colocar no congelador. Na hora de consumir, é só colocar a fatia na torradeira — o pão sai quentinho e perfeito para consumo.

$$$

🌐 www.toastpaes.com.br
📷 flaviamaculan_ades

PADARIAS TRADICIONAIS

BARCELONA

Localizada à Praça Vilaboim, foi inaugurada em 1976 e é uma das padarias mais tradicionais de São Paulo. São diversas opções de pães, entre eles a versão mais recente do pão francês sem gordura. A Barcelona não tem balcão e chapa, mas vende sanduíches prontos para serem consumidos onde você quiser.

$$

🌐 www.barcelonapaes.com.br
📷 padariabarcelonapaes

BENJAMIN

Originalmente, era a Benjamin Abrahão e ficava localizada à Rua Maranhão. Depois de ser comprada por um fundo de investimentos, virou uma rede de padocas e vem passando por diversas transformações, inclusive no nome — é só Benjamim (sem o sobrenome do primeiro dono). As unidades contam com uma área de mesas para que os clientes possam consumir os sanduíches comprados prontos — a ideia é focar cada vez mais no autoatendimento e no serviço rápido. Os pães são assados diariamente e há também uma gama ampla de doces, tortas e bolos "de furo" tipo caseiro.

$$

🌐 benjaminpadaria.com.br
📷 benjaminapadaria

DENGOSA

O melhor aqui é o balcão da chapa. Dali sai o indefectível "pão na chapa" — pão francês com manteiga, tostado — acompanhado de uma "média". Aliás, uma amiga carioca me contou que chamar café com leite em xícara grande de "média" é algo tipicamente paulista. Como assim? Achei que isso era uma linguagem universal, hahaha! Mais recentemente, a Dengosa incorporou um espaço no imóvel vizinho com mesas e cadeiras, mas, pra mim, o legal mesmo é a experiência de comer em pé, ao redor do balcão. O maior conforto vem do atendimento: como alguns dos funcionários têm muitos e muitos anos de casa, quem vai com frequência é tratado de forma bem personalizada. Eu ia tanto lá, antes da pandemia, que não precisava nem mais dizer o que eu queria porque o "chapeiro" já sabia de cor o meu pedido! Como boa padoca que se preze, os pães de fabricação própria são uma delícia.

$$
🌐 dengosapaesedoces.com.br
📷 dengosapaes

GALERIA DOS PÃES

Dos mesmos donos da Dengosa. O espaço é grande, e, além da área do balcão da chapa, tem um minissupermercado. A Galeria dos Pães funciona 24 horas por dia, ou seja, é uma ótima opção para aquele lanche pós-balada (se bem que, eu assumo... foi-se o tempo em que eu ficava nas festas até 5h da manhã, hahaha!) ou então para comprar algum item "de emergência" para casa (mais o meu caso atualmente, admito!).

$$
🌐 galeriadospaes.com.br
📷 galeriadospaes

VILLA GRANO PÃES

Espaço amplo que reúne de um lado a padaria e, de outro, o buffet variado, em esquema self service, com mesas para os comensais.

$$
🌐 villagrano.com.br
📷 villagranopaes

ROTISSERIAS
(COMIDA PARA VIAGEM)

GIARDINO GASTRONÔMICO

Em frente ao tradicional Jardim de Napoli fica a rotisseria e lojinha do restaurante, que atende àqueles que preferem comer em casa, seja preparando o próprio prato ou comprando alguma opção pronta. Dali, você pode levar o famoso polpetone, as massas (frescas e secas), molhos e antepastos, além de vinhos, pães e outros itens típicos de empório.

$$$

📞 (11) 3666-0343

ROTISSERIA ROMA

Uma das rotisserias mais tradicionais de São Paulo. O destaque aqui são as massas prontas e o fundo de alcachofra, que é preparado com azeite e especiarias. Delícia!

$$$

🌐 www.romaristorante.com.br

📞 (11) 3660-0800

ROTISSERIE DI NAPOLI

O nome é italiano, embora o ex--proprietário, Seu Diamantino, seja português, e os pratos aqui preparados tenham referências da Itália e de Portugal, claro, e também de outros países. A Rotisserie di Napoli foi fundada em 1977 — vá sabendo que a decoração provavelmente é a mesma desde então, hehehe. Mas a comida é preparada diariamente e tem uma superqualidade — é uma boa opção para os dias em que você quer comer em casa mas não está a fim de cozinhar. O que mais chama a atenção, logo na entrada, é o "frango de televisão" (frango inteiro assado que fica girando em um forno com porta de vidro), que, aliás, é um dos carros-chefes aqui — a carne é crocante por fora e molhadinha por dentro. Outra especialidade são as massas, como o cappelletti de carne.

$$

🌐 www.rotisseriedinapoli.com.br

📷 roti.dinapoli

SALGADOS

CASA GARABED

Esta é dica do meu amigo Jairo Goldflus, autor das fotos em que eu apareço neste guia (e também do "Minha Nova York", de 2011). A Casa Garabed funciona em uma casa localizada em uma rua essencialmente residencial no bairro de Santana (zona norte) desde 1951. Até hoje sob comando da família fundadora, as esfihas são feitas em forno a lenha ao estilo armênio. Os favoritos do Jairo Goldflus são a tradicional de carne e a de queijo. Mas também há a diferenciada esfiha de cordeiro, temperada com snoobar, hortelã fresca e especiarias, além de quibes, kebab e charutinhos de folha de uva ou repolho (recheados com carne moída, arroz e hortelã).

$ $
📞 (11) 2976-2750
📷 casagarabedoficial

DI CUNTO

Desde 1896 no mesmo local, no bairro da Mooca, é famosa por seus salgados, doces, bolos e massas, tudo tipicamente italiano. O panetone também é superfamoso (tem até uma opção básica, sem frutas secas ou chocolate), preparado com receita própria e disponível o ano inteiro. Entre os quitutes salgados, destaque para a coxinha cremosa de frango, as empadas e os calzones.

$ $
🌐 dicunto.com.br
📷 dcmoocaoficial

ESFIHARIA EFFENDI

Se após uma visita à Pinacoteca do Estado você estiver com fome, basta atravessar a pé a Avenida Tiradentes e andar mais um pouquinho até chegar ao Effendi, restaurante armênio com ambiente bem simples e esfihas de primeira qualidade. Quem me levou lá pela primeira vez foram meus amigos Verônica e Jacob, que já eram assíduos da casa. Fui apresentada à esfiha de queijo e bastermá — carne bovina curada, muito saborosa, típica da Armênia. O bastermá aparece em outras versões, servido sozinho como entrada, ou com ovo mexido, na versão prato principal. O cardápio também tem opções conhecidas da culinária do

Oriente Médio, como tabule, quibe cru ou frito, homus (pasta de grão-de-bico), babaganoush (pasta de berinjela), entre outros. A Effendi está no endereço original, sob o comando da mesma família, desde a sua fundação, em 1973.

$$

🌐 www.effendi.com.br
📷 esfihariaeffendi

JABER

É um dos árabes mais populares e tradicionais da cidade e tem as esfihas (abertas e fechadas) como um dos principais carros-chefe. São vários endereços espalhados pela capital, onde se encontram também quibes, kaftas, charutinhos, babaganoush (de berinjela) e homus (com grão-de-bico), entre outras iguarias da culinária tradicional.

$$

🌐 www.jaber.com.br
📷 jaber.restaurante

LA GUAPA

Endereço de empanadas da chef Paola Carosella. As empanadas são feitas à mão e colocadas em forno à lenha de alta temperatura, o que garante que a massa fique "torradinha" e o recheio não perca a suculência. São diversos sabores, entre eles o que tem o simpático nome de Pucapaca: cebola caramelizada levemente apimentada e queijo derretido.

$$$

🌐 www.laguapa.com.br
📷 laguapasp

LOSDOS TAQUERIA

Os tacos são artesanais e boa parte dos ingredientes vem do México. O de couve-flor frita é um dos mais pedidos, com coalhada seca, molho crocante de pimenta com alho, especiarias e pó de hibisco. Outro hit é a quesadilla recheada com queijo tipo Oaxaca (de queijo fiado, como a mussarela) e couve-de-bruxelas. Também vale ficar de olho no Instagram deles para acompanhar o projeto #LosDosConvida, onde diferentes chefs preparam receitas especiais, inspiradas na gastronomia mexicana.

$$

📞 (11) 99425-1653
📷 losdos_taqueria

PÃO DE QUEIJO HADDOCK LOBO

O pão de queijo aqui é sempre quentinho, porque sai em fornadas frescas ao longo do dia todo. O formato é irregular, já que é feito

com um balcão na parte superior, onde os pães de queijo são colocados em um cesto e cobertos com um pano, e um banco de madeira para aqueles que querem estender um pouco a permanência ali, em vez de saborear o pão de queijo em pé, na calçada da Rua Haddock Lobo, ou levar para viagem. Fiquei triste quando recebi a notícia de que o Tião, que atendia a todos com simpatia e paciência, faleceu. Isso foi em 2016 — ele trabalhava na casa havia mais de 40 anos.

$$

🌐 www.paodequeijohaddocklobo.com.br

📷 paodequeijohaddocklobo

PASTEL YOKA

Fundada em 1996 pela família Yokoyama, a pastelaria é uma referência gastronômica, eleita o melhor pastel da cidade em diversos anos pelas revistas Época e Veja São Paulo e pelo jornal Folha de S. Paulo. O de palmito, com recheio cremoso, é imperdível, mas também há sabores diferenciados, como o pastel japonês recheado com tofu, kamaboko, shitake e cebolinha.

$$

📞 (11) 3207-1795

📷 pastelyoka

de forma artesanal. E o sabor é delicioso, com tempero de memórias de infância. Frequento o Pão de Queijo Haddock Lobo desde criança, quando minha mãe me levava lá depois de passearmos a pé pela Rua Oscar Freire. O espaço é pequeno: uma vitrine para salgados e doces como brigadeiros e quindins,

SORVETERIAS

Pra mim, sorvete é uma boa ideia o ano inteiro — até mesmo quando faz frio. Pelo jeito, o paulistano também pensa assim, afinal, São Paulo tem ótimas lojas de sorvetes artesanais, feitos com ingredientes frescos e um grande leque de sabores. Aqui vão as minhas prediletas.

BACHIR BRASIL

A sorveteria libanesa existe desde 1936, tem 50 lojas no Líbano, duas em Paris e uma em São Paulo. Oferece sabores típicos e exóticos, tudo com ingredientes naturais, sem essências artificiais e gordura trans. O açúcar é orgânico e as opções de frutas são à base de água e sem lactose. A cobertura de pistache iraniano é um dos principais atrativos e pode ser acrescentada em qualquer sorvete, como o tradicional Ashta, de leite com flor de laranjeira.

$$$
🌐 bachir.com.br
📷 bachirbrasil

BACIO DI LATTE

São muitas as lojas da Bacio di Latte, mas a unidade mais bacana de São Paulo, sem dúvida, é a do Centro, no térreo do Edifício São Luiz (ao lado da Praça da República), obra-prima da nossa arquitetura e antiga residência do ex-presidente João Goulart. Os gelatos seguem a linha italiana, com pistaches importados da Sicília e avelãs de Piemonte, por exemplo.

$$$
🌐 baciodilatte.com.br
📷 baciodilatte

DA PÁ VIRADA

Lembro um dia quando a Léia, mãe de uma amiga da minha filha Luiza, me contou que estava montando uma sorveteria com seu marido. Passaram-se alguns anos e o sonho inicial não só se consolidou como ostenta a marca de ter lançado mais de 200 opções de gelatos (sorvetes à base de leite) e sorbets (sorvetes à base de água) — alguns fixos e outros sazonais. Eu adoro o sorvete de coco, que tem pedaços generosos da fruta e é um dos mais de 10 sabores sempre presentes no cardápio.

$$$
⊕ www.pavirada.com.br
⦿ dapaviradagelateria

DAVVERO

A Davvero diz que a cremosidade de seus gelatos vem do leite fresco usado em suas receitas, que segue rígidos controles de qualidade. O requinte na seleção dos ingredientes também se estende a outros itens, muitos deles importados: o pistache vem da região de Bronte, Itália; as favas de baunilha são provenientes de Madagascar, só para citar alguns exemplos. O sorvete é feito de forma artesanal, e todo dia as lojas trazem um sabor surpresa. O meu favorito é o de amêndoa com creme de pistache.

$$$
⊕ www.davvero.com.br
⦿ davverogelato

FRIDA & MINA

Já foi eleito o melhor sorvete de São Paulo, com direito ao prêmio máximo da edição Comer e Beber de 2014 da Veja. Os sorvetes artesanais são feitos com ingredientes frescos e naturais, todos orgânicos e de pequenos produtores. No balcão igualmente diminuto, a seleção é enxuta e tem sabores como cerveja com chocolate, caramelo com flor de sal e morango balsâmico. Peça a casquinha artesanal feita com farinha orgânica na própria casa, maravilhosa.

$$$
📞 (11) 2579-1444
⦿ fridaemina

LE BOTTEGHE DI LEONARDO

Rede de sorveterias fundada na Itália, com lojas em cidades como Milão, Firenze e... São Paulo. Os gelatos são feitos com ingredientes 100% naturais e de forma artesanal, sendo que alguns dos sabores oferecidos foram desenvolvidos especialmente para o Brasil, utilizando frutas e outros produtos locais. Le Botteghe Di Leonardo tem sorvetes ao leite, ao leite sem açúcar, veganos e veganos sem açúcar. Um outro diferencial é a linha de pasticceria gelata, que une o sorvete a biscoitos e bolos feitos na própria cozinha.

$ $ $

🌐 www.lebotteghedileonardo.com.br
📷 lebotteghedileonardobrasil

PINE CO.

Eleita como a melhor casquinha de São Paulo pela Paladar, do Estadão, tem como foco as pequenas produções e os sabores limitados, entre eles gengibre com crocantes, maracujá com chocolate branco, iogurte com amarenas e matchá. O ambiente também é supergostoso, com área externa e varandinha.

$ $

📞 (11) 3064-1480
📷 gelatopine.co

SORVETERIA DO CENTRO

Empreitada dos chefs Janaína e Jefferson Rueda, donos do premiado A Casa do Porco, que fica ali do lado, oferece sorvetes na versão "soft" à base de leite da fazenda e de frutas (sorbet), servidos no cone. Os sabores são rotativos e variam de acordo com a sazonalidade dos produtos. Também é possível incrementá-los com as sobremesas da Casa do Porco Bar, bebidas alcoólicas, caldas ou frutas. Se for num fim de semana de calor, prepare-se para enfrentar uma bela fila.

$ $

📷 sorveteriadocentrosp

ONDE
BEBER

Seja como um esquenta para uma noite fervida, como ponto de descanso da tensão e do caos da cidade, como lugar para passar o dia e a noite toda petiscando e jogando conversa fora sem pressa nenhuma para acabar, ou para, quem sabe, conhecer aquele alguém especial, São Paulo tem bares para todos os gostos. As opções são inúmeras, mas juntei aqui para você as minhas favoritas, para essas ou quaisquer outras finalidades ;)

ARLETE BAR

Na pequena Rua Vupabussu, em Pinheiros, o Arlete agita a turma do happy hour, que costuma lotar o espaço em algumas noites — como aos sábados, em que a galera de pé na calçada chega a atrapalhar o fluxo de pedestres. Nos dias mais tranquilos, a pedida é sentar ao balcão da entrada ou à mesa comprida que acomoda grupos maiores e fica nos fundos, num quintal ao ar livre. A carta de drinks é extensa e tem até um menu especial só de gim. O Drink de Verano é um dos mais pedidos e lembra uma sangria feita com fatias de laranja e morango e vinho tinto ou branco. Também há opções "fora da caixinha", como o Jambu Mule (cachaça de jambu e gengibre, mix cítrico e espuma de gengibre), a Canelinha (shot de cachaça temperada na casa com especiarias) e o Chá Irlandês (mate caseiro, suco de limão, gengibre e whisky). No quesito beliscos, a dica é ficar nas entradinhas, como a coxinha de creme de camarão, a lula à dorê ou as croquetas de jamón.

$$$

🌐 www.arletebar.com
📷 arlete.bar

ASTOR

Há mais de duas décadas na ativa, o Astor se expandiu para o Shopping JK Iguatemi e para a Rua Oscar Freire, mas a matriz na Vila Madalena ainda é a mais procurada. Para viver a experiência completa da boêmia local, sente ao balcão e peça pelo Pereira, bartender da casa desde a abertura. Dali saem desde clássicos, como negroni e manhattan, a criações mais inventivas, entre elas o Citrus Blossom (gim, xarope de laranja com alecrim, mix cítrico e blend de bitters), Coffee Fashioned (whisky Johnnie Walker Black Label, xarope de café, especiarias e bitter de chocolate), e Dark 'n' Stormy (rum escuro, limão, melaço de cana, ginger beer artesanal, bitters e hortelã).

Os drinks são feitos com gim de marca própria, então, se você curte o destilado, prove o Astor G&T (que leva também água tônica, spray de flor de laranjeira, rodela de limão-siciliano e laranja desidratados e manjericão roxo).

$$$

🌐 www.barastor.com.br
📷 barastor

BAR BALCÃO

Reduto da turma do teatro, das artes e do cinema, o bar é famoso pelo balcão tortuoso de 25 metros de comprimento, altamente concorrido. Mesmo com um mezanino oferecendo mesas, a galera prefere se espremer na bancada, que, durante a pandemia, ganhou divisórias móveis e curvilíneas transparentes, apelidadas de "copanzinho" por lembrarem o formato do edifício projetado por Oscar Niemeyer. O melhor da casa é o chopp e os sanduíches, como o de carpaccio ou o de rosbife com gorgonzola e picles de pepino na ciabatta.

$$$

📞 (11) 3063-6091
📷 barbalcao

BAR BRAHMA

Era lá que intelectuais, músicos e políticos das décadas de 1950 e 1960 se reuniam para beber. O bar foi resgatado em 2001 pelos empresários Álvaro Aoas e Luis Marcelo, e, desde então, aposta na música ao vivo para manter o agito. Os saudosos Cauby Peixoto e Elza Soares já se apresentaram no salão principal, que, atualmente, recebe nomes como Ivo Meirelles, Demônios da Garoa e Altemar Dutra Jr. Aos sábados tem samba e feijoada, além do tradicional chopp Brahma e boas caipirinhas.

$$

📞 (11) 94746-2664
📷 barbrahma

BAR DA DONA ONÇA

No térreo do Copan, o bar é comandado pela chef Janaína Rueda, esposa do também chef Jefferson Rueda (A Casa do Porco), e verdadeira mãe felina do estabelecimento. Seus pratos misturam memória afetiva com ingredientes naturais, sempre resgatando a comida paulistana e a boêmia. O PF (prato feito) de carne moída refogada, arroz, feijão, farofa e salada orgânica, Picadinho e o Virado à Paulista (exclusivo das segundas-feiras) são apenas alguns exemplos. As caipirinhas nunca decepcionam, mas também há cervejas exclusivas do Bar da Dona Onça, além de uma carta de vinhos com mais de 800 rótulos e a clássica coquetelaria.

$$$

🌐 bardadonaonca.com.br
📷 bardadonaonca

BAR DAS

(+ LIVRARIA PULSA, focada em títulos LGBTQIAPN+)
Destino LGBTQIAPN+ obrigatório na cidade, o Das foi inaugurado em 2019 com o propósito de ser um local de resistência, onde mulheres e pessoas trans possam se sentir confortáveis e seguras para ser quem são, enquanto curtem a coquetelaria do estabelecimento, feito por mulheres e pessoas trans. Com essa temática feminista, o lugar também possui uma livraria.

$$

🌐 bardas.com.br
📷 bar.das.sp

BAR DO COFRE SUBASTOR (FAROL SANTANDER)

No subsolo do Farol Santander, conhecido antigamente como Banespão, o bar agora ocupa o lugar onde eram guardados itens

valiosos do high society paulistano. O ambiente manteve as características originais, como portas circulares feitas de concreto e aço reforçado, além de pisos e paredes de mármore. Pense em grades e estruturas que pesam toneladas, uma sala com quase duas mil caixas de depósito individuais, tudo agora parte da decoração, junto de cadeiras e poltronas do antigo banco. No menu de drinks, se destacam algumas originalidades como Bacuri (gim, jerez fino, polpa de bacuri, bitter de laranja, solução salina), Cambuci (tequila blanco, vermute bianco, soda de cambuci artesanal), Butiá (gim, butiá, pixuri, sauvignon blanc, orgeat, clara de ovo), entre outras.

$$$

🌐 www.subastor.com.br/bardocofre

📷 bardocofre

BAR DOS ARCOS

Fica no subsolo do Theatro Municipal e tem um jeitão de lugar secreto, mas é bem hypado. No porão, balcões iluminados e labirínticos recebem os convidados, cercados pelos característicos arcos de pedra de mais de 100 anos. Uma curiosidade estranha: em lugar de cimento, os tijolos foram assentados com gordura de baleia, conchas esmigalhadas e areia das praias de Santos. No cardápio, tanto as bebidas quanto as comidas têm nomes com sacadinhas, como Não me Kahlo (Don Julio, vermute seco, água de tomate, suco de limão e mel de agave), O sertão vai virar mar (Zacapa 23, jerez fino, açúcar, bitter de laranja e espumante de caju) e "Tupi or not Tupi" (cachaça branca, suco de limão, mel com tucupi e açúcar). No térreo do teatro, o café funciona como espera para quem quer ir ao subsolo, e também tem almoço de terça a sexta e brunch aos domingos. Como as filas são frequentes, é bom reservar.

$$$
🌐 bardosarcos.com.br
📷 bardosarcos

BARETTO

O bar do Hotel Fasano conta com noites dedicadas a apresentações musicais de jazz e bossa nova para um público mais "adulto". Assim como os demais ambientes do hotel projetados pelo arquiteto brasileiro Isay Weinfeld, o Baretto tem uma atmosfera chique, sofisticada e, ao mesmo tempo, aconchegante. O cardápio traz drinks clássicos como bellini (espumante e polpa de pêssego), negroni (gim, vermute e aperitivo italiano) e caipirinha. Impressiona a quantidade de opções de cachaça de lugares tão diversos como Maranguape, no Ceará, Betim, em Minas Gerais, e Ivoti, no Rio Grande do Sul, só para dar alguns exemplos. Para acompanhar os coquetéis, há boas opções de antepastos italianos tradicionais, tramezzini (sanduíches no pão de miga) e massas, tudo executado com o típico esmero da cozinha do grupo Fasano.

$$$$
🌐 www.fasano.com.br/gastronomia/baretto
📷 fasano

BAR FEL

Pequenininho e difícil de conseguir lugar, não aceita reservas, muito menos organiza fila — é preciso ficar em pé na porta de olho para conseguir sentar. Lá dentro, o foco é adaptar receitas antigas e desconhecidas pelo grande público, como o Hindeloopen, de 1913 (conhaque, vinho jerez fino e licor de cacau), ou Xebec, de 1915 (gim Plymouth, angostura orange bitter, angostura aromatic e hortelã). O lance irônico é que o estabelecimento se vanglória pela tristeza do coração partido, com uma trilha bem melancólica e boa para afogar as mágoas, mas é um dos mais procurados para dates.

$$$
📞 (11) 3237-2215
📷 fel.sp

BAR LÉO

Simplesmente boteco. É assim que se define o Bar Léo, um dos mais tradicionais da cidade, com mais de 80 anos de história e muito chopp. Existem dois endereços, mas o original, no Centro, é o que tem mais história, afinal está lá desde 1940. O décor segue uma linha alemã meio kitsch, com canecas de chopp e garrafas de bebidas de vários países do mundo, e isso extrapola também para os beliscos. Há todo um ritual para servir o chopp, grande orgulho da casa, que chega à mesa a 0° C com um colarinho com milimétricos três dedos de espessura. Para isso, os copos são lavados com sabão neutro de origem alemã, para garantir um creme de consistência e durabilidade. Já os barris são acondicionados em locais refrigerados entre 2° C e 7° C para não perder as características originais. Coisa séria.

$$

🌐 www.barleo.com.br
📷 barleooficial

BALSA

Localizado no Vale do Anhangabaú, ocupa os dois últimos andares de um predinho com rooftop, que abriga festas e eventos culturais. Com uma pegada mais moderna e cult, não gostam de se denominar como bar e tem um funcionamento esporádico, então é preciso sempre acompanhar pelo perfil no Instagram se estão abertos ou não.

Além da vista bela do centro, a decoração vintage também ajuda a fazer do lugar um dos mais descolados da cidade. A oferta de drinks é mais clássica, mas vale provar as opções de gengibre feitas com um xarope natural da casa.

$$$

🌐 www.abalsa.org
📷 a_balsa

BEVERINO VINHOS

Comandado por Bruno Bertoli, um cientista político que virou sommelier, o barzinho tem como foco os vinhos naturais e biodinâmicos, muitos de produtores independentes brasileiros, e fica numa rua sem tanto agito na fronteira de Higienópolis com a Vila Buarque, num ambiente igualmente tranquilo. Há também um restaurante com cozinha sazonal e orgânica. Como o cardápio está sempre mudando, a dica é ficar de olho no Instagram deles, também para saber mais sobre as vinícolas recomendadas. **#didica:** A seleção de vinhos laranja (já provou?) do Beverino é de primeira, pode se entregar às dicas do Bruno sem medo algum.

$$$

📞 (11) 98438-3597
📷 beverino.vinhos

CARACOL

Mistura de bar e balada, a casa tem um sistema de som analógico e potente — uma das caixas de som, inclusive, data dos anos 1970 e foi importada de Oregon, nos Estados Unidos. O DJ Millos Kaiser (ex-festa "Selvagem") é um dos sócios do bar, que tem programação variada com DJs convidados. O ambiente segue um mood industrial tropical, com canos à mostra, estruturas de metal e concreto adornados com plantas diversas. Por ali saem drinks como o Caracol Smash, com gim, manjericão e suco de limão, e o Dercy, que leva cachaça, Brasilberg (ingrediente à base de ervas amazônicas), limão e mel. A oferta de comidas é mais enxuta, mas vale pedir um quitute, um drink, sentar nos degraus de concreto ao ar livre na parte dos fundos do bar e ficar curtindo a cena.

$$$
📞 (11) 4117-9877
📷 caracolbar

CASA FLUIDA

Híbrido de bar, restaurante e espaço para exposição de artes plásticas. Mas o grande diferencial da Casa Fluida é a "Experiência Drag", que te proporciona a possibilidade de se montar como drag queen por uma noite e se apresentar no micropalco junto a drags profissionais. Funciona assim: a drag queen residente Mahina Starlight — maravilhosa e super alto astral! — te "monta" no camarim do segundo andar com roupas, perucas e acessórios. O bacana é que a experiência é aberta a homens, mulheres, quem quiser. Você pode se inscrever através do Instagram da Casa Fluida. Arrasa!

$$$
📞 (11) 98292-1006
📷 casafluida

CLOS WINE BAR

Empreitada da chef Elisa Fernandes, ganhadora da primeira edição do Masterchef em 2014, este bar de vinhos fica numa casa da década de 1930 na Vila Madalena, e oferece uma seleção de vinhos produzidos por pequenas vinícolas, muitos com edição limitada, em garrafas e taças. O lugar também funciona como bistrô, com menu de pratos preparados com ingredientes orgânicos, sazonais e foco no mundo vegetal, além de opções de tábuas de queijos e charcutaria.

$$$
🌐 closwinebar.com.br
📷 clos_winebar

DROSOPHYLA (+ DESTILARIA DE GIM no segundo andar)

Este bar fica num casarão tombado no Centro que por si só já é imperdível. Na decoração, peças antigas e peculiares, como máscaras e bonecas, foram trazidas pela dona do bar, Lilian Varella, que mantém a temática dos anos 1920 por todo o ambiente, inclusive nos uniformes da equipe. A carta de drinks foi atualizada em 2022 e inclui receitas clássicas da época e também cocktails autorais. Outro destaque é a destilaria de gim no segundo andar, a São Paulo Urban Distillery (SPUD), inédita na capital e espécie de bar escondido, no estilo speakeasy, onde também é produzido o Jardim Botânico Gin.

$$$

🌐 www.drosophyla.com.br
📷 drosophylabar

ESPAÇO 13

Bem em frente à Praça Dom Orione, na Bela Vista, a pequena casa tem poucas mesas, funciona somente de quinta a sábado e abriga também um estúdio de tatuagem. Há uma programação de shows, que costuma reunir a turma rocker da região, e no cardápio você vai encontrar drinks com inspiração mística como Pachamama (vodca, licor de avelã e limão, matcha em pó), Yemanjá (cachaça, caramelo de gengibre tostado com especiarias, limão e maracujá), Lilith (scotch whisky com nozes tostadas, caramelo de licor e angostura bitters), entre outras "poções" etílicas.

$$
📞 (11) 92000-0013
📷 e.treze

ESPAÇO ZEBRA

Abriu em 2012 como um espaço híbrido: moradia do casal Néli Pereira e Renato Larini — ela, jornalista e mixologista; ele, artista plástico —, atelier e galeria de arte, no térreo, e, no subsolo, o bar aberto ao público. Ficaram de portas fechadas durante o período de isolamento da pandemia, mas em setembro de 2022 eles anunciaram sua reabertura, adicionando mais uma camada à sua faceta múltipla. A ideia é que a cada noite os frequentadores do bar possam vivenciar uma experiência cultural diferente — de uma performance artística de Renato a uma apresentação da banda Problematique Orchestra, da qual Néli e Renato fazem parte, entre outras atividades. Néli fica sempre atrás do balcão e aproveita sua pesquisa sobre o uso de ingredientes brasileiros na mixologia para preparar receitas de drinks exclusivos — não deixe de provar o Panache do Davi, que leva cogumelos yanomami, e o Treme Fitzgerald, versão do clássico com jambu. O Zebra funciona apenas mediante reserva através do Instagram.

$$$
📞 (11) 91653-3120
📷 espacozebra

FILIAL

Após ficar 22 meses fechado por conta da pandemia de coronavírus, correndo o risco de não voltar, o bar símbolo da boemia da Vila Madalena retomou as atividades em janeiro, agora sob o comando do grupo Fábrica de Bares — responsável pela gestão de outros bares conhecidos da cidade, como o Bar Brahma e o Bar Léo. O chopp ainda é a principal aposta, mas também há uma seleção de cachaças e coquetéis clássicos. Na gastronomia entram adições como a coxinha de pato, o bolovo de bacalhau e o buraco quente de cordeiro, no novo menu assinado por Rômulo Morente, do Moela. Uma opção para quem quer fazer uma "pré" antes de ir para a balada, o bar fica aberto até 1h de terça a sábado e até às 23h aos domingos.

$$$

📞 (11) 94745-9751

📷 barfilial

FRANGÓ

Famoso por servir a melhor coxinha de frango com catupiry de São Paulo, este lugar é um patrimônio local. Aberto em agosto de 1987 na Freguesia do Ó, de frente para a igreja e o Largo da Matriz do bairro, o bar mantém até hoje um clima de cidade do interior, apesar das mudanças ao longo dos anos. A imensa carta de cervejas ainda é imperdível para quem curte cevada, com centenas de rótulos nacionais e importados, dos mais conhecidos àqueles nem tanto, além da Frangó American Lager, produzida pela Dama Bier especialmente para o bar. Se você for ao Frangó, não deixe de subir as escadarias da Matriz do Ó para apreciar a vista lá do alto.

$$$

📞 (11) 3932-4818

📷 frangobar

GUILHOTINA BAR

Com luz baixa, tijolos aparentes e detalhes em ferro nas paredes, o Guilhotina está no ranking do "World's 50 Best Bars" (50 melhores bares do mundo) e foi o mais bem colocado representante brasileiro na lista. São cerca de 10 receitas autorais, como Passou Batido (cachaça branca, rum, carta blanca, creme de coco queimado e abacaxi e cocada caseira e abacaxi desidratado) ou Da Terra (blend de runs com manteiga noisette, banana-da-terra, limão-taiti e uma fatia de banana desidratada). Para não ofuscar o menu de drinks, a oferta de comes é mais enxuta, mas há opções como pulled pork (sanduíche de carne de porco desfiada) e couve-de--bruxelas ao molho kimchi.

$$$

🌐 www.guilhotinabar.com.br

📷 guilhotinabar

INFINI

No antigo salão de eventos do tradicional La Casserole, restaurante francês inaugurado na década de 1950 no Largo do Arouche, o Infini (pronuncia-se "ãnfiní", como no francês) segue a linha speakeasy. Para chegar, é necessário passar pelo salão principal do restaurante e seguir em direção à cozinha, onde uma porta lateral te leva ao tal local secreto, totalmente moderno e espelhado com "rasgos" para luzes LED que mudam de cor de tempos em tempos. O cardápio traz receitas autorais, como o Grapefruit Collins (gim, bitter, suco de toranja e Club Soda), enquanto o menu de comidas é assinado por Daniela França Pinto e tem petiscos como o club sandwich de haddock. O espaço não aceita reservas e isso é uma espécie de charme particular, porque a espera acontece em outro bar montado dentro de uma floricultura em frente ao restaurante.

$$$
📞 (11) 3331-6283
📷 infini.bar

JHONY'S BAR E RESTAURANTE

Se você quer a verdadeira experiência do boteco paulistano, este é o lugar, ou melhor, os lugares. O Jhony's (sim, escreve-se assim mesmo, diferente da grafia tradicional) é uma rede com vários endereços espalhados pela cidade, mas os mais legais estão na Rua Canuto do Val, na Vila Buarque, onde o Jhony's tem não uma nem duas, mas quatro locações na mesma rua. Por ali, as cervejas de garrafa saem aos montes para a turma fashionista e LGBTQIAPN+ que frequenta o local, além do bife à parmegiana, um dos melhores e mais bem servidos da metrópole.

$$
📞 (11) 98847-8739
📷 jhonysbar

ME GUSTA + MÉ

Criado por Renata Vanzetto, chef queridinha da turma endinheirada que curte ser descolada, o local está sempre cheio de gente disputando as mesas do salão de iluminação avermelhada, do deque ou da garagem do imóvel vizinho. O menu tem composição variada e vai do pernil aos mexilhões, enquanto o mojito CO_2, todo carbonatado, e o Coentro Snapper, feito de gim infusionado com coentro, suco de tomate, temperos e limão-taiti, se destacam entre os coquetéis assinados pelo bartender Giovanni Schiesaro. No subsolo funciona o barzinho Mé, com cardápio próprio e ambiente intimista.

$$$
🌐 www.grupoemerestaurantes.com.br/megusta-e-me-taberna
📷 megusta.bar

MOELA

Em um pequeno espaço que enche rapidamente, o Moela, vizinho do Jhony's, foi criado com a ideia de valorizar a cultura dos botecos, por isso, as mesas são voltadas para a rua, lugar de conviver, comer e beber entre amigos. Além da cerveja gelada, há caipirinhas, batidas, comidas e vários sabores de bolinhos, entre eles o de milho com gorgonzola, morcilla, calabresa com catupiry, carne com tutano e mais.

$$

📞 (11) 2385-2144
⊚ barmoela

ORIGINAL

Inaugurado em 1996, é outro templo de chopp paulistano. Localizado em Moema, tem ambiente simpático e comidinhas simples, a maioria petiscos como os acepipes de balcão, os pastéis de massa caseira e bem recheados, os famosos escondidinhos e a empadinha assada na hora. Além do cremoso e gelado chopp Brahma, o bar oferece uma seleção de cachaças, whisky e caipirinhas.

$$$

🌐 www.baroriginal.com.br
⊚ baroriginal

PIANO BAR DO EDIFÍCIO ITÁLIA

Como o próprio nome já entrega, ali acontecem shows de piano, claro — e também bossa nova, jazz e soul music. O Piano Bar do Edifício Itália fica no último andar deste que foi, por muitos anos, o prédio mais alto de São Paulo. O programa tem um charme "old school'' e a vista ali é um desbunde! **#didica:** Vá de táxi.

$$$$

🌐 www.terracoitalia.com.br
⊚ terracoitalia

PIRAJÁ

Outro especialista em petiscos acompanhados pelo chopp, o Pirajá é uma espécie de embaixada carioca em São Paulo, apesar de os donos serem paulistas mesmo. O cardápio tem pratos inspirados nos botequins do Rio de Janeiro, além de outras invenções, tudo embalado pelo samba nas caixas de som. Entre os comes mais pedidos estão o croquete de costela, à base da carne cozida lentamente e desfiada, e os chips de copa com mandioquinha, mas há muito o que explorar no menu. No décor, mosaicos da orla de Ipanema na calçada, pôsteres alusivos ao Rio de Janeiro e uma grande paisagem da Lagoa

Rodrigo de Freitas com o Pão de Açúcar ao fundo fazem deste o boteco mais carioca da cidade.

$$$

🌐 piraja.com.br

📷 barpiraja

PITICO

Este lugar segue uma linha meio praiana, com mesas e cadeiras similares às usadas nos balneários paulistas. São diferentes containers em um antigo estacionamento que virou praça. O primeiro deles abriga a cozinha, de onde saem sabihs em um sanduíche de falafel e a famosa batata frita caseira com especiarias. O segundo é um bar de drinks, mas, se estiver num dia cheio, algo bastante comum, a dica é ir para o terceiro container, de cervejas, geladas e rápidas. No container final, há um espaço aberto para shows e outros agitos culturais.

$$$

📞 (11) 3582-7365

📷 piticofalafel

RABO DI GALO

O Rabo di Galo é o bar do Hotel Rosewood, uma das marcas mais refinadas da hotelaria mundial e empreendimento que é um verdadeiro acontecimento na cidade de São Paulo. A head bartender (atenção para o artigo feminino aqui, usado com louvor, já que ainda não é tão comum ver mulheres nessa posição) é Ana Paula Ulrich, campeã de importantes competições internacionais de coquetelaria. A ambientação é chique e descolada, e o teto arredondado conta com uma linda pintura do artista plástico Cabelo. As apresentações de jazz e música brasileira acontecem todas as noites em que o bar abre. O único problema é que o espaço é reduzido e o bar não aceita reservas, então prepare-se para uma longa espera.

$$$$

🌐 www.rosewoodhotels.com/pt/sao-paulo/dining/rabo-di-galo

📷 rosewoodsaopaulo

RIVIERA BAR

Inaugurado em 1949 no térreo de um edifício modernista, o Anchieta tornou-se um ponto de encontro agitado entre artistas e intelectuais, como Chico Buarque, Toquinho e Elis Regina. Nas esquinas das Avenidas Paulista e Consolação, o Riviera Bar já passou por duas temporadas fechado, a primeira entre 2006 e 2013, quando foi reaberto por Facundo

Guerra e Alex Atala; e a segunda entre março de 2020 e agora, por conta da pandemia de coronavírus. Sob o comando atual da Fábrica de Bares, o bar voltou mais uma vez em fevereiro de 2022, remodelado com uma vibe art déco, mantendo o balcão vermelho de drinks e trazendo novidades para o menu, além de funcionar 24 horas — costuma bombar depois das 3h da manhã. Itens como o coquetel de camarão, baldinho com frango frito e molho picante, mozzarella sticks e o milanesa aperitivo com molho de mostarda são alguns dos updates no cardápio, assim como opções de café da manhã, com destaque para os ovos com salmão.

$$$
🌐 www.rivierabarerestaurante.com.br
📷 rivierabarsp

SUBASTOR

Escondido atrás de cortinas de veludo está o bar SubAstor, abaixo do bar Astor, um pequeno tesouro etílico na Vila Madalena. Num clima de charme e mistério, o balcão iluminado dispara drinks clássicos e criações como o Café (gim, tequila reposado, café cold brew, cogumelo, açúcar, óleo de coco e pequi), Bijoux Caju (mistura de gim, lúpulo, limão-taiti, licor falernum e mossoró de caju fermentado) e Breu Branco (Bourbon bulleit, vermouth bianco, resina de breu branco, bitter de alcachofra).

$$$
🌐 www.subastor.com.br
📷 subastor

TAN TAN NOODLE BAR

A casa brasileira figurou entre os 100 melhores bares do mundo na lista anual da premiação "The World 's 50 Best Bars" de 2022, em 62° lugar no ranking. Inaugurado em 2015, o Tan Tan une coquetelaria autoral a receitas da cozinha "chuka", vertente da culinária japonesa com influências chinesas, presentes na maioria dos pratos quentes consumidos no Japão. Na coquetelaria, o Yuzu Martini (Tanqueray ten, saquê licoroso syrup de yuzu kosho), o Herb Ball (Singleton, limoncello, syrup de shissô e Perrier) e o Dragon Milk (rum envelhecido, creme inglês, syrup de gergelim tostado e clara de ovo) estão entre os hits.

$$$
🌐 tantannb.com.br
📞 (11) 2373-3587
📷 tantannb

TAP TAP

Boa pedida para quem gosta de cerveja e de um chopp bem tirado, este bar fica bem no meio da movimentação da noite paulista, na esquina entre a Praça Roosevelt e a Rua da Consolação. Com acesso a produtos exclusivos, artesanais ou de pequenos lotes, a seleção de chopps está sempre mudando, e todas as opções disponíveis nas torneiras do estabelecimento também podem ser levadas para casa em growlers (garrafões de alumínio ou vidro próprios para armazenar cervejas e chopps).

$$$
🌐 taptapsp.com.br
📷 taptapsp

TIQUIM

Fora da rota mais conhecida de bares paulistanos, o simpático Tiquim fica em uma das muitas ladeiras de Perdizes. O clima é despretensioso e a cozinha, criativa, com um bolovo famosíssimo, feito de carne de panela e batata cozida. Para embalar as comidinhas e dar aquela esquentada no papo entre amigos, as caipirinhas são a melhor pedida. Interessante destacar que o Tiquim tem um astral diurno e é bem agitado na hora do almoço. A proprietária e chef Bianca Battesini está sempre por lá, recebendo os convivas.

$$$
📞 (11) 3582-9743
📷 bar_tiquim

TRAGO BAR

É uma das novidades mais cool da Barra Funda. O bar em si é pequeno, com um balcão de 8 lugares complementado por um pequeno lounge para 5 pessoas, mas há uma porção de mesinhas na calçada, que são rapidamente ocupadas por quem é esperto e chega cedo. O sucesso é tanto que muita gente não liga de ficar bebericando por ali, mesmo de pé e sem mesa. Entre os drinks autorais, destaca-se o Manga Rosa, que combina vodca infusionada com pimenta dedo-de-moça, suco de limão-taiti e purê de manga, enquanto a seção dos clássicos revisitados vem com o cauda gallus, versão chique do rabo de galo, com cachaça envelhecida que passa por fat-wash em manteiga de garrafa, Cynar e vermute tinto.

$$$
📞 (11) 93301-5545
📷 trago_bar

SE JOGA!

Se os cariocas têm a praia, os paulistas têm… a noite. Sim, aqui em São Paulo, é só depois que o dia cai que você vai conseguir encontrar as pessoas e circular pela cidade com mais liberdade — isso quer dizer menos trânsito, um astral mais despreocupado e por aí vai. Além disso, a noite paulistana é, há décadas, palco experimental para novos performers, projetos musicais, movimentos de contracultura e, claro, ambiente para dançar e se divertir!

NIGHTCLUBS E BOATES

CLUB YACHT

O nome já dá uma pista do que é a balada, criada por Bob Yang, Cacá Ribeiro e Facundo Guerra, conhecidos empresários da noite paulistana. Seguindo o tema náutico, o clube de 300 m² fica no bairro do Bixiga, tem capacidade para 500 pessoas (a grande maioria da comunidade LGBTQIAPN+) e uma programação variada, que vai do pop ao sertanejo. As cores azuis, cinza e prata das paredes e projeções de luz dão o tom al mare ao lugar, assim como as esculturas de cavalos-marinhos, espelhos de escamas, aquários e outros elementos marítimos.

📞 (11) 3231-3705
📷 clubyachtsp

BLUE SPACE

Casa noturna fundada em 1996 e localizada na Barra Funda em uma construção cuja fachada é toda pintada de azul, a Blue Space tem um elenco fixo de drag queens, gogo boys e outros performers que se revezam em apresentações superanimadas em noites voltadas essencialmente para o público LGBTQIAPN+.

📞 (11) 3666-1616
📷 bluespacesp

D-EDGE

Inaugurado em 2003 por Renato Ratier, o clube com iluminação de LED nas paredes e pista de dança assinada por Muti Randolph colocou São Paulo no circuito da música eletrônica global e ajudou a formar uma série de DJs locais que hoje comandam as principais festas da cidade. Em sua melhor fase, trazia 5 artistas internacionais por semana, incluindo estrelas no auge da carreira, como Richie Hawtin, Jeff Mills, Matthew Dear e Ricardo Villalobos, enquanto dava espaço para talentos brasileiros de outras vertentes sonoras, como nas icônicas noites de rock comandadas por João Gordo. Com tantos anos de existência, e, portanto, muitos altos e baixos, a casa ainda entrega som de qualidade e boas noitadas para quem gosta da experiência de se jogar num nightclub.

🌐 www.d-edge.com.br
📷 dedgesp

DISCO CLUB

A Disco foi uma das baladas "playboy" mais animadas do início dos anos 2000. O espaço contava com projeto do renomado arquiteto Isay Weinfeld e era focado em EDM (Eletronic Dance Music). Marcos Campos e Michel Saad, sócios da Disco "original", reabriram a boate em fevereiro de 2022 em novo formato, em um espaço reunindo clube noturno, bar e dois restaurantes em uma área de 1.200 m². A decoração conta com painéis criados pelos Irmãos Campana.

📞 (11) 91329-4091
📷 discosince2000

HEAVY HOUSE

Combinação de bar, balada e casa de show, tem um conceito que lembra pequenas house parties descoladas e recebe uma variedade de DJs, festas itinerantes e bandas alternativas. Mesas dispostas ao redor da pista e na frente do espaço, em Pinheiros, complementam o ambiente, que tem cardápio de drinks e beliscos, como o Heavy Chicken (sanduíche de sobrecoxa com molho picante e maionese da casa).

📞 (11) 97652-3155
📷 heavyhouse___

JEROME

Outra empreitada de Cacá Ribeiro, o clubinho ("inho" mesmo porque o espaço é, de fato, bem pequeno) surgiu em 2016 com a ideia de relembrar as baladas paulistanas do início dos anos 2000. Em uma rua quase deserta no bairro de Higienópolis, de frente para o cemitério da Consolação, o Jerome é destino de fashionistas e do público LGBTQIAPN+, além de celebridades locais em busca de um agito discreto. A programação se divide em festas fixas e projetos esporádicos, com destaque para a Meow (sextas), do DJ e personagem ícone da noite, Johnny Luxo; a Toilette (quartas), comandada por Felipe Venancio; e a No Mercy (sábados), da DJ e modelo Marina Dias.

📞 (11) 96175-6328
📷 club.jerome

TOKYO BAR

O complexo de 9 andares instalado em um prédio modernista dos anos 1949, no Centro, reúne salas de karaokê, exposições de arte, restaurante e uma balada no rooftop, com vista para o Copan e outros marcos da região. A programação musical é eclética, incluindo house, techno, trap, pop, indie e brasilidades. Quem quiser soltar o gogó pode escolher tanto a sala coletiva para 40 pessoas, com bar, telões, sofás e mesas, como as três privativas no 7° andar — estas inspiradas em alguns dos bairros da metrópole japonesa que dá nome à casa: Shibuya, Akihabara e Roppongi.

🌐 tokyo011.com.br
📷 tokyo.sp

FESTAS ESPECIAIS

CARNAGERALDA

Tudo começou com um pequeno bloco comandado pelos amigos e amantes do Carnaval carioca, Rosana Rodini, Bárbara Rosalinski e Pedro Igor Alcântara, que se tornou uma das festas mais aguardadas e animadas da folia, tanto no Rio como em São Paulo. A Carnageralda agora acontece em outras datas além do Carnaval, sempre no mood gliterizado. O selo também está por trás do concorrido Baile da Arara, onde já se apresentaram Caetano Veloso e Seu Jorge, e de um camarote igualmente fervido na Sapucaí, que sempre recebe celebridades como Bruna Marquezine, Iza, Mart'nália e mais. Espere muita música brasileira numa levada disco glam tropical, corpos suados e brilhos mil.

📷 carnageralda_

GOP TUN

O coletivo com nome curioso, uma homenagem ao famoso filme "Top Gun", estrelado por Tom Cruise e que ganhou uma sequência nos cinemas em 2022, é um selo especializado em música eletrônica e completou 10 anos também em 2022, celebrados com um festival de 4 palcos e 40 DJs brasileiros e gringos. Ao longo dessa década, as festas ocuparam estufas de plantas, helipontos, clubes da terceira idade e outros espaços pouco comuns. A Gop Tun também está por trás da rádio Na Manteiga e do Xama, festival de Ano-Novo que já passou por locações paradisíacas, como a Praia de Algodões, na Bahia.

📷 goptun

MAMBA NEGRA

Ícone da resistência política e LGBTQIAPN+, a Mamba mudou a noite de São Paulo ao acolher novos públicos e dar espaço para performers fora do circuito artístico tradicional, ocupando as ruas do Centro e também antigos galpões industriais, como a Fabriketa, no Brás. A festa independente foi criada em 2013 por Carol Schutzer (vulgo Cashu) e Laura Diaz (Carneosso), e se expandiu ao longo dos anos, tornando-se um selo musical (Mambarec), agência de novos artistas sonoros e visuais (Mambabooqueens) e uma webradio (Radio Vírusss). Também foi tema do documentário "Mamba Negra — The Sound and the Fury of São Paulo", lançado em 2021. As festas têm acontecido mensalmente, seguindo a linha eletrônica, mas mesclando outros gêneros, como rap e funk.

🅾 mamba.n

SANGRA MUTA

Parte do movimento independente e underground do circuito paulistano, a festa nasceu em 2016 e valoriza a música eletrônica e suas vertentes, como techno, house e electro. Sob o comando do produtor musical Zezé Rezende (Gezender), costuma ocupar diferentes espaços do Centro da cidade, alguns bem alternativos, como o subsolo de um estacionamento, na Rua Líbero Badaró, e também se destaca pelo extenso line-up de performers, considerado tão importante quanto o de DJs.

🅾 sangramuta

SELVAGEM

Fundada em 2011 por Augusto Olivani, o Trepanado, e Millos Kaiser, dois jornalistas e pesquisadores musicais, a Selvagem também começou de forma despretensiosa e foi muito além, com edições internacionais, lançamento de discos e diversas noites memoráveis, incluindo as carnavalescas. Mesmo com a saída de Millos, em 2019 — agora um dos nomes responsáveis pelo bar Caracol, outro templo musical da cidade —, a festa não perdeu o fôlego e continua agitando noites em São Paulo e no Rio, com música de altíssima qualidade e um corpo de baile daqueles. Se estiver na dúvida, é só conferir o perfil da Selvagem no Soundcloud, onde Trepanado compartilha seus sets mais icônicos.

🅾 festaselvagem

ONDE
COMPRAR

Longe de mim querer fazer a loka consumista, mas, se você veio a São Paulo (ou já vive por aqui) e está a fim de renovar o guarda-roupa, o décor da casa e sei lá mais o que possa querer, este é o lugar certo: espalhados pela cidade estão 240 mil lojas, 59 ruas de comércio, 80 shoppings e por aí vai. Reuni aqui diversos nomes e projetos locais — e vindos de todo o país que estão em São Paulo — que acho que você deveria conhecer, visitar e, se der, levar uma lembrança da visita, por que não?

MODA
DESIGNERS BRASILEIROS

À LA GARÇONNE
Criada em 2009 pelo empresário Fábio Souza, a marca tem uma proposta sustentável de reutilização de materiais e hoje também conta com o olhar criativo de um dos maiores nomes da nossa moda, Alexandre Herchcovitch, que entrou para o time de estilo em 2016. As coleções costumam seguir uma linha urbana com toque vintage, com ótimas opções de jaquetas e casacos oversized, belos vestidos construídos com upcycling de peças de alfaiataria, além de t-shirts, jeans e acessórios

estilosos. Outro destaque é a linha de decoração, À La Garçonne Home, composta por móveis, luminárias e outros objetos garimpados pela dupla.

🌐 www.alagarconne.com.br
📷 alagarconne
📷 alagarconne_home

ATELIER FREIHEIT

Fundada pelo estilista e diretor criativo Marcio Mota, a Atelier Freiheit parte do experimentalismo para criar peças minimalistas e com shapes geométricos, pensadas para abraçar todos os gêneros. As cores também seguem uma linha mais sóbria, com bastante preto, branco, azul e off-white, e a maioria das inspirações de Mota vem de antigos uniformes, militares e industriais, entre outros itens vintage garimpados em viagens internacionais. O QG atual fica em Santa Cecília e funciona como um espaço híbrido para abrigar as roupas da etiqueta e diferentes projetos culturais, como o recente Diálogos, onde diferentes artistas são convidados para "conversar" com as novas coleções por meio de formatos diversos, como pinturas, música e instalações de arte.

🌐 www.atelierfreiheit.co
📷 atelier.freiheit

BY NV

A marca de moda feminina da influenciadora Nati Vozza foi aos poucos conquistando mulheres de todas as idades até se tornar um verdadeiro fenômeno de vendas. Aqui em casa, tanto minhas filhas quanto eu amamos! Um dos grandes diferenciais da grife são as peças em tecido de alfaiataria atualizadas para uma proposta fashion, moderna e descolada — como a calça Helena, de crepe, com cintura alta e boca afunilada — perfeita para ser usada com tênis, sandália flat ou uma bota mais pesada e "quebrar" um pouco a sobriedade do tecido. A cada estação, esse modelo de calça é lançado em uma variedade de cores. Eu tenho a preta, a cinza, a vermelha — e já estou ensaiando escolher a próxima, hehehe! Croppeds, camisetas estampadas, calças e jaquetas de couro também marcam presença em todas as coleções, atualizados em cores e modelagens diferentes.

🌐 www.bynv.com.br
📷 bynv

CAROL BASSI BRAND

Fundada em 2014 por Anna Carolina Bassi, a Carol Bassi Brand tem uma loja física de quase mil metros quadrados no shopping Cidade Jardim, onde recebe suas clientes como se estivesse abrindo a própria casa. O foco da marca são peças atemporais e versáteis, a maioria arrematada por um bom mix de estampas, cores vibrantes, tecidos e texturas. Os volumes e os babados com vibe romântica também são trabalhados com frequência nas coleções da estilista, que, além de tudo, é uma baita influenciadora digital, com mais de 400 mil seguidores (and counting) no Instagram.

🌐 www.carolbassi.com.br
📷 carolbassibrand

CRIS BARROS

Sou amiga da estilista Cris Barros e fã e cliente da marca desde seu lançamento, quando ainda se chamava Wardrobe. Aliás, fui a modelo dos dois primeiros catálogos da grife, fotografados pelo genial Jacques Dequeker. Em 2022, a Cris Barros comemorou 20 anos da grife — ou "20 voltas ao sol", como eles preferem dizer, de forma mais poética. A Cris Barros faz vestidos lindos, muitas vezes com bordados exclusivos, e também belas calças de alfaiataria e bijoux autorais. Adoro!

🌐 www.crisbarros.com.br
📷 crisbarrosoficial

DANI CURY

Conhecida pelos sapatos de couro feitos à mão e com design autoral, Dani Cury começou na moda com a marca Sept.is, lançada em meados de 2010, e rapidamente entrou no circuito fashionista, calçando os pés de algumas das mulheres mais estilosas da cidade. Em 2015, a marca passou a carregar apenas o nome da designer, mas manteve a mesma essência atemporal e a alta qualidade das peças. As sandálias trançadas Cobra estão entre os principais hits, assim como as mules de croco e os modelos Brogue. Vale lembrar que Dani vai além dos sapatos e também desenvolve bolsas e cintos belíssimos.

🌐 www.danicury.com
📷 danicury

DE GOEYE

Comandada pelas irmãs Fernanda, Renata e Claudia de Goeye (ex-Raia de Goeye, grife que marcou uma era), a etiqueta estreou em 2016 com a ideia de transformar a sofisticada herança familiar em roupas igualmente luxuosas. A primeira coleção, por exemplo, foi inspirada no bisavô francês das irmãs, Enrique, que teve uma butique no Centro da cidade nos anos 1940, onde vendia artigos de luxo como relógios Piaget e produtos Hermès. Todas as criações começam pelos tecidos nobres, a maioria importada da França ou da Itália, e podem levar alguns meses até chegar à peça final. Por isso os lançamentos são divididos por fases em vez de em coleções sazonais.

📞 (11) 2592-6620
📷 degoeye

EGREY

Fundada em 2011 pelo diretor criativo Eduardo Toldi, a grife é conhecida pelas criações que mesclam referências urbanas e minimalismo. As inspirações costumam partir da arquitetura e do design brasileiro, num resultado despretensioso, mas impecável — os tricôs são um show à parte, já que a mãe de Dudu possui uma confecção exclusiva há quase 30 anos, fornecendo para outras grandes da moda nacional como Osklen e Cris Barros. Recentemente, a Egrey também decidiu investir na moda masculina, levando a mesma vibe cool e low-profile que fizeram a sua fama para o guarda-roupa dos boys.

🌐 www.egrey.com.br
📷 egreyoficial

GLORIA COELHO

A estilista é uma das maiores da moda brasileira e sua marca homônima tem quase cinco décadas de história, diversos prêmios, dois livros lançados, desfiles em Madri e Portugal, além de uma exposição no Museu da Cidade de Lisboa, em 2004. Natural de Pedra Azul (MG), Gloria estudou no conceituado Studio Berçot, em Paris, e alcançou o topo da cadeia fashion tanto pelas criações que fogem do estereótipo tropical, como pelo uso inovador de tecidos tecnológicos, como neoprene, crepe de acetato, nylon, entre outros que acabaram se tornando a cara da mulher cool paulistana.

🌐 www.gloriacoelho.com.br
📷 gloriacoelho

HANDRED

A marca carioca fundada por André Namitala faz sucesso tanto no Rio quanto em São Paulo, onde tem duas lojas: uma nos Jardins e outra no Shopping Iguatemi. O estilo resort chique com toque minimalista faz o sucesso da marca, que sempre olha para o balneário como fonte de inspiração. O resultado? Um mix de peças leves, atemporais, confortáveis, amplas e com a proposta de serem livres de gênero. O foco é o linho, que André comanda com maestria, concebendo peças que subvertem o uso do tecido em cortes tanto praianos como mais urbanos.

🌐 www.handred.com.br
📷 handredstudio

IRRITA

Antes de lançar a Irrita, em 2018, Rita Comparato já causava burburinho na moda nacional com a Neon, sua primeira marca, fundada em 2003 ao lado de Dudu Bertholini e famosa pela explosão de cores e estampas artsy. Na nova empreitada, o mix de prints continua sendo uma característica forte, mas agora é a própria estilista quem cria as padronagens, em vez de colaborar com outros artistas como fazia antes. Tudo parte dos desenhos de Rita, e as inspirações vêm dos mais diversos lugares: de destinos exóticos como Índia, Vietnã e Guatemala a movimentos artísticos e elementos da natureza. O corte primoroso também é o foco da designer, especialista em modelagem.

🌐 irrita.com.br
📷 irritaoficial

ISAAC SILVA

"Acredite no seu axé." Esse é o lema (e filosofia de vida) de Isaac Silva, estilista baiano conhecido pelas roupas fluidas e sem distinção de gênero, que vestem corpos diversos, inclusive de pessoas estreladas, como Taís Araújo, Camila Pitanga, Gaby Amarantos, Djamila Ribeiro e Liniker. A marca também é famosa pelo ativismo, já que as coleções sempre trazem questionamentos importantes sobre racismo e preconceito, além de criações repletas de referências afrobrasileiras e indígenas.

🌐 www.isaacsilva.com.br
📷 isaacsilvabrand

IDA

Segunda marca do grupo WBG (também dono da Souq), de Bento Guida, a Ida se baseia na sustentabilidade para desenvolver roupas com impacto ambiental controlado, menos focadas em tendências e mais em itens coringa, que tenham uma durabilidade maior e também combinem com diferentes estilos e personalidades.

🌐 www.ida.com.vc
📷 ida.com.vc

L DNIM

Eu amo calça jeans e estou curtindo muito as criações dessa marca nacional, que busca fazer um jeanswear de qualidade, com inspiração fashion e preços que não assustam, hehehe! As calças e as jaquetas aparecem em diferentes lavagens, muitas delas com uma pegada oitentista supercool. Sou fã.

🌐 www.ldnim.com.br
📷 l.dnim_jeans

LE SOLEIL D'ÉTÉ

Roupas de algodão e linho de toque macio e caimento leve, com astral de praia, mar, verão e brisa — perfeitas para um fim de semana à beira-mar ou, então, para serem usadas na cidade e trazer um pouco do clima de "verão eterno" para a vida paulistana. Os bordados de temas náuticos ou marinhos — como polvos gigantes ou minicaranguejos — são uma das assinaturas da marca. A flagship, na Alameda Gabriel Monteiro da Silva, conta com um charmoso café dentro da loja.

🌐 lesoleildete.com
📷 le_soleil_d_ete_

LILLY SARTI

As irmãs Lilly e Renata Sarti comandam a grife que pensa em roupas e acessórios para uma mulher urbana, moderna e cool, exatamente como as duas. Peças em tons terrosos, roupas com volumes diferenciados e tecidos refinados como o jacquard estão sempre presentes nas coleções. A bela loja dos Jardins tem projeto minimalista com referências art déco — a visita é um passeio à parte e só atiça ainda mais a vontade de comprar tudo que elas fazem, hahaha!

🌐 www.lillysarti.com.br
📷 lillysartibrand

LOLITTA

O forte da marca comandada pela estilista Lolita Hannud são os tricôs, apresentados em tramas exclusivas, produzidas em maquinário de alta tecnologia têxtil. Eu adoro os vestidos curtos e justos (que dão aquela sensação de "embrulhado a vácuo") e que normalmente vêm com um short para ser usado por baixo, o que traz um conforto extra para quem usa. Os vestidos longos também são incríveis, e as minhas filhas adoram os tops cropped justinhos.

🌐 www.lolitta.com.br
📷 lolitta

MISCI

O nome Misci vem de miscigenação, que, para o estilista e designer mato-grossense Airon Martin, é um dos traços mais belos e marcantes da nossa cultura brasileira. A marca de roupas, acessórios e mobiliário de design minimalista tem como um de seus carros-chefes a alfaiataria, em modelagens atemporais desenvolvidas em sua grande parte com tecidos exclusivos. A Misci prioriza a indústria nacional e busca processos sustentáveis para a produção de suas peças. A loja em Pinheiros tem arquitetura de linhas limpas, que traduz bem o espírito da grife.

🌐 www.misci.co
📷 misci__

NERIAGE

Além de fazer roupas incríveis, a Neriage ocupa uma loja linda na Rua Mateus Grou, em Pinheiros. A marca surgiu a partir do TCC (Trabalho de Conclusão de Curso da faculdade) da estilista Rafaella Canielo e faz referência a uma palavra japonesa que designa uma técnica de cerâmica em que a mistura de argilas de diferentes cores produz um efeito marmorizado. Esse mesmo conceito é aplicado às roupas da marca, por meio de texturas e detalhes delicados (como plissados e sobreposições) e da exploração de diferentes matérias-primas e suas possibilidades. Os vestidos estão no topo da lista de desejos, especialmente os modelos confeccionados em tule, musseline transparente e/ou seda, com mangas amplas e fluidas, dignos de sonho.

🌐 neriage.com.br
📷 neriage_

PAT BO

Marca da estilista mineira Patricia Bonaldi, conhecida principalmente pelos vestidos sensuais, bordados a mão com decotes e recortes estratégicos. A cantora americana Camila Cabello é uma de suas clientes: ela aparece com um vestido de Patricia Bonaldi no videoclipe de "Señorita" e, em 2019, se apresentou no VMAs, a grande premiação de videoclipes da MTV americana, usando outra criação da grife para cantar o hit ao lado de Shawn Mendes. Com a intenção de fortalecer sua presença no mercado internacional, em setembro de 2021 a estilista mineira inaugurou uma loja no Soho, em Nova York. Em São Paulo, a flagship fica nos Jardins e reúne a coleção completa de roupas, acessórios e louças para casa.

🌐 www.patbo.com.br
📷 patbo_brasil

PAULA RAIA

Paula Raia faz uma moda autoral, privilegiando o uso de tecidos de fibras naturais como algodão, linho e seda, muitas vezes produzidos em tear manual, em modelagens diferenciadas. A grife é um grande expoente do slow fashion, movimento que vai no sentido contrário do fast fashion, e defende uma moda feita de forma cuidadosa e atenta a detalhes em peças únicas e exclusivas. A loja — linda! — tem projeto do celebrado arquiteto Isay Weinfeld e transporta a cliente para o universo poético, sensível e autêntico da estilista.

🌐 www.paularaia.com
📷 paula_raia

REINALDO LOURENÇO

Outro nome consagrado da moda nacional, Reinaldo tem sua marca homônima desde 1984 e já foi considerado o "rei da alfaiataria". Ele chegou a ser assistente de Gloria Coelho, com quem foi casado por 25 anos. Além de calças, camisas e blazers minimalistas, o estilista trabalha as estampas florais com frequência em suas coleções e das mais diversas formas, inclusive algumas em parceria com a Liberty, marca de Londres famosa pelas padronagens de flores miúdas e delicadas. No moodboard do estilista, também é comum encontrar referências do passado, como o movimento punk, os anos 1980 ou a Rainha Vitória, mas sempre interpretadas de uma maneira nova e moderna.

🌐 www.reinaldolourenco.com.br
📷 reinaldolourenco

VANDA JACINTHO

O carro-chefe aqui são as bijuterias grandes de formatos arrojados — como os colares de elos gigantes coloridos — e os panneaux (cangas) de seda com estampas exclusivas, que podem virar vestido, minissaia ou até top, dependendo da amarração. A marca é cultuada internacionalmente — além da loja em São Paulo, Vandinha também vende suas peças em diversas multimarcas mundo afora.

🌐 vandajacintho.com.br
📷 vandajacintho

VON TRAPP

Nascido em Quilpué, Chile, e radicado no Brasil, o estilista Marcelo Von Trapp se destaca pelo trabalho artesanal, especialmente com plissados e babados, e pela alfaiataria primorosa, carro-chefe da marca. A Von Trapp também segue conceitos da sustentabilidade, utilizando apenas matéria-prima nacional, principalmente as disponíveis nas redondezas de seu ateliê, em Higienópolis; estoques vintage e resíduos. Além disso, para evitar o uso de fábricas ou confecções, o estilista forma seu próprio time, ajudando também no resgate das técnicas tradicionais de corte e costura. Não à toa, ele é um dos nomes mais procurados por stylists de celebridades e artistas musicais para criar figurinos especiais.

🌐 vontrapp.com.br
📷 von__trapp

WAI WAI RIO

Bolsas de formatos exclusivos e originais, feitas de forma artesanal a partir da combinação de materiais como palha, madeira, metal e acrílico colorido, são o grande hit da Wai Wai. A bolsa "Alix" é, na minha opinião, uma peça que merece um prêmio pela beleza e originalidade do design! A Wai Wai é uma marca 100% brasileira e conquistou clientes até no exterior — a cantora Beyoncé já foi vista usando uma de suas criações.

🌐 waiwairio.com
📷 waiwai.rio

MULTIMARCAS

CARTEL 011

Sabe aquelas coleções especiais e collabs supercobiçadas de marcas hypadas do streetwear, tipo Converse, Vans e Nike? É lá que você vai encontrar. Mas não só isso. A multimarcas também tem uma curadoria afinadíssima de designers brasileiros independentes, como Normando, Cuadró e Mottainai, além de uma marca própria, a CZO. Atualmente localizada no Largo da Batata, a loja funciona como espaço multidisciplinar, abrigando eventos de arte, música e, claro, moda.

🌐 www.cartel011.com.br
📷 cartel011

GALLERIST

O Gallerist começou como um e-commerce, em 2011, onde as 4 irmãs fundadoras, Carolina,

Fernanda, Mariana e Amanda Cassou, usavam seus diferentes olhares para garimpar peças de marcas brasileiras cool. Hoje, além da plataforma digital, há três endereços físicos em São Paulo e mais um em Curitiba. A seleção inclui roupas, sapatos, bolsas, bijoux, itens de beleza, kids e decoração de 219 designers, alguns conhecidos, como Cris Barros, Coven e Lilly Sarti, e outros nem tanto, como Cabana, Ethne e Wasabi. O clã fashionista ainda possui cinco marcas próprias: a precursora Framed; a retrozinha Allmost Vintage, desenvolvida em parceria com Luiza Ortiz; a infantil Edamami; a mais básica Clemence; e a Linnen, de resort wear, assinada pela mãe Denise.

🌐 www.gallerist.com.br
📷 gallerist

NK STORE

Uma das lojas mais chiques e bacanas de São Paulo. A NK Store tem sua própria marca e também uma ótima curadoria de labels internacionais, que vai das mais consagradas, como Givenchy, às jovens (e igualmente concorridas), como Ganni, Paris Texas e Attico. Também há uma série de colaborações badaladas com outras marcas, entre elas Adriana Degreas e Julia Gastin. O projeto arquitetônico conta com uma escada escultural de concreto aparente, originalmente projetada por Oscar Niemeyer para o Palácio Itamaraty em Brasília e reproduzida na loja como réplica autorizada. A parede toda espelhada na lateral e a clarabóia no teto, garantindo a entrada de luz natural, trazem ainda mais beleza e dramaticidade ao espaço. Isso sem falar nos provadores espaçosos e superconfortáveis e no agradável bar para você tomar um café e provar alguns quitutes antes ou depois das compras. A loja se preocupou com a questão da acessibilidade e contou com consultoria de Andrea Schwarz, CEO da iigual Inclusão e Diversidade, empresa de recrutamento e seleção especializada em pessoas com deficiência. Vale a visita.

🌐 www.nkstore.com.br
📷 nkstore

PINGA

O bom gosto de longa data da dupla Catharina Tamborindeguy, do Rio de Janeiro, e Gabriella Paschoal, de São Paulo, se materializou na Pinga, em 2017. Bem conectadas, as amigas decidiram montar o negócio com o intuito de reunir o melhor da moda brasileira e latino-americana em um espaço gostoso e discreto na Rua da Consolação, nos Jardins. No mix de marcas, há muitos nomes novos e que só se encontram lá, como Gansho, Perigo e Laura Cangussu. A Pinga também faz dobradinhas exclusivas com designers queridinhas das it-girls brasileiras, como a figurinista suíço-brasileira Alexia Hentsch, que recentemente criou uma coleção-cápsula de roupas inspiradas no Carnaval. Há ainda uma curadoria de itens de decoração, como as luminárias lúdicas da Luiza De Biasi e os itens de mesa artsy de Julia Brito.

🌐 pingastore.com.br
📷 pinga.store

MODA PRAIA E FITNESS

ADRIANA DEGREAS

Estilista brasileira de moda praia e resort wear com reconhecimento internacional, Adriana Degreas traz em cada uma de suas criações muita criatividade, originalidade e sofisticação. Sempre que entro na loja, já me imagino navegando em um iate particular nas praias da Croácia ou em Angra dos Reis ou em uma piscina de um hotel de Cap D'Antibes (afinal, sonhar é de graça, né?! A loka kkk). Os biquínis e os maiôs vestem superbem e muitas vezes aparecem em modelagens e cortes nada convencionais. As saídas de praia também são muito chiques.

🌐 adrianadegreas.com.br
📷 adrianadegreas

TRACK & FIELD

Nepotismo à parte (já que meu marido, Fred Wagner, é um dos fundadores da marca, nhaaaa!), a Track & Field é, na minha opinião, a melhor opção para quem precisa de roupas de ginástica modernas e de qualidade indiscutível. Os tecidos são supertecnológicos, como o exclusivo Thermodry, leve e de secagem rápida, ou o tecido com tecnologia especial da NASA, que se adapta às mudanças térmicas, absorvendo o excesso de calor e reduzindo o superaquecimento ou o resfriamento do corpo, só para dar alguns exemplos.

Na Track, você encontra linhas feminina, masculina e infantil, ou seja, é pra todo mundo poder praticar seu esporte favorito com peças funcionais, em cores e tendências diversas, pensando no conforto e, ao mesmo, no que é tendência de moda. Eu super inDIDIco, hehehe!

🌐 www.tf.com.br
📷 trackfieldoficial

TRIYA

Adoro as estampas da Triya, coloridas e superoriginais. Um dos diferenciais da marca são as coleções feitas em parceria oficial com as bandas Rolling Stones (verão de 2021) — em que biquínis, maiôs e saídas de praia traziam o símbolo da boca — e Pink Floyd (verão de 2022) — com referências à capa do disco Dark Side of the Moon, entre outras imagens. Imagina para alguém como eu, fã de rock… Dá vontade de ter todas as peças, hehehe! A marca vende partes de baixo e de cima separadamente, então você pode montar o biquíni da sua preferência e o que melhor se adapta ao seu corpo.

🌐 www.triya.com.br
📷 triya_brasil

VIX SWIM

A moda praia feminina idealizada por Paula Hermanny é chique e despretensiosa ao mesmo tempo. Biquínis e maiôs com tecidos com textura, aplicações de metais e estampas exclusivas compõem as coleções ao lado de vestidos, saias e tops que transitam bem na areia, na piscina e até na cidade.

🌐 www.vixbrasil.com
📷 vixpaulahermanny

BRECHÓS

BFF

Revenda de roupas e acessórios novos, seminovos e usados de grifes internacionais badaladas, com a curadoria precisa de Tania Wagner — que, além de ser minha sogra querida, tem vasta experiência no mundo da moda porque já atuou, em anos passados, como buyer (compradora) de marcas europeias para diferentes negócios, entre eles sua loja multimarcas (já extinta) Éclat e o Shopping Cidade Jardim.

🌐 www.bffshop.com.br
📷 bffshopmycloset

BRECHÓ FUNDINHO

Localizado no Edifício Esther, construído nos anos 1930 e marco da arquitetura moderna em São Paulo — onde atualmente também funciona na cobertura o restaurante Esther —, o Brechó Fundinho reúne peças usadas vintage e também de épocas recentes. O empreendimento é tocado pela empresária Yasmim Stevam, que é superestilosa e a melhor inspiração para seus clientes.

🌐 brechonofundinho.lojavirtualnuvem.com.br
⊙ brechonofundinho

CASA JUISI

Um casarão antigo e muito charmoso no Centro de São Paulo abriga este acervo de moda que reúne roupas e acessórios de décadas passadas distribuídos em muitos andares. Ali você encontra de tudo: de roupas de época a peças de estilistas internacionais renomados, de figurinos usados por cantoras como Rita Lee a relíquias desenhadas por Clodovil e Dener. Uma seleção com curadoria precisa, feita pela dupla Junior Guarnieri e Simone Pokropp, está disponível apenas para aluguel. A Casa Juisi é um verdadeiro oásis para quem trabalha com moda, inclusive vários estilistas gringos (e suas equipes) já foram vistos fazendo pesquisa por ali, como o estilista Nicolas Ghesquière, ex-diretor criativo da Louis Vuitton.

📞 (11) 3063-5766
⊙ casajuisi

JOALHERIAS
DESIGNERS BRASILEIROS

ARA VARTANIAN

O sobrenome Vartanian, compartilhado pelos joalheiros Ara e Jack, não é mera coincidência: os dois são irmãos, de origem armênia, e ambos são talentosos designers — mas é claro que cada um imprime às suas criações a sua própria personalidade. No caso de Ara Vartanian, uma das marcas registradas são as joias que usam o diamante negro invertido, ou seja, com a ponta para cima. Também é um hit o "bone earring" — brinco de argola pequena com um minichifre de ouro, cravejado de minibrilhantes brancos ou negros. Aliás, acabo de encontrar algo que a musa master Kate Moss e eu temos em comum, já que nós duas usamos esse brinco, hehehe! Isso sem falar em outros clientes internacionais como Ronnie Wood, guitarrista dos Rolling Stones, a top model inglesa Naomi Campbell e muitas atrizes de Hollywood. Ara é casado com a bela Sabrina Gasperin, que serve de inspiração para muitas de suas criações. Quando você agenda uma visita ao atelier, é possível ver a oficina com os ourives em ação. Aproveite para trocar uma ideia com Ara sobre o que anda rolando na sua playlist, já que ele tem um super bom gosto musical.

🌐 www.aravartanian.com/pt
📷 ara_vartanian

ARON HIRSCH

Sandra Aron (minha amiga querida) e Taísa Hirsch são os nomes por trás dessa marca de joias chique e cool. A proposta é que as peças de design original, feminino e delicado sejam usadas no dia a dia. A primeira coleção da Aron Hirsch trazia uma releitura de anéis e brincos vintage, feitos em formatos pequenos e diferentes — e, assim, o que era retrô ficou moderno e atual. Eu sou fã das joias que misturam búzios, pedras preciosas coloridas e ouro.

🌐 aronhirsch.com.br
📷 aron_hirsch

GUERREIRO

Guerreiro é o nome deste joalheiro especializado em peças de prata femininas e masculinas que trazem inspirações ciganas, roqueiras, místicas e até religiosas. Uma de suas criações mais conhecidas é o escapulário feito em prata. As pulseiras que misturam couro trançado e — olha ela aí de novo — prata, especialmente o famoso "nó", também são supercobiçadas.

🌐 www.guerreiro.com
📷 guerreirojoias

JACK VARTANIAN

Irmão de Ara Vartanian, já citado aqui, Jack Vartanian faz joias modernas, de design autoral. Além de peças em ouro 18 quilates e pedras importantes, Jack Vartanian também lança coleções de prata com banho de ouro, o que torna mais possível comprar uma peça sua com valores mais em conta. A maior musa da marca é a esposa de Jack, a modelo Cássia Ávila, que, para mim, é referência de beleza e estilo em São Paulo e fora dela.

🌐 www.jackvartanian.com
📷 jackvartanian

OLSEN K

Focada na sustentabilidade, a marca da paulistana Karina Olsen utiliza metal 100% de reúso e trabalha com ouro 18k e prata 950 originados do lixo eletrônico, da indústria automobilística e de joias antigas. Na parte de pedras, o time de design aproveita tanto as lapidações mais cristalinas como as chamadas laskas, que geralmente são descartadas pelas joalherias tradicionais, evitando o desperdício. Com toques minimalistas, as criações são modernas e autênticas, e várias delas fazem as vezes de amuletos para quem curte uma vibe mais mística. Para conhecer o ateliê em Pinheiros, é só agendar um horário através do site.

🌐 www.olsenk.com
📷 olsen__k

PAOLA VILAS

Designer de joias carioca que faz das formas e curvas do corpo feminino sua maior fonte de inspiração, em peças que a designer chama de "esculturas vestíveis". Uma de suas criações mais icônicas é o bracelete Louise: uma mulher nua de costas, curvada, que abraça o pulso. A loja, localizada em uma casa numa vila na Rua Oscar Freire, é uma atração à parte, com decoração minimalista e um jardim de pedras ao fundo, iluminado por uma claraboia. As joias — em prata ou em prata banhadas em ouro 18k — ficam expostas em colunas rochosas assim como em peças de mobiliário desenhadas pela joalheira, caso da bela mesa Seios.

🌐 paolavilas.com.br
📷 paolavilas

PRASI

Marca criada pelas cariocas Helena Sicupira e Mariana Prates, mistura referências da arquitetura e do movimento modernista brasileiro com elementos icônicos do Rio de Janeiro para criar joias delicadas e contemporâneas, confeccionadas na Itália e no Brasil. Alguns exemplos: os pingentes Friburgo, os brincos Corcovado e os ear cuffs Dois Irmãos. As peças recebem variações de metais, como ouro amarelo, branco e rosé, e pedras preciosas, entre elas topázio, turmalina e malaquita. A marca conta com clientes internacionais como Gwyneth Paltrow e Justin Bieber, que apareceu em alguns de seus shows usando o brinco Dois Irmãos cravejado de brilhantes.

🌐 prasiofficial.com
📷 prasiofficial

SAUER

Uma das joalherias mais antigas e respeitadas do Brasil, a Sauer foi fundada no Rio de Janeiro pelo francês Jules Sauer, em 1941. No início, se chamava Amsterdam Sauer e ficou famosa pelas pedras preciosas, especialmente diamantes e esmeraldas, muitas premiadas, inclusive pela De Beers International Awards, o Oscar da joalheria internacional. Em 2013, Stephanie Wenk assumiu a direção criativa da marca e, de lá pra cá, deu uma repaginada daquelas. Com o nome enxuto, criações autorais cheias de referências artsy, toques surreais e formas esculturais, a designer vem desenvolvendo coleções ultradesejáveis a cada temporada, como a de 80 anos da casa, que inclui releituras de joias icônicas do passado feitas com pedras do acervo, entre elas turmalinas Paraíba e rosa, safiras, ametistas e, pasmem, uma esmeralda de meio quilo transformada em 200 quilates de gemas.

🌐 www.sauer1941.com
📷 sauer

MERCADOS E EMPÓRIOS GASTRONÔMICOS

CASA SANTA LUZIA

Por ser um supermercado com uma seleção tão cuidadosa de produtos, e, portanto, preços um pouco mais salgados do que a média, aviso que a Santa Luzia não é o lugar ideal para você fazer "a compra do mês", mas certamente é a melhor opção para escolher aqueles itens que vão trazer um pouco mais de alegria e graça para a sua mesa. Na seção de frutas e verduras, tem sempre um atendente solícito, que te ajuda a escolher os melhores itens. O açougue traz cortes especiais de carnes bovinas, suínas, aves e peixes. O mezanino é o paraíso para aqueles que têm restrição alimentar: o andar é dedicado a produtos sem glúten, sem lactose, sem açúcar e demais especificidades.

🌐 www.santaluzia.com.br
📷 casasantaluzia

EATALY

O megaempório de comida italiana já era bem famoso em Nova York quando desembarcou na capital paulista, em 2015. São

4.500 m² distribuídos em três andares, mais de 8 mil produtos, 6 restaurantes, cafeterias, confeitaria, sorveteria e a maior adega de vinhos italianos da América Latina. Tudo é fresco e artesanal, e a empresa bate na tecla das boas práticas e questões cruelty-free. Também há uma escola de culinária com cursos e workshops, além de espaço para eventos privados.

🌐 eataly.com.br
📷 eatalybr

EMPÓRIO SANTA MARIA

Corredores espaçados, seleção apurada de produtos nacionais e importados, atendimento personalizado: o Santa Maria transformou uma ida ao supermercado em um agradável (ainda que meio pesado para o bolso) passeio. Logo na entrada do Empório, você se depara com uma ampla gama de vinhos, espumantes e outras bebidas alcoólicas. O Santa Maria tem fabricação própria e artesanal de pães, massas, bolos e tortas salgadas e doces. E, se você quiser comer algo antes de ir embora, no mezanino fica o Sushi Bar do mercado, restaurante japonês que funciona no almoço e no jantar.

🌐 www.emporiosantamaria.com.br
📷 emporiostamaria

MERCADÃO MUNICIPAL

É um dos pontos turísticos mais visitados de São Paulo, tanto pela história do prédio quanto pelas comidinhas. Inaugurado em 1933, o mercadão foi projetado

pelo engenheiro Felisberto Ranzini (também responsável pela Casa das Rosas), tem 12.600 m² de área às margens do rio Tamanduateí e mais de 1.500 funcionários que movimentam cerca de 350 toneladas de alimentos por dia — de verduras, frutas, carnes e peixes a massas, doces, especiarias e tudo mais. Outra atração icônica é o sanduíche de mortadela, um ícone gastronômico, famoso pelo megarrecheio, naquele estilo culinária "ogra", hahaha. Dizem que a iguaria tem suas origens nos anos 1960, numa brincadeira entre os funcionários para criar um lanche de mortadela exageradamente grande. A tal "larica" acabou despertando a curiosidade dos clientes, fez sucesso e nunca mais saiu de cena.

🌐 www.mercadomunicipalsp.com
📷 mercadaosaopaulo

MERCADO DA LAPA

É uma versão enxuta do Mercadão Municipal, inclusive com uma versão própria do sanduíche de mortadela. Tem 96 lojas que oferecem, entre outros produtos, queijos, vinhos, ervas medicinais, conservas, frutos do mar e embutidos. Os pastéis da Pastelaria Mercadão estão entre os principais atrativos do lugar, e o box vive cheio de gente em busca do quitute, famoso pelos recheios generosos que valem por uma refeição completa — o de bacalhau e o de carne são os mais pedidos.

🌐 www.mercadodalapa.com.br
📷 mercadodalapa

MERCADO MUNICIPAL DE PINHEIROS

O Mercado Municipal de Pinheiros, cujo nome oficial é Mercado Municipal Engenheiro João Pedro de Carvalho Neto, foi reinaugurado em 1971 no espaço localizado entre o Largo da Batata e a Rua Teodoro Sampaio — endereço supercentral no bairro Pinheiros, a uma quadra do Metrô Faria Lima. O mercado conta com mais de 4.000 m² de área ocupados por boxes de frutas, legumes e verduras frescos, açougue, peixaria, cereais e temperos, floricultura, além de restaurantes como a Pizzaria Napoli Centrale, que, entre outras coisas, faz pizza frita, típica de Nápoles (Itália), e o Mocotó Café, minifilial do restaurante do chef Rodrigo Oliveira. Ali você também encontra a loja do Instituto ATÁ, ONG do chef Alex Atala, que vende ingredientes típicos de diferentes regiões do Brasil em parceria com outras instituições sociais.

🌐 www.mercadomunicipaldepinheiros.com
📷 mercadodepinheiros

DECORAÇÃO E ARTIGOS PARA CASA

AMOREIRA

Loja charmosa em Pinheiros com uma seleção esperta de marcas de móveis, objetos de decoração, joais, brinquedos e louças. Você encontrará produtos desenvolvidos e produzidos pela Amoreira em colaboração com designers como Pat Lobo e Guilherme Sass, as cerâmicas lindas e criativas da marca portuguesa Bordallo Pinheiro, as bandejas de azulejos estampados desenvolvidos pela artista plástica Flávia Del Prá, além de itens de papelaria, brinquedos infantis de madeira com design incrível, entre outros.

🌐 www.amoreira.com.br
📷 amoreiraloja

ATTOM E CARLOS MOTTA

O arquiteto Carlos Motta fez seu nome no design brasileiro com mobiliários de madeira autorais, desenvolvidos em um ateliê próprio há mais de 40 anos. A partir daí, surgiu a Attom (uma brincadeira com o sobrenome da família escrito de trás para a frente), loja comandada pelo filho de Carlos, Diego, especializada em peças utilitárias, como pratos, bowls, banquinhos, tábuas, camisetas, moletons, entre outros itens, todos desenhados no estúdio da Vila Madalena, que também funciona como loja e escritório da dupla.

🌐 attomdesign.com
🌐 www.carlosmotta.com.br
📷 attomdesign
📷 ateliercarlosmotta_oficial

DPOT OBJETO

Objetos de designers e artesãos brasileiros, com uma seleção de nomes que vão de novas apostas a consagrados de todas as regiões do país. São peças decorativas ou utilitárias de materiais diversos como cerâmica, madeira, palha, entre outros. As coleções mudam de tempos em tempos. Em outra altura da Alameda Gabriel Monteiro da Silva fica a loja da Dpot focada em mobiliário brasileiro, com belíssimo projeto do arquiteto Isay Weinfeld.

🌐 www.dpotobjeto.com.br
📷 dpotobjeto

FEIRA NA ROSENBAUM

A feira itinerante de arte, design, artesanato e gastronomia começou em 2012 com curadoria de Cristiane Miranda Rosenbaum, ao lado do arquiteto e designer Marcelo Rosenbaum. Em fevereiro de 2022 foi inaugurada a primeira loja física no bairro de Pinheiros. O espaço reúne artistas, designers e artesãos independentes com criações autorais e DNA brasileiro. Dividido em três ambientes, o espaço tem um café e empório, ambos dedicados aos produtores nacionais e itens típicos, como queijos da Serra da Canastra, cafés de diferentes regiões do país e pães de queijo. Também há uma parte dedicada ao beauté, com cosméticos artesanais de marcas como Olea, Saboaria Brasil, entre outras. No décor, destaque para as cerâmicas do pernambucano Mano de Baé, os panos do Estúdio Avelós, de Zizi Carderari, e os mobiliários do Estúdio Cruzeta.

🌐 www.feiranarosenbaum.com.br
📷 feiranarosenbaum

MULA PRETA

Fundado em Natal, no Rio Grande do Norte, pelos premiados designers Felipe Bezerra e André Gurgel, o estúdio possui uma loja física na Alameda Gabriel Monteiro da Silva, um dos principais centros de decoração e arquitetura da cidade. Por ali, você encontra móveis e objetos inspirados na cultura regional nordestina. Um dos grandes hits do estúdio é a mesa Ping x Pong, de linhas modernas, feita em madeira e aço corten, e que tem uso híbrido: além da prática de tênis de mesa, pode também servir como mesa de jantar ou escritório.

🌐 mulapreta.com
📷 mulapreta

ORBI DESIGN

Com curadoria precisa de Daniela Martins e Marco Viterbo, o espaço reúne móveis, objetos e obras de artistas e marcas de diferentes cantos do globo, como peças de cerâmica da escultora brasileira Adel Souki, itens da italiana Bitossi Ceramiche, pratos em preto e branco do inglês Rory Dobner, entre outros achados. Destaque também para as mesas, os sofás e os pufes artesanais da By MAV, desenvolvidos por Viterbo, que é um talentoso decorador e, inclusive, responsável pelo projeto de interiores da minha casa (além de amigo querido).

🌐 orbionline.com
📷 orbidesign

SÉCULO XX

Com uma loja física no bairro dos Jardins e um ateliê para restauros no Bixiga, este espaço tem como foco móveis e objetos das décadas de 1940 a 1970. Na lista de designers há muitos nomes estrelados, como Geraldo de Barros, Michel Arnoult, Sergio Rodrigues, Giuseppe Scapinelli, Carlo Hauner, Martin Eisler, Vladimir Kagan, Carlos Motta, entre outros. É "o" lugar para quem busca objetos ou peças de mobiliários assinados e, muitas vezes, de valor histórico.

🌐 www.seculoxx.com.br
📷 seculoxxoficial

VERNIZ

O negócio dos amigos de longa data Fábio Matheiski, Paulo Bega e Luciano Tartalia começou com uma curadoria de mobiliário antigo, como sofás, cadeiras, mesinhas e biombos, todos garimpados em território nacional e dispostos em um galpão de 400 m² no Centro, onde se atende com hora marcada, mas o sucesso foi tanto que os sócios abriram um espaço menor, nos Jardins, com uma seleção igualmente boa de decoração. O trio também realiza projetos sob medida.

🌐 vernizsp.com.br
📞 (11) 3061-0044
📷 vernizsp

LIVRARIAS

BANCA TATUÍ

Um verdadeiro charminho do bairro de Santa Cecília, o espaço foi aberto em 2014 pela editora Lote 42 e reúne o trabalho de mais de 200 empresas do segmento, coletivos e artistas independentes brasileiros. O foco aqui são formatos, acabamentos e temáticas que fogem do mainstream. O projeto do espaço também tem uma pegada inusitada, com a estrutura interna de módulos de OSB (material derivado da madeira) que abrigam os impressos e também funcionam como bancos para leitura. De vez em quando rolam eventos, e a banca vira palco para pocket shows de bandas alternativas que costumam agitar o quarteirão.

🌐 www.bancatatui.com.br
📷 bancatatui

LIVRARIA CULTURA

É uma das maiores da cidade de São Paulo, localizada no Conjunto Nacional, que, por si só, já é um destino imperdível. Com 4.300 m² distribuídos em três andares e um fluxo constante de visitantes, a loja tem um megacatálogo com todos os lançamentos do momento, além de um teatro, o Eva Herz, nomeado em homenagem à fundadora da livraria.

🌐 www3.livrariacultura.com.br
📷 livraria_cultura

LIVRARIA DA TARDE

Criada por Mônica Carvalho, ocupa um espaço de 120 m² na Rua Cônego Eugênio Leite, em Pinheiros, e oferece opções de literatura geral, artes, ciências humanas, negócios e infantojuvenil. Na agenda também estão clubes de leitura, lançamentos e rodas de conversas, que acontecem na doceria Made By Nina, conhecida por ter o melhor chocotone da cidade por uma decisão unânime na degustação às cegas do Jornal Estadão/Paladar.

🌐 www.livrariadatarde.com.br
📷 livrariadatarde

LIVRARIA DA TRAVESSA

Queridinha dos cariocas e livraria oficial da FLIP (Festa Literária Internacional de Paraty), a Travessa tem três pontos em São Paulo: um menor no IMS (Instituto Moreira Salles); outro numa casa de 200 m² dividida em dois andares na Rua dos Pinheiros, com um deque gostoso para sentar e ler, bem próxima da estação de metrô Fradique Coutinho — esta unidade tem uma seleção mais rigorosa que as demais, pensada para ser um acervo especial e moderno, com ampla variedade de títulos, além de um minicafé self-service, que oferece algumas opções de vinhos —; e a unidade inaugurada em agosto de 2022 no Shopping Iguatemi, com 330 m² distribuídos em dois andares e projeto arquitetônico de Bel Lobo, seguindo um conceito de "loja vitrine".

🌐 www.travessa.com.br
📷 livrariadatravessa

LIVRARIA DA VILA

Há 37 anos em atividade, é uma rede com mais de 10 endereços só em São Paulo, onde se encontra de tudo: de livros nacionais e importados e papelaria até jogos e brinquedos, assim como uma seção Geek, dedicada aos mangás, quadrinhos e RPG. Na parte de guloseimas, cada unidade oferece uma opção diferente, como as empanadas La Guapa, da chef Paola Carosella, ou os cafés do Santo Grão.

🌐 www.livrariadavila.com.br
📷 livrariadavila

LIVRARIA GATO SEM RABO

Colada no Minhocão, no mesmo prédio do restaurante Cora e da galeria HOA, é especializada em autoras mulheres e reúne cerca de 1.500 títulos selecionados em parceria com mais de 150 editoras brasileiras. No espaço, idealizado por Johanna Stein, encontram-se romances, livros científicos e políticos, obras de poesia e mais — várias delas de novas escritoras ou nomes pouco trabalhados no mercado. O nome diferentão veio de um ensaio de Virginia Woolf publicado em 1929 e faz referência à temática feminista do business, já que ela descreve a presença feminina na literatura como algo tão estranho quanto um gato sem rabo. A livraria também conta com uma cafeteria e um ambiente para encontros temáticos, como debates e rodas de leitura.

📞 (11) 99976-0011
📷 gato.sem.rabo

LIVRARIA MEGAFAUNA

No circuito cultural e gastronômico que tem movimentado o térreo do icônico edifício Copan, a livraria está aberta desde novembro de 2020, com uma curadoria que explora diferentes editoras — das pequenas aos grandes grupos — e títulos que possam contribuir para o pensamento crítico. Além do projeto arquitetônico cool integrado ao prédio e vitrines voltadas para a rua, a Megafauna tem uma programação diferente, como o projeto das temporadas, em que, ao longo de três meses, um tema inspira uma seleção de livros, debates e dicas. Com curadores convidados ou da casa, os eventos são uma forma de valorizar a seleção e a diversidade de autores e assuntos. Outro atrativo ali é o restaurante Cuia, de Bel Coelho, que fica dentro da livraria e tem um menu delícia de comidinhas e bebidas.

🌐 www.livrariamegafauna.com.br
📷 livrariamegafauna

LOVELY HOUSE

Dentro da Galeria Ouro Fino, a livraria destaca fotografia, arte e design em seu acervo, abrindo espaço para títulos e autores independentes. A seleção é feita pelo casal fundador, Luciana Molisani e José Fujocka. Como ambos trabalham há anos com tratamento de imagem, criação e direção de arte, a boa qualidade conceitual, editorial e gráfica são fundamentais para a escolha das publicações.

🌐 lovelyhouse.com.br
📷 lovelyhouse.casadelivros

MÚSICA

BARATOS AFINS

A loja nasceu em 1978 na Galeria do Rock como um sebo de discos e hoje é uma das mais clássicas da cena indie brasileira. Fundada pelo produtor musical Luiz Calanca, tem uma variedade enorme de estilos e artistas, além de uma gravadora própria, famosa por ter lançado bandas independentes como Fellini, Ratos de Porão e Platina. O Luiz ainda faz questão de atender os clientes pessoalmente, ajudando a galera na busca pelos LPs.

🌐 www.baratosafins.com.br
📷 baratosafinsoficial

FIEL DISCOS

Comandada pelo DJ e músico Ricardo Athayde, a Fiel trabalha com discos novos e usados e tem uma seleção impecável para quem entende do assunto. Na parte de lançamentos, é possível encontrar álbuns de Rodrigo Amarante, Tyler The Creator e Lorde, enquanto a revenda reúne raridades de artistas como Raul Seixas, John Coltrane, Tina Turner e Gal Costa, tudo em ótimo estado. A loja também aceita encomendas especiais e, no espaço físico, funciona um bar com festinhas esporádicas ao som de DJs convidados de Athayde.

🌐 www.fieldiscos.com
📷 fieldiscos

LONDON CALLING

Também localizado na Galeria do Rock, é outro point famoso da cena musical, especialmente nos anos 1990, quando realizava tardes de autógrafos concorridíssimas, com artistas como Marky Ramone, Mudhoney, Buzzcocks, Andy Rourke, L7, entre outros. Isso inclusive virou tema de um documentário, produzido pela Snake Pit TV e lançado em 2018, para celebrar os 32 anos da loja. Até hoje o endereço está na lista quente de quem vem fazer shows na cidade.

🌐 www.londoncalling.com.br
📷 londoncallingdiscos

PAPELARIAS

HAIKAI

Canetas, cadernos, stickers, toy art: tem de tudo um pouco nessa papelaria, e a exposição dos itens é tão organizada e sedutora que dá vontade de comprar um de cada! Parada obrigatória em qualquer passeio no bairro da Liberdade, recentemente a Haikai abriu outros pontos de venda, inclusive uma loja grande no aeroporto internacional de Guarulhos.

🌐 www.haikaipresentes.com.br
📷 haikai.papelaria

PAPER HOUSE

Desde 1983 no mesmo ponto na Rua Oscar Freire, a Paper House é uma papelaria mais sofisticada, com uma boa seleção de cartões de aniversário, canetas diferenciadas, carimbos, entre outros. Dá para encomendar cartões, convites e álbuns de fotos personalizados. **#didica:** Eles fazem lindos pacotes de presente, inclusive para itens comprados em outras lojas.

🌐 www.paperhouse.com.br
📷 paper_house

PET SHOP

ZEE DOG

O negócio vai muito além do pet shop tradicional, com um conceito estiloso e high tech materializado numa mega loja física, batizada de Temple. O edifício de quatro andares nos Jardins tem loja para os amigos de quatro patas, dog park, um espaço para os próprios donos darem banho nos animais e rooftop para eventos. Na parte de roupas, há collabs com marcas hypadas do streetwear, como a Guadalupe Store, com itens tanto para pets como para humanos, e também uma label própria de comidas naturais, a Zee Dog Kitchen.

🌐 www.zeedog.com.br
📷 zee_dog

TATUAGEM E PIERCING

TATTOO YOU

Se você está atrás de um estúdio de tatuagem e piercing, minha **#didica** é o Tattoo You. São quatro endereços na cidade. A unidade da Rua Tabapuã, em atividade desde 1979, tem decoração que mistura uma atmosfera rock n' roll (ambiente mais escurinho, fotos de pessoas tatuadas) com móveis clássicos como aqueles sofás capitonê de couro. Mas o mais importante é que o espaço é superlimpo e higiênico. Minhas filhas e eu somos clientes e assinamos embaixo!

🌐 www.tattooyou.com.br
📷 tattooyoubrasil

TECNOLOGIA

APPLE STORE

Essa aqui não chega a ser uma didica, afinal, se você enfrentar (ou se já enfrentou) um problema com algum aparelho da Apple, provavelmente encontrará (ou encontrou) esse endereço com apenas um clique no site de buscas. Mas, como essa é a única Apple Store oficial de São Paulo, achei que o guia deveria prestar esse serviço e deixar tudo aqui à mão para você, hehehe! A loja fica no Shopping Morumbi, que é imenso, então, se você vai até lá, se programe para resolver outras pendências além de ir à loja da Apple. Para os turistas internacionais que estão com esse guia em mãos, vale dizer que os preços da Apple no Brasil, graças às taxas de importação, são exorbitantes.

🌐 www.apple.com/br/retail/morumbi
📞 (11) 5180-5900
📷 apple

VINHOS

GRAND CRU

De origem argentina, é a maior importadora e distribuidora da América Latina. Está em São Paulo há mais de uma década e tem diversas unidades espalhadas pela cidade, além de e-commerce, clube de assinatura e restaurantes, hotéis e empórios. São mais de 1.300 rótulos oferecidos, a maioria com pontuações renomadas e uma boa variedade de preços.

🌐 www.grandcru.com.br
📷 grandcruvinhos

WINE

Começou como um e-commerce, oferecendo também um clube de assinaturas de vinho, mas hoje tem lojas físicas em diferentes bairros da cidade. A diversidade de rótulos também é grande, com opções de Marrocos, Líbano, China e outros produtores fora das rotas tradicionais.

🌐 www.wine.com.br
📷 winevinhos

SHOPPING CENTERS

Apesar de eu achar que nada se compara a uma boa caminhada nas ruas para fazer compras e explorar a cidade, sei como, às vezes, um shopping center pode ser tudo de que precisamos para resolver o dia da gente. Deixo aqui os meus favoritos:

IGUATEMI

Fundado nos anos 1960, é o primeiro shopping da América Latina. Além de lojas de todas as grifes brasileiras e do mundo, a seleção de restaurantes é bacana — o Rodeio, por exemplo, tem um belo projeto arquitetônico de Isay Weinfeld.

🌐 www.iguatemi365.com
📷 iguatemi365

CIDADE JARDIM

Instalado na Marginal Pinheiros num complexo de luxo mixed use, lembra o Bal Harbour, de Miami, com plantas nos corredores e um vão no meio, com entrada de luz natural. Dos últimos andares, a vista da cidade é linda!

🌐 shoppingcidadejardim.cjfashion.com
📷 cidadejardimshopping

JK IGUATEMI

Tem lojas de marcas internacionais e um ótimo cinema, com sala IMAX.

🌐 iguatemi.com.br/jkiguatemi
📷 jkiguatemi

PÁTIO HIGIENÓPOLIS

Curto esse shopping porque tem ares de galeria, com entradas e saídas para a rua em todos os pisos. A área externa oferece espaço ao ar livre para os restaurantes — tem um Le Jazz lá, que eu adoro e, ao lado, um spa da Caudalie.

🌐 iguatemi.com.br/patiohigienopolis
📷 patiohigienopolis

SHOPS JARDINS

Filial mais central do Shopping Cidade Jardim, fica no miolo dos Jardins e tem um mix de lojas que reproduz a seleção do shopping original e boas opções de restaurantes nos últimos andares — caso do Makoto e do Le Roi.

🌐 shopsjardins.cjfashion.com
📷 shopsjardins

ONDE
SE CUIDAR

SPAS

Muitos hotéis de São Paulo contam com bons spas para hóspedes e clientes externos — caso do Flora Spa, que fica no Palácio Tangará e oferece tratamentos com produtos da marca francesa Sisley. Além dessas opções, aqui vão duas **didicas** de lugares onde você pode agendar uma boa massagem ou um banho terapêutico e sair de lá se sentindo renovado.

AIGAI SPA

O Aigai é um verdadeiro oásis para aqueles que procuram um momento de relaxamento e desconexão em plena cidade grande. O spa fica em Pinheiros, em uma casa de arquitetura moderna, emoldurada por plantas e espelhos d'água, com áreas cuidadosamente pensadas para as massagens faciais e corporais e outros tratamentos ali oferecidos, muitos deles com a água como fator terapêutico, presente em banhos e duchas especiais.

🌐 aigaispa.com.br
📷 aigaispa

SHIATSU LUIZA SATO

Luiza Sato inaugurou sua primeira clínica de massagem shiatsu — método terapêutico que utiliza a pressão dos dedos para gerar o alívio de tensões e contraturas musculares, desenvolvido originalmente no Japão — em São Paulo em 1980. De lá para cá, são mais de 20 unidades na cidade, em que, além do shiatsu corporal ou de rosto, é possível agendar sessões de reflexologia, drenagem, massagem com pedras quentes, entre outros tratamentos.

🌐 www.luizasato.com.br
📷 shiatsuluizasato

CUIDADOS COM A PELE

Se você está atrás de uma consulta dermatológica ou apenas de uma boa limpeza de pele, aqui vão as minhas recomendações.

CLÍNICA ADRIANA VILARINHO

Sou apresentadora de TV há mais de 20 anos, e é claro que meu trabalho exige que eu tenha cuidados com a minha aparência. A Dra. Adriana Vilarinho e a Dra. Larissa Hanauer, que faz parte da equipe, cuidam da minha pele há mais de 15 anos. Elas entendem que eu busco suavizar linhas de expressão e sinais de envelhecimento, sem que, para isso, eu tenha que recorrer a procedimentos radicais ou que mudem totalmente as características do meu rosto. A clínica tem as mais atuais tecnologias da área e máquinas a laser e tecnologias para rosto e corpo.

🌐 www.adrianavilarinho.com.br
📷 clinicaadrianavilarinho

DOMINIQUE MAISON DE BEAUTÉ

Misto de loja e spa focado em cuidados com a pele do rosto e cabelos, a Dominique Maison de Beauté é comandada pela francesa radicada no Brasil Olivia Camplez. O lugar é charmoso e tem tratamentos faciais e capilares com marcas de cosméticos exclusivas, como a também francesa Joëlle Ciocco. Além disso, ali você encontra um nail bar "orgânico", ou seja: um espaço para manicure e pedicure com esmaltes orgânicos, realizados por profissionais superqualificados. Os preços, de tão salgados, parecem ter sido calculados em euros, hehehe. Mas a experiência vale a pena!

🌐 www.dominiquebeaute.com.br
📷 dominique_beaute

MARIZETE LACERDA (SALÃO 1838)

Com certeza a melhor profissional de limpeza de pele de São Paulo. A Marizete tem mãos delicadas e muito hábeis e os aparelhos mais atuais do mercado. Você marca uma sessão para cuidar do rosto e, de quebra, recebe uma massagem corporal de uma das assistentes da Marizete. Quando eu quero me preparar para um evento importante ou simplesmente sentir que estou cuidando bem de mim mesma, é para lá que eu vou.

🌐 salao1838.com.br
🌐 www.instagram.com/ esteticistamarizetelacerda

CABELEIREIROS

JACQUES JANINE CASA CONCEITO POR MAURO FREIRE

Conheço o Mauro Freire da época em que eu era modelo iniciante da Ford Models, e o Mauro Freire e seu grande amigo, o saudoso Duda Molinos, eram dois dos profissionais de beleza mais badalados no meio da moda. Isso era fim dos anos 1990. No começo dos anos 2000, quando eu já era VJ da MTV, me lembro de ir ao apartamento do Mauro na Rua Major Sertório (Centro da cidade) para cortar o cabelo com ele. A vida toma rumos tão imprevisíveis que já faz um tempo que não encontro o Mauro — mas tenho um carinho imenso por ele, por tantos jobs que fizemos juntos, e continuo admiradora de seu trabalho. Mauro e sua equipe de hairstylists atendem agora em um salão com a bandeira reconhecida do Jacques Janine, em um belo casarão no Jardim Europa.

📞 (11) 3068-8232
📷 maurofreire

MARCOS PROENÇA

Conheci o "Pro" quando ele era um dos cabeleireiros do Studio W do Shopping Iguatemi. Depois de um tempo, ele decidiu abrir seu próprio salão, e a escolha não poderia ter sido mais acertada. A unidade do Jardim Europa conta com um belo e amplo projeto arquitetônico de linhas modernas, um jardim charmoso e grandes bancadas, onde atendem ótimos profissionais de cabelo e maquiagem.

🌐 www.marcosproenca.com.br
📷 marcosproencacabeleireiros

ROM CONCEPT

Mesmo sem nunca ter frequentado o salão nem conhecido pessoalmente o badalado cabeleireiro Romeu Felipe, decidi incluir seu salão aqui nas indicações do guia porque a fama de que ele e sua equipe são os responsáveis pelos cabelos loiros mais lindos já chegou a todos os cantos de São Paulo. Além de descoloração das mechas, os profissionais obviamente também sabem fazer tinturas e lidar com todos os tipos de cabelo — curtos, compridos, crespos, lisos.

⊕ romeufelipe.com.br
◎ rom.concept
📞 (11) 99302-1379

STUDIO W

O W do nome é por conta do renomado cabeleireiro Wanderley Nunes. E é ele quem corta meu cabelo e orienta a equipe sobre o tom de loiro ou tintura e a hidratação que devem ser aplicados nos meus fios há mais de 20 anos. O Studio W tem uma equipe de profissionais superqualificados em todas as áreas: cabelo, manicure/pedicure, depilação e maquiagem. O salão do Shopping Iguatemi tem um belo projeto arquitetônico de Arthur Casas — o espaço é amplo, banhado por luz natural em toda sua lateral e destaca as estruturas metálicas originais do shopping, que parecem formar um W ao longo dos corredores. Eu adoro as poltronas dos lavatórios, que permitem que o cliente deite enquanto os cabelos são lavados.

⊕ www.studiow.com.br
◎ studio_w

HOUSE OF BEAUTY BY RICARDO DOS ANJOS

Um pequeno e charmoso salão no primeiro andar da loja do Boticário LAB em Pinheiros, o House Of Beauty oferece manicure e pedicure, além de um cardápio completo de serviços capilares — como corte, tintura, luzes, hidratação e penteados especiais — sob comando do renomado cabeleireiro Ricardo Dos Anjos.

⊕ www.houseofbeauty.com.br
◎ salaohouseofbeauty
◎ ricardodosanjos

ENGLISH
VERSION

Cities are forever undergoing changes and, of course, this is no different with São Paulo. Businesses open at new addresses, move, or sometimes shut down. Between researching and publishing this guide, every effort was made for all data included to be as current as possible.

Throughout this guide, we included a lot of information on services. In some cases, we opted for publishing the websites and Instagram profiles of the places **inDIDIcated** because things are constantly being updated online. We recommend you access one of these channels and check all info (address, business hours etc.) before heading out. Any website address or social media profile changes will be included in a future edition of MY SÃO PAULO.

- ⟳ Dates change every year or for every edition
- ◷ Days open and business hours
- ⚲ Address
- ☏ Phone
- ⊕ Website
- ⓘ Instagram
- f Facebook
- **$** to **$$$$** Price range

CONTENTS

MY SÃO PAULO

I love São Paulo. #ThereISaidIt

And with that bombshell of a statement and a slightly outdated hashtag (that was big, what? Over five years ago?), I open this guide.

It's easy to like Rio—with its beaches, postcard-worthy sidewalks, and breathtaking mountains like the Sugar Loaf and the Gávea Stone. Loving Paris, with its street cafés, tree-filled boulevards, and the sheer size of the Eiffel Tower? A breeze! Neither is enjoying New York any great challenge: with its iconic skyscrapers and Central Park acting like the lungs of the entire city.

Liking São Paulo, on the other hand, is not for amateurs. Here, we have pollution, violence, visual chaos, traffic, noise, and lots of social inequality. And still, I love this city.

I like the riveting, mobilizing energy of this place. I like it that days are never boring.

I like the countless choices of restaurants, bars, theaters, concert halls, museums, and art galleries. In addition to nights out and cozy parties at friends' homes.

I like that there's something to fit every budget and desire at any time of day. It's true; look and you'll find many options of great places open 24/7.

I like to show up at the *padoca* [which is how locals affectionately refer to their beloved bakeries] at the crack of dawn to eat buttered French bread on the grill and drink a *média* [coffee with milk]. I like it that I've known the guy who works the grill for ages.

I like the Tabebuia trees that flower yellow, pinks and purples—traces of the Atlantic Forest that originally covered the whole city and that valiantly resists its unplanned growth—continuing to bloom and grace our streets in spring.

I like to think that we're part of a whole, that we make up a vast urban mesh, alive and connected.

And that is why, more than anything, I like the people that make São Paulo happen. People who were born here, who came from other Brazilian states or even from other countries and who call São Paulo "mine" and help build the day-to-day of this frenzied town.

Born in the capital in 1975, I'm a *paulistana* and this is where I've lived ever since—minus the period between 2006 and 2011 when I moved to New York with my family and, among other things, took the opportunity to write and publish MY NEW YORK.

Now it's My São Paulo's turn. I want to show you—resident,

tourist, or occasional visitor—what, to me, makes São Paulo such a special city.

With this guide I declare my love for São Paulo. I hope you like my **diditips** and that you take me on your strolls along with your beloved guide. I also hope that you discover and enjoy your São Paulo with it in hand.

Didi Wagner
📷 🐦 didiwagner

GETTING BY IN SÃO PAULO

São Paulo is a huge metropolis both in geographical area (1,521.11 sq km or 587.30 sq miles, which honestly is a piece of information I can't quite grasp!) and in population (over 12 million inhabitants). There's also a gigantic number of possibilities for soaking up the city. So here are some **#diditips** to help you thrive here:

PRACTICAL DATA

Founded on January 25, 1554, São Paulo is the capital of the state of São Paulo. With 12.4 million inhabitants, it is the largest Brazilian city by population and one of the most populous cities in the world. (*Source: Brazilian Institute of Geography and Statistics – IBGE – estimates for July 2021)

São Paulo is on Brasília Standard Time (BRT), which means GMT (Greenwich Mean Time) - (minus) 3h, or UTC (Coordinated Universal Time) - (minus) 3h.

The city is 2,493 ft. above sea level. Climate is officially defined as humid subtropical. Average annual temperature is 20 °C (68 °F). Summers (from December 21 to March 21, according to the official calendar) are hot (some days, temperatures are as high as 30 °C/86 °F) and rainy. Maybe that's why São Paulo's nicknamed "land of drizzle"—although "drizzle" is an understatement, considering the storms that often ravage the city at the end of the day in hotter months. In Winter (from June 21 to September 23) it rains less, and temperatures can drop as low as 8 °C (46°F).

The city's main soccer teams are Corinthians, Palmeiras, and São Paulo, known as the "iron trio"; and there's also Portuguesa. BTW: Goooo Corinthians! (As a good *corinthiana*, I cannot miss a chance to express my unquestionable favorite now, can I?! Hee-hee!)

TRANSPORT

AIRPORTS

São Paulo is served by two main airports:

- **Congonhas Airport** – Built in the 30´s in an open field distant from the city center, today the airport is "smack in the middle of the city," surrounded by houses, buildings and the busy streets and avenues of the neighborhood of Vila Congonhas. Used for domestic flights and a few shorter international flights, it is the fourth busiest airport in Brazil in number of flights and passengers—second only to São Paulo International Airport /Guarulhos.

- **São Paulo International / Guarulhos – Governor André Franco Montoro Airport** serves both domestic and international flights. It is the largest airport in Brazil and South America and the second busiest in Latin America in number of passengers transported. Give yourself approximately 1h30 by car between the airport and any point in the city of São Paulo—and vice-versa, since the airport is farther out and traffic on Marginal Tietê tends to be slow both in the morning and late afternoon.

#diditip 1: Viracopos International Airport is located in the city of Campinas, some 100 km (62 mi) from the center of São Paulo. But since the road taken is Rodovia dos Bandeirantes, normally the traffic is pretty good, and you won't take too long to get to the most central parts of São Paulo. It's a choice to be considered for international flights.

#diditip 2: When leaving any airport in São Paulo, don't accept unofficial transport. The best option is to get a cab at an official stand or to call a ride through an app.

SUBWAYS AND TRAINS

A great way to get around São Paulo. Just be ready to sometimes deal with crowded cars—something that's not exclusive to São Paulo but common to any major city, right? So far, the subway lines don't cover the city's whole geographic reach. The good news is that investments are continuously being made for new lines and stations to be added.

BUS

According to 2021 data, São Paulo has over 550 km (340 mi) of bus-exclusive lanes and 131.2 (81.5 mi) of Bus Rapid Transport (BRT). Taxis can use these lanes at any time, but "normal" cars are only allowed at specific times, like on Sundays, for example. This makes bus traffic flow better and leaves it less prone to rush-hour traffic.

TAXI AND UBER

For cabs, download the apps for 99 Táxi and Vá De Táxi. If you'd rather travel with women drivers, there's Lady Driver—but be warned that the app sometimes takes a while to find a car. There are also taxi stands scattered throughout the main streets of São Paulo. Cabs can use bus-only lanes, so they're a great option to avoid heavier traffic. Uber also works well in São Paulo, but unlike taxis, they can't use bus-exclusive lanes.

BIKES

São Paulo has bike lanes across most of the city. The only issue is that many streets have steep slopes, or the lane "coincides" with the side of the street that has manholes, so choosing this type of transport can sometimes demand extra effort from the cyclist. Not to mention that even with protected bike lanes cars are not always careful or respectful of cyclists—so it's important to weigh up this risk in a city dominated by cars. But there are good options, such as the bike lanes on Avenida Brigadeiro Faria Lima and Avenida Pacaembu. On Sundays and holidays, between 8am and 4pm, some avenues get bike lanes and Avenida Paulista is closed for car traffic and open only for pedestrians and cyclists, so biking down them is a good way of crossing long distances through the city.

ON FOOT

Traveling on foot is the best way of getting to know a city. However, in the case of São Paulo, which is huge and hilly, it's not always the most practical option. Some neighborhoods are still worth the legwork, though, like downtown São Paulo, where some streets are closed for pedestrians (just remember to keep your cell phone and wallet well-hidden around that area); Rua dos Pinheiros and surrounding area; the neighborhoods of Liberdade and Vila Madalena; Avenida Paulista; among others.

MAIN HOLIDAYS

JANUARY 1
New Year's Day

FEBRUARY OR MARCH ⟨⟩
Shrove Tuesday and Ash Wednesday

MARCH OR APRIL ⟨⟩
Good Friday

APRIL 21
Tiradentes

MAY 1
International Workers' Day

A THURSDAY IN JUNE ⟨⟩
Corpus Christi

JULY 9
Constitutionalist Revolution Day

SEPTEMBER 7
Independence Day

OCTOBER 12
Our Lady of Aparecida Day

NOVEMBER 2
All Souls Day

NOVEMBER 15
Republic Day

NOVEMBER 20
Black Awareness Day

DECEMBER 25
Christmas

THE YEAR IN SÃO PAULO

São Paulo has many events all year long and the main ones are listed below, in CHRONOLOGICAL order:

FEBRUARY OR MARCH

CARNIVAL + BLOCOS DE RUA (STREET BANDS)

São Paulo's street carnival has seen a steep growth in recent years (with the exception of the coronavirus pandemic period, of course), and street *blocos* are one of the most exciting expressions of the carnival period. Many are led by famous singers—as is the case of Claudia Leitte's Bloco do Largadinho, that started out in the *paulistano* carnival in 2018. Among the *blocos* that parade through the streets of São Paulo, Acadêmicos do Baixo Augusta, Bloco da Favorita (also a Rio tradition), Casa Comigo, Monobloco, Ritaleena (a cute play on words with singer Rita Lee's name and drug Ritalin), Toca Um Samba Aí (by *pagode* band Inimigos da HP) are where it's all happening.

Besides samba school and *bloco de rua* parades, São Paulo's carnival has numerous parties, many of them at samba school compounds that always post their programs on their websites. Plan ahead! ⟨⟩

samba schools:
🌐 ligasp.com.br
📷 ligacarnavalsp
blocos:
🌐 www.blocosderua.com
📷 blocosderuasp

MARCH OR APRIL

LOLLAPALOOZA

The American music festival created by Perry Farrel, singer of the band Jane's Addiction, has had its Brazilian version held annually in São Paulo since 2012 (except in 2020 and 2021 when the festival was canceled due to the Covid-19 pandemic). The first two editions were held at the São Paulo Jockey Club and, as of 2014, Lolla was moved to the Interlagos Racetrack. It's a three-day festival, held from Friday to Sunday, headlined by important names from the national and international music scene. For the 2022 edition, the lineup included Doja Cat, Emicida, Gloria Groove, Machine Gun Kelly, Matuê, Miley Cyrus and Silva. One of the best ways to get to Interlagos, which is far from the more central regions of the city, is by subway. São Paulo Lollapalooza 2023 is already lined up to happen. ⟨⟩

🌐 www.lollapaloozabr.com
📷 lollapaloozabr

APRIL

SP-ART AND SP-PHOTO

The art fair takes over the Biennial Pavilion for five consecutive days with booths from national and international art and design galleries, book publishers, museums and art institutes showing—and selling—works of Brazilian and foreign artists. SP-Art gives the São Paulo art scene an extra push during this period and the city has been receiving a growing number of events that take place parallel to the fair—like special showings at art galleries, parties, and other fun stuff. SP-Art is directed by Fernanda Feitosa, who also organizes SP-Photo. ⟨⟩

🌐 www.sp-arte.com
📷 sp_arte

MAY

SÃO PAULO'S VIRADA CULTURAL

24 hours of uninterrupted cultural events—free of charge and open to

the entire population. The Virada Cultural is an annual event promoted by city hall and made up of plays, music concerts, art exhibits and performances. The first Virada Cultural took place in 2005 and each edition seeks to spread its geographic scope, promoting activities in various areas of the city, including peripheral zones. Major artists have headlined the Virada Cultural such as Anitta, Caetano Veloso, Criolo, and Racionais MCs, just to name a few. Just don't forget that safety is always a concern when attending the event! ()

🌐 www.prefeitura.sp.gov.br/cidade/secretarias/cultura
📷 viradacultural

JUNE

SÃO PAULO LGBTQIAPN+ PRIDE PARADE

According to numerous sources, the São Paulo LGBTQIAPN+ Pride Parade is the biggest in the world and I-JUST-LOVE-IT! And there's more: no other event brings more tourists to the city of São Paulo (according to the city's official tourism agency SPTuris). That's the kind of figure that makes me proud of my city! The Parade has been held since 1997 in Avenida Paulista bringing sound trucks with singers and bands, in addition to shows with drag queens and other performers accompanied by a varied audience. The event overflows with joy and energy but its main goal is to protest homophobia, transphobia and other types of prejudice and celebrate the LGBTQIAPN+ community. ()

🌐 paradasp.org.br
📷 paradasp

FROM JULY TO SEPTEMBER

CASACOR SÃO PAULO

Casacor is the largest architecture, interior design, and landscaping exhibition in the Americas. It is, in fact, impressive for the sheer dimensions it's gained over the years. What started in 1987 as different spaces conceived by a mere 25 selected interior designers, architects and landscape artists became an important business in which everyone who wants prominence in this area — between well-known professionals and new talents from São Paulo and other Brazilian cities — want to participate. Over the years, other Brazilian cities besides São Paulo started their own editions of Casacor. ()

🌐 casacor.abril.com.br/mostras/sao-paulo
📷 casacor_oficial

SEPTEMBER

THE TOWN

By the same organizers of Rock in Rio, The Town's first edition has been scheduled for September 2023. There will be five stages spread throughout the Interlagos Racetrack with concerts by Brazilian and international musicians for an estimated audience of over 100 thousand people a day during the festival's five days. If successful, the venture will become a part of the city's calendar every two years. In this way, Rock in Rio will happen on even years and The Town on odd years. ⟨⟩

🌐 thetown.com.br/pt
📷 thetownfestival

FROM SEPTEMBER/OCTOBER TO DECEMBER

SÃO PAULO BIENNIAL

The São Paulo Biennial is an art exhibition which, as the name itself says, happens once every two years in the city of São Paulo. Held since 1951, the Biennial always tries to shed light onto issues relevant to modern life through sculpture, paintings, and video installations by artists from all over the world, chosen to be a part of the exhibition. It is held in the Biennial Pavilion, an iconic Oscar Niemeyer project inside Ibirapuera Park, and is shown for three months—usually from September or October to December. ⟨⟩

🌐 www.bienal.org.br
📷 bienalsaopaulo

OCTOBER

SÃO PAULO INTERNATIONAL FILM FESTIVAL

The annual film festival was created by critic Leon Cakoff in 1977 with the intention of broadening access to film productions from Brazil and other countries. Movie theaters, cultural centers and museums across the city show Brazilian and foreign films, both current and classics. A non-profit event, it goes on for two weeks and hosts an exclusive, guest-only awards ceremony on the last day. ⟨⟩

📷 mostrasp

NOVEMBER

SÃO PAULO GRAND PRIX

Held in Brazil for the first time in 1972 at the Interlagos Racetrack

(Autódromo José Carlos Pace), the Grand Prix has been shaking up the city of São Paulo every year since—except in 1978, and from 1981 to 1989 when the competitions were held in Rio de Janeiro at the Jacarepaguá Racetrack. The Grand Prix was not held in 2020 due to the worldwide Covid-19 pandemic but the 2021 edition brought in over 180 thousand people, breaking the previous record from the 2001 race with 174 thousand attendees. For those who like car races or simply socializing, it's quite an event. ⟨⟩

🌐 f1saopaulo.com.br
📷 gpbrasilf1

DECEMBER

THE IBIRAPUERA CHRISTMAS TREE

Let me be really honest: I have my reservations regarding the Ibirapuera Christmas Tree. First of all, because it's not really a tree but an installation of lights and artificial materials that make up the image of an enormous pine tree. Secondly, because the sponsor's logo is exhibited so glaringly that it kind of undermines the spiritual message a Christmas tree should convey. But even if I do have it in for the tree, the truth is that people love visiting the Ibirapuera Christmas Tree that becomes an attraction in the Holiday Season and is part of the city's official calendar.

🌐 www.ibirapueraparque.com.br
📷 ibirapueraoficial

SAINT SILVESTER ROAD RACE (DECEMBER 31)

This is one of São Paulo's most traditional street races. Its course is 15 km (9.3 mi) long and it's been held since 1925 on December 31, Saint Sylvester's Day—thus the race's name. In 2019, the last race held before the start of the Covid-19 pandemic in Brazil, Saint Silvester had 35 thousand runners. It's curious—or better yet, troublesome—to note that women only started to take part after 1975. Besides Saint Silvester, São Paulo has numerous other street races. My favorite is the TF Sports race, but there's always one going on. Keep an eye out for when and where if you dig running.

🌐 www.gazetaesportiva.com/sao-silvestre
📷 sao_silvestre
📷 tfsportsoficial

NEW YEAR'S EVE AT PAULISTA (DECEMBER 31)

São Paulo's official New Year's Eve party couldn't happen anywhere but on Avenida Paulista, the city's main attraction. Organized by city hall, the celebration has happened on the night of the 31st of December since 1996 — except in 2001 when it was canceled in respect to the victims of 9/11. The 2021 and 2022 editions were also canceled due to the pandemic. New Year's on Paulista has brought over 2 million people together to catch concerts on a gigantic stage that's usually set up at the corner of Avenida Paulista and Avenida Brigadeiro Luís Antônio, and watch the fireworks display that goes on for 10 minutes to bring in the New Year and that can be enjoyed in the region and surrounding area.

🌐 www.capital.sp.gov.br/turista/atra-coes/eventos/reveillon-na-paulista

BAPTISMS BY FIRE

Whether or not you're from the city, you can only say you know São Paulo well after you've experienced the following:

- **Eating *pão na chapa* and drinking a *média* at the *padoca*** — Pick your favorite "padoca" — which is how *paulistanos* fondly refer to our more traditional bakeries. *Pão na chapa* is buttered French bread cut lengthwise in half and then grilled. A *média* is how we refer to milk with coffee served in a large cup. You can order a *média clara* (with more milk than coffee), *escura* (more coffee than milk) or *tradicional* (half milk, half coffee). I love starting my day off with a "well done" (more on the toasted side) *pão na chapa* and a *média tradicional*. Can't think of anything more perfectly *paulistano*!

- **Ordering "one *chopps* and two *pastel*"** — It beats me why Brazilians from other states (Rio natives in particular) make fun of the way *paulistanos* speak by using the wrong nominal agreement for *chopp* (draft beer) and *pastel* [typical Brazilian fast-food dish that could probably be best described as a thin crust pie with assorted fillings and fried in vegetable oil]. It's just an old (and just plain unfunny?) joke for the traditional dive bar combo. Personally, I really like to eat pastel at a street market, which is a typical São Paulo experience. Have you ever had a "wind-filled pastel"? I just love the name given to a pastel completely devoid of filling! I also love pizza-flavored *pastéis*, filled with cheese, tomato, and oregano. At the street markets, the real traditional option — and a lot easier than finding that draft beer — is the *garapa*, which is freshly extracted sugar cane juice. Just yummy!

- **Shopping downtown at Rua 25 de Março with Ladeira Porto Geral** — They've got everything you could possibly want: from fabric sold by the meter to knickknacks galore, electronics, jewelry, clothes, toys, party supplies and bed, bath, and table items... and at much better prices than at your neighborhood store or at the mall. Be prepared for the crowds and to make good finds. At some stores, depending on how much you're buying, you can bargain for a final discount.

- **Grabbing a mortadella sandwich at the Mercadão** — The famous French bread snack filled with 300 grams (10 oz) of mortadella at the *Mercadão* [big market], as downtown's municipal market is affectionately known. Unfortunately, this iconic São Paulo dish underwent a bit of controversy recently: a few stalls at the market were denounced for using a different, lower-quality mortadella from what they were advertising. In theory, the situation was dealt with when stores went through inspections in February 2022.

- **Getting used to the city's freakish weather instantly** – I'm not sure if it's the location, pollution, or a combination of both. All I know is that getting your look wrong, for hotter or colder, is the most ordinary thing to do in São Paulo because temperatures can vary in the extremes on one same day. I've lost count of how many times I left the house wearing a sweater and it was sweltering, or vice-versa: I chose a tank top and froze to death... Always have a lighter and a heavier item of clothing available because, in a 24-hour period in São Paulo, the four seasons can take place.

- **Making friends with swimming pools** — Besides the whimsical weather, São Paulo can have scorching summer days. On those days, nothing could be more convenient than having a friend with access to a swimming pool—in their building, home, country club or even an improvised watery situation atop a simple concrete roof slab. What matters is cooling off the fury of São Paulo's heat. Not least since, with the exception of private spaces such as Sesc and Pacaembu, the city´s public pools are open only to locals, and the nearest beach is at least an hour away. So, in times like this, our only saving grace is the kindness of a friendly soul! Hahaha!

- **Strolling down Avenida Paulista from one end to the other** — São Paulo has numerous avenues, but Paulista is undoubtedly the most iconic. From beginning to end, across its almost two miles, it's got everything: museums, schools, stores, movie theaters, bookstores, restaurants, hotels, commercial buildings, radio and TV stations, parks, hospitals, and so on. And in the middle of all of this, you'll find the great symbols of São Paulo architecture—Conjunto Nacional, Masp, Casa das Rosas, just to give a few examples. For anyone who wants to understand the São Paulo "vibe," crossing the avenue from Consolação to Paraíso (or vice-versa) is a great initiation!

- **Having a drink atop Edifício Itália (or any other skyscraper)** — With so many tall buildings walled up throughout streets and avenues, the only way to have an idea of the grandiosity and proportion of this megalopolis is by seeing from above. It's also from the top of the buildings that you can see the sunset in this maze of buildings. So whether it's in the daytime or at night, make sure to have a drink way up high whether it's at Edifício Itália (which, to me, has the most beautiful and complete view of the city) or atop other buildings such as the Seen Restaurant & Bar, on the 23rd floor of the Tivoli Mofarrej hotel; the Vista, at the MAC; the terrace at the Cidade Jardim shopping mall; or the Esther Rooftop— located on the rooftop of the iconic Edifício Esther, considered São Paulo's first modernist building.

- **Ordering in from the neighborhood pizza place** — São Paulo has around 6 thousand pizzerias—it's the second place in the world to eat as much pizza, behind New York, where Italian immigration is also very present. In order to placate this huge appetite, the city has both a series of pizzerias that offer a great dining experience but also a whole universe of neighborhood pizza shops that deliver freshly baked pies to their surrounding areas. Whether it's through an app or by picking up one of these old school flyers at a reception somewhere, ordering a pie from the local pizzeria is a must in São Paulo.

- **Developing a Zen side to tolerate the traffic** — If there's one thing you can't escape in São Paulo it's traffic jams—that happen all the time, on every road in the city. It doesn't matter how far you have to go, whether it's a few feet or more, we all leave knowing that the trip is bound to take about 40 minutes. To be able to take this stress on wheels without rattling your mental health, you really must become Zen. From meditation apps to the Alpha FM radio station, anything goes to keep your cool and good mood in this frantic town.

RESERVATIONS AND TIPS AT RESTAURANTS

Although it's very cosmopolitan, in some aspects São Paulo still seems quite unprepared to serve its residents and visitors who come from all corners of Brazil and the world. For instance, there are still not that many restaurants with reservation systems that really work. In São Paulo, the most crowded times for dinner are normally between 8 and 9:30 pm — and yet, most restaurants only accept reservations up to 7:30pm!

Tips are normally 10% of the total and come highlighted at the bottom of the bill. If you think the service was good, it's nice to increase it to 15% or 20%.

MY SÃO PAULO BY NEIGHBORHOODS

Full-fledged universes encapsulated in themselves, São Paulo neighborhoods have very distinct features and attractions that you might not detect at a first glance on a short walk or drive. And since moving around the city might not always be the easiest task — either due to traffic or the hills that make it difficult to travel long distances on foot — once you're in an area, it's worth staying and exploring it. In this section, I'll give you a bit of history on each neighborhood and share my impressions and experiences in them.

BELA VISTA

The neighborhood came about from Campos do Bexiga, that used to concentrate rural properties and was a stop for *tropeiros* (drovers of horse and cattle, mainly) coming from cities like Santo Amaro (that later became a neighborhood) and Itapecerica. In December 1910, a municipal decree changed the name to Bela Vista, but residents didn't give up the original name, that's often slightly changed to "Bixiga." An Italian-Paulista icon, the region serves pasta every day, in addition to having samba and lots of people talking with their hands — a legacy of the Italian immigrants who occupied the area in the late 19th century. The place has several *cantinas* and traditional bakeries, as well as the Bixiga antiques fair, which takes place on Sundays at Praça Dom Orione, and the Feast of Our Lady of Acheropita, one of the most traditional Italian celebrations in the country.

Going up the slopes between Bela Vista and Consolação you'll find the iconic Avenida Paulista, with everything you can imagine:

important art institutions like MASP and the IMS, the Trianon and Prefeito Mário Covas parks, movie theaters, colleges, bars, business centers, malls and a ton of small shopping arcades with shops that sell electronic goods of dubious origin—the best place to go in case of emergency with your gadgets. Avenida Paulista is never empty, but the wide sidewalks spread out the crowds and the walk is always interesting, day or night. Things can get a little more intense at dawn, so best avoid.

CENTRAL ZONE

São Paulo's Central Zone encompasses several neighborhoods—like Sé and Consolação—but the buzz of bars, restaurants and art galleries is really in República. The trendiest addresses—Pivô, A Casa do Porco, Paloma and Gato sem Rabo, to mention just a few—are close to or a few steps away from the Copan building, a symbol of modern Brazilian architecture and a must see in the Central Zone. The groups that circulate around there are super diverse but the fashionistas and people from the LGBTQIAPN+ community stand out, so expect to see the fiercest looks and do your best to measure up—heeheehee! The Central Zone is also where you'll find the city's most historic (and beautiful) buildings. On this tour, don't miss Pateo do Colégio—where São Paulo was founded

in 1554—, the Martinelli Building, the Sé Cathedral, the São Bento Basilica, and the Municipal Theater.

Another region to get to know in the Central Zone is Bom Retiro, which houses the Pinacoteca do Estado, the Museum of Sacred Art, the Museum of Portuguese Language (inside the Luz railroad station), and the Tom Jobim Musical Studies Center. But that's not all it has to offer. The place was established by Italian, Greek, Portuguese, Jewish and Yugoslav immigrants, but today is mostly inhabited by South Koreans who own the large stores on the neighborhood's main streets, such as José Paulino. Affectionately nicknamed "Zepa," the street is dominated by the fashion trade and has a curious history: it's where the region's workers founded Sport Club Corinthians Paulista in 1910. Though crowded on weekdays, the neighborhood is still worth a visit. Since you're already there, book a beauty session in one of the salons run by South Koreans, K-beauty experts in Brazil.

HIGIENÓPOLIS

The name means "city of hygiene." The explanation is that, at the end of the 19th century, this was the first upmarket neighborhood in São Paulo to get water and sewage treatment in addition to electricity and its own tram line, among other "luxuries" of its time. But coming back to the present: I've lived in the neighborhood since 1998. When I got married, my husband and I moved to Rua Piauí. After a few years, we moved to Rua Bahia. My grandmother Eva attends a synagogue on Rua Alagoas. The Cinderela building, designed by architect Artacho Jurado, is located on Rua Maranhão. In fact, that's what's so charming about the region: its architecture, which preserves both historic mansions from over 100 years ago—such as the Santos Yacht Club and Pátio Higienópolis, where the Paço das Artes currently operates—as well as architectural projects by great names of modern Brazilian architecture, such as Artacho Jurado, who, in addition to Cinderela, authors the Bretagne and Paquita buildings, another two of the city's landmarks.

The neighborhood houses a large part of the Brazilian Jewish community and, for this reason, acquired the affectionate nickname of "Yiddishenopolis" among members of the community. Between specialized bakeries and bookstores with titles on the topic, it offers a good opportunity to learn about Jewish culture. The neighborhood also has good museums, such as MAB, at FAAP, the Maria Antonia University Center and Chácara Lane.

ITAIM AND VILA OLÍMPIA

This is the region of large corporations—Google, Apple, Louis Vuitton, and Facebook (Meta) are based here, just to name a few—, but also many residential buildings, so the neighborhood is normally very busy, maybe sometimes too busy (let me warn you that traffic can get hectic in the area, so prepare your mood). Those who are not on their way to the office are likely to be seeking out the local bars and restaurants—the offer ranges from Japanese-Peruvian to a classic pizza. The area also attracts people looking to shop: there is, after all, the JK Iguatemi, an extension of Iguatemi, the oldest mall in the city (and in Latin America), opened in 1966 in Jardim Europa, and Rua João Cachoeira, a more affordable, open-air option. For those who want some air and open skies, the Parque do Povo is a cool attraction and allows for bike rides through the surrounding streets, which are generally flat, with cycle paths and leisurely cycle lanes.

JARDINS

Another super affluent area, this one includes Jardim América—the first South American neighborhood to adopt the garden-city concept, in 1913—Jardim Europa, Jardim Paulista and Jardim Paulistano, all of them developed in the wake of Avenida

Paulista, that started to receive the coffee baron mansions at the turn of the 19th century. It's one of the city's main tourist attractions with museums, art galleries, luxury hotels, bars, and restaurants (most of which tend to be more expensive than not), as well as traditional schools like Dante Alighieri and St. Paul's. Despite the ups and downs of having to compete with malls—one actually set up in the region, CJ Shops—, Rua Oscar Freire and adjacent streets (Haddock Lobo, Consolação, Lorena and Bela Cintra) still have good shops, including Osklen, Egrey, Cotton Project, Pinga e Verniz. In Jardim Europa, mansions dominate the wooded landscape and are surrounded by pristine squares and sidewalks, which are kind of rare in this crazy town. There's also an artsy circuit around there, with the São Paulo Museum of Image and Sound, the Brazilian Museum of Sculpture and Ecology, the Ema Klabin Cultural Foundation, and the Brazilian House Museum, in addition to first-rate galleries such as Nara Roesler and Luciana Brito.

LIBERDADE

It's the largest Japanese enclave in Brazil and one of the most sought-after tourist spots in the city. The area has several attractions, from Asian restaurants—add Sushi Lika, Izakaya Issa and Lamen Kazu to your list—to karaoke and manga and anime shops. There are also gardens, Buddhist temples, and other Asian-style buildings that are worth checking out, besides the traditional street market that takes place on weekends at Praça da Liberdade and that is famous for its food and other finds. You'll find the best gyoza in town at the Nakamura family stall. It's easy to spot it amid all the others: just look for the busiest one. The appeal is so huge that they had to adopt a queue management system to organize orders since on festival days the clientele increases to over 100 people. Don't be discouraged though because the line moves fast, and the food makes up for the wait. And if your focus is more on unraveling local history, include the Historical Museum of Japanese Immigration, the Capela dos Aflitos and Largo da Pólvora in your itinerary.

MOOCA

Urra, belo! The folks from Mooca are traditional. They have their own accent and the so-called "mooquense pride." One of the oldest in the city, the neighborhood was founded in mid-1556 and was inhabited by the Guaianá (Tupi-Guarani) indigenous group who gave the place its name. According to historians, Mooca means "makes house," an allusion to the first structures built by Portuguese settlers in the area. Later, the neighborhood became a gateway for European immigrants, especially Italians, because of the railroads that went there. The region used to be more residential, but over time it became occupied by factories and mills. Nowadays, many of them are empty and host mega parties such as Selvagem and Mamba Negra. The Italian community is still very strong and contributes to the success of the local cuisine, with many traditional pizzerias and cantinas, as well as bars that specialize in great nibbles. Another permanent influence of Italians on the neighborhood is the Feast of San Gennaro, one of the most popular street events in São Paulo, which takes place every weekend in September. It's also worthwhile to visit the Immigration Museum, the Arthur Azevedo Theater—designed in 1952 by Roberto Tibau, an architect from the Oscar Niemeyer school—, and Casarão do Vinil, an unmissable store for those who appreciate music, with over 700 thousand records.

MORUMBI

Another enormous São Paulo neighborhood that stretches from Butantã to Campo Limpo encompassing a total of 11 regions. In the old days, it used to be called Fazenda Morumbi and belonged to Englishman John Rudge, who brought tea from India to Brazil in the 1940s. In 1948, engineer Oscar Americano bought the property and divided it into large and expensive plots of land attracting the city's affluent families. The result? It turned into an area of contrasts with mansions, luxury buildings and favelas coexisting side by side—one of them, Paraisópolis, is the fourth largest in the country.

Morumbi has several cool destinations, such as the Maria Luisa and Oscar Americano Foundation, Lina Bo Bardi's Glass House and the Burle Marx and Alfredo Volpi parks. You can also visit the Morumbi Farmhouse and, on top of that, the property's chapel. Its origin isn't really known—there are three theories—but the rammed earth ruins were sold with the land in 1940 and then rebuilt by the architect Gregori Warchavchik, becoming part of the city's historical and cultural heritage, and now dedicated to contemporary art. Further on, you'll find Palácio dos Bandeirantes, seat of the São Paulo state government. While you're there, you might want to check out the art exhibitions and collection that includes works by Portinari, Djanira and Aldemir Martins. Another stop in the neighborhood is the Morumbi Stadium, home to the São Paulo soccer team and host to historic concerts such as Paul McCartney, Madonna, and the Rolling Stones. For São Paulo fans, or soccer fans in general, there are guided tours, some even given by former team players.

PACAEMBU

Essentially residential, Pacaembu is a tree-lined neighborhood with winding streets, although its heart and soul is the Paulo Machado de Carvalho Municipal Stadium, better known as Pacaembu Stadium—which after being privatized, is undergoing a major expansion and revitalization to include room for fairs and art exhibitions, shops, restaurants, a hotel and so on. In any case, there's already a Soccer Museum and the Bubu Coffee and Restaurant up and running, which are worth the visit, in addition to the stadium itself—an art deco gem from the 1940s designed by Lúcio Costa. The stadium is in Charles Miller Square where there's a street market on Tuesdays, Thursdays, Fridays, and Saturdays. #Diditip: pastel and sugar cane juice (or *garapa*) are a must. Speaking of sweets, according to Wikipedia, the most famous Brazilian sweet was invented in Pacaembu: the *brigadeiro*. I don't know if the information is 100% accurate, but just thinking that it might be true makes me grow fonder of the neighborhood, heeheehee!

PINHEIROS

Passing through Pinheiros, you might not imagine that it's one of the oldest neighborhoods in the city. With endless bars, restaurants, and clubs, it's always bustling with energy and is a hit with everyone from the samba crowd to skateboarders and execs. The place was first settled in 1560 by an indigenous village, in the same spot where Largo da Batata is today. It grew after 1750 with the parish of Our Lady of Mount Serrate being built and, later on, with the arrival of the trams and the Pinheiros Municipal Market—one of the region's culinary paradises. Largo da Batata was slightly abandoned for a few years but a revival project has been injecting some energy into the square that is surrounded by great little bars and trendy hotspots such as Void and Cartel 011, in addition to the Faria Lima metro station. Cultural activity is intense and ranges from cult shows at Sesc Pinheiros to art exhibitions and events at the Tomie Ohtake Institute—a very different-looking building with rose-colored mirrored windows. Another spot is Lote, a new cultural space at Beco do Nego with attractions such as the "Na Manteiga" studio that promotes the independent music scene, a beer hall, a drinks and burger joint, and a Surreal store—the indie crowd's darling brand. For a more fashionista vibe there's Rua Mateus Grou, where you'll find cool Brazilian brands such as Neriage, Misci and Isaac Silva. And for the foodies out there, Rua Ferreira Araújo brings together good restaurants like Moma Osteria, Nelita and Casa de Ieda.

SANTA CECÍLIA AND VILA BUARQUE

This duo—that blend so closely together that it's hard to tell where one ends and the other begins—is the city's main hipster haven that somehow manages to keep that "old-fashioned" neighborhood atmosphere. With low-rise buildings, friendly-looking houses, street markets and down-to-earth pubs, it's also bustling with bars and buzzing nightclubs. In addition, however, the neighborhood also has great flower and plant shops for those who want to explore this side of São Paulo. The region is also the birthplace of Bloco Charanga do França, founded by saxophonist Thiago França and which crowds the region's streets every carnival. It's also where you'll find my favorite bookstore: Gato Sem Rabo, which only sells books written by female authors; the Cora restaurant (another mandatory stop in the region); and Beverino, a wine bar which is a hit and that only serves natural, biodynamic wines. Another worthwhile stop is Conceição Discos—a mixture of new and second-hand vinyl record shop and restaurant, where clients are invited to play their favorite tunes on the turntable while enjoying rice-based dishes prepared by talented chef Talitha Barros.

VILA MADALENA

Right next door to Pinheiros and just as busy, Vila Madalena became famous in the 1970s when students and professors from the University of São Paulo (USP) rented the large houses available back then and turned them into coliving spaces. It's not by chance that most of the streets have lyrical and poetic names such as Harmonia, Simpatia and Purpurina—all of them given by these residents of yore. The area is still a stronghold for artists and intellectuals, but it's also one of the most expensive to live in. You'll find a multitude of bars there: São Cristóvão, Mercearia São Pedro, Astor and Filial are classics and always crowded; plenty of live music (the samba circles there are the coolest); a circuit of galleries that includes Raquel Arnaud, Millan, Utopia, Bolsa de Arte; as well as Beco do Batman, a neighborhood star and must-see for anyone who enjoys street art. Beco do Batman is an alley whose walls are covered in graffiti by different artists. The art changes from time to time. Vila Madalena is also a great place to eat, and you'll find a bit of everything: from the trendy Quincho to the Hirá Izakaya's ramens, among others.

VILA NOVA CONCEI-ÇÃO AND MOEMA

Both are close to Ibirapuera Park but have very different feels to them. Vila Nova is one of the most expensive neighborhoods in the city, with tall, multi-million-dollar buildings, sturdy gates, and reinforced security to protect the illustrious individuals who live in the area. The tree-lined streets have good options for eating and drinking, but don't expect to find clubs there. It's better to visit during the day and include a stroll around Praça Pereira Coutinho, a good option for a family outing or a roller-skating tour (or both!) since the square is flat, with wide sidewalks. Moema, on the other hand, has a more bohemian atmosphere due to the famous bars that call to its young residents and people who hang out there. The draft beer at Original is a classic, as are the steak parmigiana at Bar do Alemão and the *pastéis* at Bar do Giba. The best way to get to know the neighborhood is on foot or by bike, as the streets are flat and there are cycling routes along Iraí, Aratãs, Pavão and Rouxinol avenues.

MUST SEES

PARKS, SQUARES, AND OTHER GREEN SPACES

I think it's a little unfair to call São Paulo a "concrete jungle..." OK, sure, there are places in the city that really feel suffocating, either because of the people and cars on the streets or the buildings that seem to have no end. But there are also plenty of parks that compensate for that: they offer a great way to escape from that hectic São Paulo rhythm without even leaving the city. Since we don't have a beach in São Paulo, we go to the park, which is good enough, right? hahaha!

BOTANICAL GARDEN

Part of the Botanical Institute of São Paulo, the Botanical Garden is 360,000 sq km (139,000 sq mi) in area inside the Fontes do Ipiranga State Park. It's a beautiful place: there's an area of Atlantic Forest with 380 species of plants and animals from São Paulo, from Brazil and across the world, most of which are used for research and conservation. The Garden features a museum, two greenhouses with plants and temporary exhibitions, Lineu's Garden, a historical entrance gate dating back to 1894 and the source of the Ipiranga river. The tour has you meet animals like the green-billed toucan, sloths, howler monkeys and smaller rodents, which live in the garden itself—where, by the way, you can find great picnic spots.

🕐 Tues. to Sun. 9am to 5pm
📷 jardimbotanicosp

ALFREDO VOLPI PARK

I used to go there when I still lived close by with my parents. It's a great place for hiking, especially for people who like the feel of being in a forest or just want to get away from the urban chaos since trails cut through some beautiful dense stretches of Atlantic Forest. The park is closed to bikes, skateboards, or roller skates, but there are lakes with ducks, a playground and picnic tables, so the mood is generally relaxing and good for kids.

🕐 Daily 6am to 6pm
📍 Rua Engenheiro Oscar Americano, 480 – Morumbi

AUGUSTA PARK

After a long period of land disputes and millions of *reais* in investments, *Parque da Augusta* is the newest—and most hipster—park in the city. It opened at the end of 2021, between Augusta, Consolação, Caio Prado and Marquês de Paranaguá streets. Close to Praça Roosevelt, Augusta Park has a very distinct atmosphere from the concrete slab a few blocks away that attracts skaters and rollerbladers. At 23,000 sq meters (27,508 sq yards) in area, it features woods, trees, open fields and shaded areas, plus children's playgrounds and a dog park. It's a great place for a picnic, but there are also some great trails and even a place to hang a hammock amid the trees. Just take your own, hang it on the hooks, and stretch out a bit—or you could set up an elastic band and go crazy on the slackline. There's a little improvised beach "à la paulistana," and on hot days plenty of folks head there to sunbathe all day long. The park has its own space for organized events and small exhibitions: the historical Casa das Araras, which was restored as part of the Park's debut, has been listed by the Municipal Council for the Preservation of the Historic, Cultural and Environmental Heritage of the City of São Paulo (or *Conpresp* for short). #diditip: keep an eye out for a cart selling coconut water at one of the Park's entrances, on the corner of Augusta and Caio Prado. There's also a small supermarket just a block away in case you need to complement your picnic. There are still no official kiosks for food and drink sellers inside the park.

🕐 Daily 5am to 9pm
📍 Rua Augusta, 344/Rua Caio Prado, 230/232 – Consolação

BUENOS AIRES PARK

A green square between Avenida Angélica and Piauí, Bahia and Alagoas streets in Higienópolis, Buenos Aires has sculptures, open-air exercise equipment and a playground that is usually crowded with small kids and their parents during the morning. Dogs are also welcome, and there are always a few running around the dog track. Among the park's artwork, Lasar Segall's "Emigrantes" is worth seeing. Once there, take the opportunity to see the Artium Institute across from the park and set up in an original 1920s mansion. Also check out the Vilaboim Square, surrounded by restaurants and next door to FAAP.

🕐 Daily 6am to 7pm
📍 Av. Angélica, 1.500 – Higienópolis

BURLE MARX PARK

The concept behind this park is somewhat more meditative and its origins are a little unusual. Landscape architect Roberto Burle Marx created the gardens as part of a house designed by Oscar Niemeyer in the 1950s, which was never completed and inhabited before being demolished in the 1990s. In 1995, the gardens were used as the base for the park, which is in Morumbi. The garden, of course, is the park's main attraction with imperial palm trees, open-air sculptures, reflecting pools, lakes, and a two-colored lawn that imitates a chessboard. Another highlight, the Casa de Taipa e Pilão is built in an ancient style imported by the Portuguese and has enormous historical value. The 138,000 sq m (1,485,419 sq ft) area also features tracks for running and walking, three trails that circle around its lakes, a playground, and a community vegetable garden. On Wednesdays, the park offers a free Tai Chi class, and features concerts and yoga classes every month. There used to be a dog park before the pandemic, but it's closed for now and pets are not allowed in the park.

🕐 Daily 7am to 7pm
📷 parque_burlemarx

ACLIMAÇÃO PARK

Formerly known as the Aclimação Garden, this park was founded in 1882 as the site of São Paulo's first zoo inspired by Paris's *Jardin d'Acclimation*. Highlights today include the lake, the concert hall, and the Japanese garden with its reflecting pool. Regulars love the running tracks, playgrounds, soccer fields, and courts for volleyball and basketball. It's considered one of the most relaxing places in the city, with 122,000 sq m (1,313,197 sq ft) of greenery and 111 species of fauna, including birds like herons, southern lapwings, rufous horneros, rufous-bellied thrushes, kingfishers, and cowbirds.

🕐 Daily 5am to 8pm
📍 Rua Muniz de Souza, 1.119 – Aclimação

CANTAREIRA PARK

Far from the city center and great for people who like to walk, Cantareira Park has one of the largest areas of native forest you can find within a metropolis. Its 7,900 hectares (19,521 acres) of Cantareira Mountain range landscape are divided into smaller sections: Pedra Grande (with trails, an amphitheater, and a museum); Engordador (with rivers, waterfalls and the Casa de Bombas, which was part of São Paulo's first water supply system); Águas Claras (aimed at environmental education); and Cabuçu (the last section built and reclaimed for greater protection of the native forest). All of these areas are open to the public, featuring walking trails, lakes and lookouts, as well as playgrounds and a visitor's center.

🕐 Since times vary, it's best to check
📷 parqueestadualcantareira

IBIRAPUERA PARK

I'm not too fond of these kinds of comparisons, but this is without a doubt our Central Park. Ibirapuera was even thought up along the same lines and inaugurated on São Paulo's 400th anniversary, in 1954. Oscar Niemeyer designed six buildings onsite: the Ciccillo Matarazzo Pavilion (site of the São Paulo Biennial Foundation); the Museum of Contemporary Art; the Afro-Brazil Museum; the Oca; the great marquee (where MAM–Museum of Modern Art is located); and the Ibirapuera Auditorium, with plenty of great concerts. Ibira, as it's affectionately known, hosts open-air presentations, features a Japanese pavilion, a planetarium, a sports arena, restaurants, and plenty of room to work out. On weekends it practically turns into its own city: it can hold about 300,000 people in its 1,584,000 sq m (17,050,034 sq ft) area.

🕐 Daily 5am to midnight
📷 ibirapueraoficial

MINHOCÃO PARK

Built in 1971 to ease traffic and connect the Central to the West Zone, the President João Goulart Elevated Highway is better known to locals as Minhocão ["big worm" in English]. In 1989, city hall determined that the 3km-long reinforced concrete overpass be closed to cars on Sundays, then a few years later this was extended to weekends and nights, transforming the expressway into the Minhocão Park we know today: one of the Central Zone's main leisure areas and a kind of "paulistano beach". The sheer volume of bikes, rollerblades and skateboards can be intense, but the park also has groups with music speakers, improvised picnics, and artistic performances. The park features a graffiti gallery stretching across the walls of the surrounding buildings all the way along the whole expressway.

There's a proposal to turn it into a park 100% of the time, but it's been stuck in city hall since 2019, lost in a back and forth of laws and ordinances that never get resolved. The idea was to turn it into a Brazilian High Line Park, but for now these plans have been suspended. Fingers crossed!

🕐 Open to pedestrians from 8pm to 10pm during the week; Sat, Sun and holidays from 7am to 10pm
📷 parque_minhocao

TRIANON PARK

Designed by the French landscape architect Paul Villon in collaboration with English architect Barry Parker, Trianon Park was inaugurated in April 1892. The park embellishes Avenida Paulista with 48,600 sq m (523,126 sq ft) of residual Atlantic Forest. The name Trianon comes from the old Trianon Club, which stood on the site of today's São Paulo Museum of Art. Trianon features playgrounds, exercise equipment, and the Fauno Trail, which connects Avenida Paulista with Alameda Santos and features two sculptures along the way: "Fauno," by Victor Brecheret and "Aretuza," by Francisco Leopoldo Silva.

🕐 Daily 6am to 6pm
📍 Rua Peixoto Gomide, 949 – Cerqueira César

VILLA-LOBOS PARK

Located in Alto de Pinheiros, Villa-Lobos is nice enough, although it could do with more trees. Its large, open grassy areas are often used to host events—such as the Cirque du Soleil, which set up its show there. #diditip1: It's worth visiting the Villa-Lobos Park Library, located inside the park. Besides lending out books and having reading rooms, the library has a section dedicated to promoting the inclusion and self-reliance of people with disabilities, where Braille and audiobooks are available.

🕐 Daily from 5:30am to 7pm
🌐 www.parquevillalobos.net

PRAÇA BENEDITO CALIXTO

This is where you'll find the famous fair that carries the square's name, on Saturdays. The fair is somewhere between a thrift store and an antiques shop and is a good place to find restored furniture and rare records, among other finds. Amid the stalls there are a few cultural projects, like the Chorinho na Praça, every Saturday from 2:30 to 6:30pm, and the Autor na Praça, every two weeks at 2pm, featuring book launches, debates, and signings. The area around the square is just as bustling with restaurants, cultural centers, clothing and interior design shops.

🕐 Every Saturday from 9am to 5pm
📷 feirabeneditocalixto.oficial

PRAÇA DA REPÚBLICA

Situated close to busy avenues like Ipiranga and São Luís, as well as a few commercial streets like Vinte e Quatro de Maio and Sete de Abril, Praça da República is also very busy and only a few steps away from other tourist attractions like the Municipal Theater and Viaduto do Chá. Surrounded by prominent neighbors like the Esther, Eiffel, Itália and Copan buildings, the square has been the site of military training, bullfights, horseback riding and political demonstrations. Today, it's one of the main meeting points for those who like street bands during carnival, in addition to hosting a few concerts year-round. There's also the Sunday market—one of the most traditional in the city—which began in 1956 with collectors who gathered there to buy and sell novelties. Today, it features over 600 stalls with handicrafts, leather goods, jewelry, and other items. The square also has a food court serving pasta, snacks, and sweets. If you visit, know where your phone is at all times: the place is well-known for pickpockets, and if you're not paying attention, you might go home without your cell phone.

🕐 Fair: Every Sunday 8am to 6pm

📍 Praça da República, s/n – República

PRAÇA DO PÔR DO SOL

This is the São Paulo version of a late afternoon in Rio's Arpoador—albeit without the sand or that amazing sea, but we manage! Located in Alto de Pinheiros, the square's original name is Praça Coronel Custódio Fernandes Pinheiros, but because of its famous view of the sunset it became better known as "sunset square." On top of one of the neighborhood's hills, the square has a wide view of the horizon, which is difficult to find in a city with as many buildings as São Paulo. During the week it's a bit quieter, but on holidays and weekends it's very busy, with plenty of young people picnicking, playing guitar, or just hanging out and having a few drinks.

🌐 www.pracapordosol.com

PRAÇA ROOSEVELT

A spot for skaters and underground theater, like the Satyros, Praça Roosevelt is also surrounded by bars and clubs, which is why it's rarely empty. There are more than 10 establishments surrounding the square, including Tap Tap, with craft beers; the bar at the Espaço Parlapatões, a hot spot for cult theater; Pick Your Beer, a self-service spot for draft beer and other drinks; and Papo, Pinga e Petisco (or PPP as regulars call it) one of the most traditional and popular places around. It was, after all, where Elis Regina gave her first São Paulo concert on August 5, 1964. By the way, if you do go there, don't forget to try their "carne louca" sandwich, which is one of the best in the city. Considering the square is always full of people, it's worth sitting on the concrete benches or on the stairway to watch the excitement happen—the only negative is that it also tends to attract cell phone thieves, so don't be deceived.

📍 Praça Franklin Roosevelt, s/n – Bela Vista

LANDMARKS

Amid the chaos of São Paulo's buildings, towers, and streetlights, there are hidden landmarks of the city's history and architectural treasures from different periods: art nouveau, art deco, modernism, and so on. Purists' hair might stand on end considering all of this is mixed together, but I think that a lot of São Paulo's beauty comes precisely from this visual clutter—and from the architectural landmarks that I've listed here.

MÁRIO DE ANDRADE LIBRARY

The city's first public library, it's one of the most important in the country and second largest in number of books. The library, and all its furniture, was designed by French architect Jacques Pilon. It was first known as the São Paulo Municipal Library, in 1925, and located on Rua Sete de Abril only to be moved to Consolação and renamed in honor of the modernist author who headed São Paulo's Culture Department for four years. The library underwent a BRL16.3 million renovation between 2007 and 2010 and in addition to its incredible collection, it now has a vibrant cultural program with exhibitions, concerts, soirées, plays, courses and lectures. If you're not in the cultural mood, that's fine too... you can always pay a quick visit and enjoy the free wi-fi.

🕐 Mon to Fri 9am to 9pm, weekends and holidays 9am to 6pm (common areas)
🌐 linktr.ee/bibliotecamariodeandrade
📷 bibliotecamariodeandrade

MORUMBI CHAPEL

The chapel is on Avenida Morumbi, on the site of the old Morumbi Farm, which gave the neighborhood its name. The structure is from the 19th century, but we don't know much about its origins due to a lack of documentation. Historians have three theories: that it was consecrated to São Sebastião dos Escravos; that it was where the farm's owners were buried; that it was the ruins of an old armory. In 1940, the rammed earth building was sold along with the land and rebuilt by the architect Gregori Warchavchik. It has since become part of the city's historical and cultural heritage, as a space dedicated to contemporary art.

🕐 Tues to Sun 9am to 5pm
🌐 www.museudacidade.prefeitura.sp.gov.br

LINA BO BARDI'S GLASS HOUSE

A milestone of modern Brazilian architecture and the first building completed by Italian Brazilian architect Lina Bo Bardi in the country, this glass and steel house was designed as a viewpoint in the middle of the Atlantic Forest that once stood there leaving its surroundings unspoiled. It's a must see not only for its design, but also for the feminist concept behind it. The house was kind of a slap in the face of Brazilian society at the time (in 1951), which still built elaborate old-style mansions and intentionally snubbed Bo Bardi as a professional. She went against the grain and made a light, minimalist and ultra-modern house, with a mechanized kitchen and functional furniture, all this to help women have a life that wasn't merely domestic, outside the home. At 7000 sq m (75,347 sq ft), the house was Lina and her husband Pietro's residence for 40 years, and a meeting place for artists and intellectuals such as Glauber Rocha, Aldo van Eyck, Max Bill, and many others. Oh, imagine those parties…

🌐 Visits Thurs, Fri, Sat at 10am, 11:30am, 2pm and 3:30pm
🌐 portal.institutobardi.org/visite-a-casa
📷 institutobardi

SÃO PAULO METROPOLITAN CATHEDRAL (SEE CATHEDRAL)

If you think about it, practically every Brazilian city has a main church, and São Paulo's is, without a doubt, the Metropolitan Cathedral, the largest church in the city and one of the five largest gothic cathedrals in the world. Built and set up in the region in 1591, the See's first iteration was built of rammed earth and underwent several expansions until 1913, when construction of the structure as we know it today began. Construction took a "little while" — 41 years to be precise, until it was finally inaugurated as part of the city's 400th anniversary celebrations, in 1954. Here are a few impressive figures to give you an idea of the church's size: the dome is 65 meters (213 ft) high; the towers are each 100 meters (328 ft); and the place holds 8,000 people. The See also houses one of the largest pipe organs in Latin America, built in 1954 by an Italian company, with five manual keyboards, 329 stops, 120 registers, 12,000 pipes, and hand-carved, Gothic-style mouths in relief. #diditip: Okay, I'm not really sure if I'd call this a diditip or a warning, but let me just say this: the region is heartbreaking. The situation of the people experiencing homelessness in the vicinity of the cathedral is extremely sad and they just seem to grow in number. It fills us with grief to think of the blatant disregard of the competent institutions in the face of such an alarming situation.

🌐 Daily 8am to 6pm
📍 Praça da Sé, s/n – Central Zone

CEAGESP

The Companhia de Entrepostos e Armazéns Gerais de São Paulo, or CEAGESP, is the third largest wholesale market in the world and the first in Latin America. CEAGESP supplies much of the country with flowers, fruit, plants, fish and vegetables, moving 250 thousand tons of product per month. Always packed, the market also works as a large retail shop, running a kind of open market three days a week (on Wednesdays, Saturdays, and Sundays). Here, you can find bargains and classic street market food like *pastel*, sugarcane juice, corn on the cob, and more. It's also a hub for interior designers and florists, who get up at the crack of dawn to go to the Flower Fair—which brings together an average 8,000 people per day, on Mondays and Thursdays, from 10:30pm to 9:30am. It's the biggest event of its kind in the city, with more than a thousand producers selling flowers, grass, and seedlings, in addition to a section for accessories and handicrafts. The market also hosts food festivals, such as the soup festival (one of our Winter's most anticipated treats, from May to August); the fish and seafood festival (from August to December, with a summer edition in January and February), and the shrimp and pasta festival (from March to April).

🌐 ceagesp.gov.br
📷 ceagesp.oficial

CONJUNTO NACIONAL (NATIONAL MALL)

Designed by architect David Libeskind as a multipurpose building, Conjunto Nacional opened in 1958 on Avenida Paulista combining a mall, a residential building, services, and leisure in a single place. After a fire in 1978, it went through a period of decline, but was restored in 1984. With an average daily circulation of 30,000 people, today the building features over 40 stores—Livraria Cultura is one of the most popular—, plus restaurants, a gym, a movie theater and a cultural venue. If you like jazz, blues and all their subgenres, have a drink at the Blue Note, the São Paulo branch of the iconic New York jazz house: it's on the second floor and has a great view of Avenida Paulista.

🕐 ground-floor mall: Mon to Sat 6am to 10pm, Sun and holidays 10am to 10pm
🌐 ccn.com.br
📷 conjuntonacional

COPAN

After Brasília, this might be Oscar Niemeyer's most famous work—for *paulistanos* it is for sure, hahaha. The Copan Building is a São Paulo trademark: after all, how could you not notice the S-shaped building in the middle of the city? Designed in the 1950s, the building is the largest reinforced concrete structure in the country. There are 1,160 apartments divided between six blocks, where more than 5,000 residents live (all of which are highly diverse, considering apartments vary from studios to homes with over 200 sq m—some 2152 sq ft) giving the Copan the title of largest residential building in Latin America. It's so big, it has its own zip code! Besides apartments, the building has business floors, and the ground floor has its own separate buzz with bars and restaurants like Dona Onça, Orfeu, Copanzinho and Paloma, as well as the Pivô gallery, responsible for bringing the artsy crowd to the area. Used to protect residents from the sun and enhance the wavy façade, the brise-soleils are another striking feature of the building. Getting a place there is extremely competitive—there's a waiting list and contacts are essential to finding something. Before the Covid-19 pandemic, the public could visit during weekdays—but this has been suspended for the time being. Hopefully it will come back!

🌐 www.copansp.com.br

EDIFÍCIO ALTINO ARANTES

This 35-story, 160-meter (1722 ft) high building in São Paulo's Central Zone debuted in 1947 to be the headquarters of the now extinct São Paulo State Bank (or Banespa). For 20 years, it was the tallest building in the city, but the Mirante do Vale took over the position in the 1960s. Inspired by the art deco architecture of the Empire State Building, Banespão changed its name in the 1960s in homage to the bank's first president, Altino Arantes Marques. Several years later, the institution closed, and the building went through years of renovation, before reopening as Farol Santander, in 2018. Today, several floors host different exhibitions, and it even features a skatepark, for skaters looking to do high-altitude flips. The observation deck on the 26th floor is extremely popular, with a 360-degree view of the city. It also features a restaurant and two bars: the most famous one is run by Sub-Astor and is inside a vault—very instagrammable! As access is limited and demand is high, don't wait to buy tickets at the box office because the chance of standing in line or not getting in at all is pretty high. Visit times are limited to two hours.

🌙 Tues to Sun 9am to 8pm
🌐 www.farolsantander.com.br
📷 farolsantandersp

EDIFÍCIO DACON

This round building was erected in 1981 and was the first in the city to be entirely covered by sheets of glass, starting a trend among São Paulo's corporate buildings over the following decades. The project is signed by Ricardo Julião and the unusual façade even became a telenovela set in the late 1980s: "Glass Curtain" on SBT—which I was probably the only one who watched, hahaha!! At one point, the building hosted a few parties and a bingo parlor, but nowadays it's essentially a commercial space with a pretty ordinary steak and wine restaurant. Sometimes events are hosted on the helipad, but those are closed to guests.

🌐 www.edificiodacon.com.br

EDIFÍCIO ITÁLIA

Even Queen Elizabeth paid this building a visit in 1968. The Itália Building is the main symbol of Italian representation in São Paulo and one of the most incredible views in the city. Construction began in 1960 and the idea was that the building would host the city's Italian association, the Circolo Italiano, which was actually the building's official name. Designed by Franz Heep, the building debuted in 1965 and is one of the icons of São Paulo's architecture, as well as one of the tallest skyscrapers in Latin America, at 151 m (495 ft) high. The 41st floor features Terraço Itália, one of the city's classic Italian restaurants and a *hotspot* for romantic dates—marriage proposals happen practically every day in the restaurant. The food is OK, but a bit expensive and nothing spectacular. The cool spot is the Bar do Terraço, upstairs from the restaurant. The classic decor, with hardwood, leather, tapestries, and low lighting has a decadently elegant vibe and the

panoramic view from the windows is wonderful. Try going at the end of the day to watch the sunset and wrap up the evening with drinks and live piano. The Teatro Itália is another attraction, famous for having hosted the release of the Secos & Molhados band's first album, in 1973.

🌐 www.edificioitalia.com.br
📷 edificioitaliaoficial

EDIFÍCIO MARTINELLI

Between Rua São Bento, Avenida São João, and Rua Líbero Badaró, in the heart of the city's Historical Center, this pink skyscraper is squeezed between a few large buildings and not many people realize how luxurious it is. The Martinelli was the first high altitude building in the city (before it was built, buildings only went up to five floors) and it marked the transition to the era of skyscrapers. Designed by Italian immigrant Giuseppe Martinelli, the building also has a lovely view of the city, with one of the best lookouts for the São Paulo skyline. Like many iconic buildings, the Martinelli went through periods of glory and decline, closing and reopening: it's been renovated but still has a reputation for being haunted, thanks to two crimes that were committed there. Today it belongs to the city government and houses several city departments, union offices and public agencies. The beautiful pink terrace, which was closed to visitors during the pandemic, has not yet been reopened, but can be rented out for events. It has one of the most breathtaking views of São Paulo.

🌐 www.prediomartinelli.com.br
📷 edificiomartinelli

MAC-USP

The building designed in the 1950s by Oscar Niemeyer, used to be the headquarters of the State Department of Transit (or Detran) but has been the site of the Museum of Contemporary Art of the University of São Paulo (MAC-USP, for short) since 2009. Sitting in front of Ibirapuera Park (you just have to cross a footbridge to get to the museum), MAC-USP has eight floors of long-term exhibitions which are free admission. These include works by Picasso, Matisse, Miró, Kandinsky, Calder, Tarsila do Amaral, Di Cavalcanti, Manabu Mabe and Regina Silveira, among others. Be sure to check out the terrace on the eighth floor, which has a beautiful view of the city, and Vista (yes, that's the name), a trendy restaurant run by chef Marcelo Corrêa Bastos, with a bar whose drinks are signed by mixologist Jairo Gama. This little junket can get a bit expensive but it's worth it for a special occasion.

🌐 www.mac.usp.br
📷 mac_usp
📷 vistaibirapuera

LATIN AMERICA MEMORIAL

This six-building architectural complex was designed by Oscar Niemeyer in the 1980s. Located in Barra Funda, it's over 84,000 sq m (904,168 sq ft) and, as the name suggests, is essentially aimed at celebrating Latin American social and cultural relations. The Memorial has a permanent art collection and a Latin-American library featuring over 30,000 titles. Honestly, the fun part is going there to appreciate the buildings created by the master of modern architecture. #diditip: the Memorial is, above all, a venue for large events, which can often affect visiting hours. Be sure to check their website or Insta before you go!

🌞 external areas open Mon to Sun 10am to 5pm but times can change
🌐 memorial.org.br
📷 memorialdaamericalatina

MOSTEIRO DE SÃO BENTO (ST BENEDICT'S MONASTERY)

The place is worth checking out even if you're not religious. São Bento hosted Pope Benedict XVI during his visit to Brazil in 2007. The monastery is a part of the Basilica of Our Lady of Assumption, which holds three daily masses—the most famous of which is celebrated on Sundays, at 10am with a Gregorian choir and a 7,000-pipe organ. The place is beautiful, but the real treat is the Monastery Bakery, with bread and sweets made by the monks themselves. Recipes are kept secret within the order to maintain the quality: prices are a little higher than normal, but the fresh ingredients and excellent quality make up for it—not to mention the special packaging, which make for good souvenirs. Hits include: the São Bento Bread (made with yellow cassava); the Benedictus, (gingerbread filled with strawberry jam); and the Dominus (whole wheat bread made with brown sugar, oatmeal, and olive oil). The Bethlehem, apricot jam with pistachio nuts, walnuts, dates, and apricots, in addition to the Monks' Cake (a 19th century recipe made with canon wine, apricots, plums and brown sugar) also make visitors happy. The monastery also hosts a brunch, which takes place every other Sunday. #diditip: The Largo de São Bento and the Monastery are very much worth a visit, but if you just want to take the centuries-old-recipe flavors of sweets and cakes home, there's also the Padaria do Mosteiro store in Jardins, at Rua Barão de Capanema, 416.

🌐 www.mosteirodesaobentosp.com.br
📷 mosteirodesaobentosp
📷 brunchnomosteiro

IPIRANGA MUSEUM

The Ipiranga Museum—known as the Ipiranga Palace until its founding—was inaugurated on September 7, 1895, precisely 73 years after Dom Pedro I allegedly gave his famous cry for independence, in 1822. At first, it only exhibited natural history articles that belonged to Coronel Joaquim Sertório. Following the centennial of Brazil's independence in 1922, however, the exhibition began to highlight the most relevant events in the history of São Paulo and Brazil. The urban spread known as Parque da Independência is made up of the Ipiranga Museum, the Botanical Garden, the French Garden, the Casa do Grito and the Independence Monument, which hold a collection of over 450,000 extremely important objects and documents. After eight years closed for a multimillion-dollar renovation, the museum reopened as part of the celebrations of the bicentennial of Independence. The main novelty is in the basement—the entire expanded area, covering 6,800 sq m (73,194 sq ft) now has a store, a cafeteria, rooms for temporary exhibitions and a 200-person auditorium. In practice, the museum has doubled in size.

🕐 Tues to Sun 11am to 5pm (including holidays)
🌐 museudoipiranga2022.org.br
📷 museudoipiranga

PATEO DO COLLEGIO/SOLAR DA MARQUESA

This is where São Paulo was born—in January 1554, when Jesuit priests from Portugal founded the city with a mass on St. Paul's Day. At that time, there was just a hut, a school, and a small church, all built from rammed earth. The current complex was formed in 1979, with the founding of the Padre Anchieta Museum and the Beato Anchieta Church. Today it hosts a museum with a collection of sacred art, paintings, indigenous objects, a scale model of São Paulo in the 16th century, and the baptismal font, among other items. It also features the Padre Antônio Vieira Library, which houses history books and hosts congresses, courses, and cultural events. While you're there, visit the nearby Solar da Marquesa. The residence used to belong to Brigadier José Joaquim Pinto de Morais, but it was really Domitila de Castro Canto e Melo, the Marchioness of Santos, who made a name for herself there. The Marchioness lived on the site between 1834 and 1867, throwing bombastic parties and masquerade balls, and was known as Emperor Pedro I's mistress. Years later, the Solar became a historical monument and the headquarters of the Municipal Secretariat of Culture and Museum of the City of São Paulo.

🌐 www.pateodocollegio.com.br
📷 pateodocollegio
Solar da Marquesa:
🌐 www.museudacidade.prefeitura.sp.gov.br

BIENNIAL PAVILION

Designed by Oscar Niemeyer in the early 1950s, the pavilion is located in the heart of Ibirapuera Park as part of a set of exhibition spaces that includes the Oca and the Afro-Brazil Museum. The São Paulo Art Biennial—one of the most important events in the international art circuit—is organized here, in addition to other events that appear in the city's cultural calendar, such as the SP Art fair and several iterations of São Paulo Fashion Week. Nicknamed the Biennial Pavilion (its official name is the Ciccillo Matarazzo Pavilion), the building has glass windows and vertical brise-soleils and is divided into three floors and an auditorium. All in all, it's 25,000 sq m (270,000 sq ft) in area. You'll see the characteristic curves of Niemeyer's work, in addition to the influence of the modernist school in its architecture. It's worth visiting—and getting lost in the enormity of its space—even if no event is being held there. If you do pay it a visit, make a stop at the end (or at the beginning, up to you), at the Café Bienal, on the first floor, to check out the collection of posters from previous editions of the Biennial, with information about each one of them. On the menu: sandwiches, juice and organic salads.

🌐 www.bienal.org.br/home
📷 bienalsaopaulo

MARGINAL PINHEIROS FERRIS WHEEL

Designed to be the largest in Latin America at 91 m (300 ft) in height and an estimated weight of more than a thousand tons, surpassing similar ones in Paris and Chicago, São Paulo's Ferris wheel is in Cândido Portinari Park, next door to Villa-Lobos Park and overlooking Marginal Pinheiros. Its 42 capsules will have a capacity of up to ten people each, offering comforts like air conditioning, security cameras, intercoms and wi-fi—so there's no way you won't be able to record the experience.

🅞 rodasaopaulo

MUNICIPAL THEATER + PRAÇA RAMOS DE AZEVEDO

Inspired by the Paris Opera, the Municipal Theater was inaugurated in 1911 and is a work of sheer showmanship in the city's Central Zone. The façade has Renaissance and Baroque influences, and the interior has neoclassical columns, huge stained-glass windows, chandeliers, busts, lots of marble and gilding. It's also been the site of many large events, like 1922's Modern Art Week, and has hosted myriad stars—Ella Fitzgerald, Duke Ellington, Maria Callas and Emicida, to mention a few. Today, the theater hosts the Municipal Symphonic Orchestra, the Lyric Choir, the City Ballet, the City String Quartet, the Mário de Andrade Choir, the Municipal Music School, and the Experimental Repertoire Orchestra. The theater is located in Praça Ramos de Azevedo—named after the architect who built it and known for hosting demonstrations in the 1960s and 70s, in addition to the famous "Fountain of Desires" with designs referencing the work of Brazilian opera composer Carlos Gomes. The surroundings are not the safest, so be on your toes if you want to walk around the area, especially with your cell phone. The theater is open for free visits, and there are also free performances on the program. If you want a bite to eat, the Santinho restaurant serves a fixed-price buffet by chef Morena Leite. You could also try Bar dos Arcos—located underground, beneath the Theater's arches—for good drinks and tasty appetizers.

🌐 theatromunicipal.org.br/pt-br
🅞 theatromunicipal

CULTURAMA

MUSEUMS AND ART INSTITUTIONS

Art has a fundamental place in the *paulistano* cultural life. São Paulo is home to numerous museums and art institutions, bringing together the best of artistic production from Brazil and throughout the world. Give yourself the opportunity to have a nice artsy marathon with a few of my **#diditips** here.

CASA BRADESCO DE CRIATIVIDADE (CIDADE MATARAZZO)

The cultural center was designed to occupy a three-story house located on the city block where the old Matarazzo Hospital used to be and where the Rosewood São Paulo hotel now stands. The space, which has yet to open, brings together four concepts: Bradesco Aqui, a multidisciplinary fusion and interaction lab between talented minds from the worlds of art, design and technology, and Brazilian artist and creators; Sala 22, a multipurpose space with 22-hour-a-day ongoing cultural activities (the name is a reference to São Paulo's 1922 Modern Art Week); Clube da Criatividade,

a stage for talks and lectures; and Creative Kids Lab, with over 30 activities dedicated to children.

🌐 cultura.cidadematarazzo.com.br/cultura

CASA DO POVO

Founded in 1946 by a progressive portion of the Jewish community, Casa do Povo was created in memory of the victims of the Nazi concentration camps, bringing together various groups from across the city in the fight against fascism.

☺ Mon to Sat 10am to 7pm
🌐 casadopovo.org.br
📷 _casadopovo

CASA ZALSZUPIN

Architect and furniture designer Jorge Zalszupin immigrated from Poland to Brazil in the 1950s. This house, which Zalszupin designed and lived in for almost 60 years, is located close to the center of Jardim Europa. It's now a space for design and art exhibitions. #diditip: visits to the Casa are free, but need to be booked ahead of time through the website.

🌐 www.casazalszupin.com
📷 casazalszupin

CCBB – CENTRO CULTURAL BANCO DO BRASIL (BANK OF BRAZIL CULTURAL CENTER)

Located at the corner of Rua da Quitanda and Rua Álvares

Penteado, the CCBB occupies a building that was originally built in 1901. It features a cinema, a theater, auditorium, gift shop and café, alongside major art exhibitions. The building itself has a lot of history: it's worth scheduling a guided tour to get to know the details of its neoclassical architecture.

🕘 Daily 9am to 8 pm, except Tuesday
🌐 ccbb.com.br/sao-paulo
📷 ccbbsp

CCSP – CENTRO CULTURAL SÃO PAULO (SÃO PAULO CULTURAL CENTER)

Opened in 1982 as an expansion to the Mário de Andrade Library, the center's four floors feature libraries, an extensive program of plays, dance shows, literary and visual art events, and film screenings, as well as permanent collections. Towards the end of the week, the front of the Center gets taken over by young people practicing dances and choreographies (hello, TikTok!).

🕘 Tues to Fri 10am to 9pm, Sat, Sun and holidays 10am to 8pm
🌐 centrocultural.sp.gov.br
📷 centroculturalsp

CINE BIJOU

São Paulo's first arthouse theater, Cine Bijou opened its doors at Praça Roosevelt in 1962. Closed for 26 years, its 77-seat showing room underwent renovation and reopened in January 2022, during the celebration of São Paulo's anniversary. Film screenings are held from Thursday to Saturday, free of charge or at low prices—there are also "in the dark" screenings, which show surprise films at alternate times.

🌐 satyrosbijou.wixsite.com/bijou
📷 satyrosbijou

FAROL SANTANDER

Hosted in the Altino Arantes Building (our Empire State), the Farol hosts permanent and temporary exhibitions, as well as a skate park designed by Bob Burnquist. The observation deck on the 26th floor is a must see. It's very popular, so buy your tickets in advance.

🕘 Tues to Sun 9am to 8pm, visits restricted to 2 hours
🌐 www.farolsantander.com.br
📷 farolsantander

INSTITUTO ARTIUM

After a few decades of being abandoned, the Artium was completely restored by its current owners: it hosts art shows and is designed to be as close to its original century-old construction as possible.

🕘 Wed to Fri, noon to 6pm, Sat and Sun 10am to 6pm
🌐 institutoartium.com
📷 institutoartium

INSTITUTO MOREIRA SALLES - IMS

This art institute located on Avenida Paulista hosts art exhibitions (mostly focused on photography), lectures, concerts, classes, children's events and film screenings, in addition to publishing books and art catalogs. Free admittance.

◉ Tues to Sun and holidays, 10am to 8pm
⊕ ims.com.br/unidade/sao-paulo
◉ imoreirasalles

INSTITUTO TOMIE OHTAKE

This institute in Pinheiros, inside a building that's a little futuristic (and a bit different looking), was designed by the artist's son, Ruy Ohtake. The museum doesn't have a permanent collection but keeps a good rotation of contemporary art exhibitions and classes, alongside a theater, a library, and a design shop.

◉ Tues to Sun 11am to 8pm
⊕ www.institutotomieohtake.org.br
◉ institutotomieohtake

ITAÚ CULTURAL

Part of the Avenida Paulista artsy circuit, Itaú Cultural is centered on research and content production and mapping national arts events. The institute has an extensive catalog of cultural projects and events, including *Rumos*, an annual residency for young artists and researchers, and *Ocupação*, which fosters dialogue between younger generations of artists and the creators who influenced them.

◉ Tues to Sun 11am to 8pm, Sun and holidays 11am to 7pm
⊕ www.itaucultural.org.br
◉ itaucultural

JAPAN HOUSE

This cultural center on Avenida Paulista is a Japanese government initiative to present modern Japan to the world at large. The unusual façade is an attraction in itself: composed of 630 pieces of Hinoki wood brought from the Kiso valley, it was fitted by local artisans. The three-story House features temporary exhibitions always linked to Japanese culture, art and innovation, a café and the Aizomê restaurant, headed by chef Telma Shiraishi.

Open: Tues to Fri 10am to 6pm, Sat 9am to 7pm, Sun and holidays 9am to 6pm
⊕ www.japanhousesp.com.br
◉ japanhousesp

JEWISH IMMIGRATION AND HOLOCAUST MEMORIAL

The Jewish Immigration and Holocaust Memorial is attached to São Paulo's first synagogue, in the heart of the Bom Retiro neighborhood where Jewish immigrants from Russia and Central Europe first settled in São Paulo after World War II. The synagogue is no longer active for religious services but has been entirely restored for visitation. The second floor is dedicated to the Jewish immigration to Brazil, and the top floor hosts the Holocaust Memorial.

🌐 memij.com.br

AFRO-BRAZIL MUSEUM

Set up in the Padre Manoel da Nobréga Pavilion and part of the Ibirapuera Park architectural complex designed by Oscar Niemeyer, the Afro-Brazil Museum boasts a collection of over eight thousand works of art representing African and Afro-Brazilian culture. Another highlight is the "Singular Plural" program, which assists people with disabilities: it offers guided tours, interpreters in Brazilian sign language, accessibility ramps, adapted spaces, and information material in Braille and high contrast, among other inclusive access.

🌐 www.museuafrobrasil.org.br
📷 museuafrobrasil

BRAZILIAN MUSEUM OF SCULPTURE AND ECOLOGY — MUBE

In the middle of Jardim Europa and right next door to MIS, MUBE is always a cool place to visit. It has an external area flush with works of art including sculptures by Amilcar de Castro, Fernando Limberger, Carmela Gross and Daniel Murgel, in a building designed by Paulo Mendes da Rocha and complemented by a Burle Marx garden. Besides the traveling exhibitions that hardly ever disappoint, the museum

hosts plays, film screenings, musical performances and even yoga classes. Since admission is free, be sure to stroll by even just to sit on the concrete steps and watch time go by.

🕐 Wed to Sun 11am to 5pm
🌐 www.mube.space
📷 mube_sp

MUSEU CATAVENTO

Located in the Palácio das Indústrias (1924), which was once the city hall, Museu Catavento is great for kids. It features over 250 interactive installations, which represent concepts in physics, biology, and astronomy in a playful way. The space is divided into four parts, dedicated to the Universe, Life, Ingenuity and Society.

🕐 Tues to Sun 9am to 5pm
🌐 museucatavento.org.br
📷 museucatavento

MUSEUM OF THE BRAZILIAN HOUSE

As the name suggests, the museum curates the history of Brazilian homes exploring the topic of national housing through design and architecture. Onsite, chef Morena Santos helms the Capim Santo restaurant, which is normally crowded during the week. Make your reservations!

🕐 Tues to Sun 10 am to 6pm, Fri 10 am to 10 pm
🌐 mcb.org.br/pt
📷 mcb_org
📞 Capim Santo: (11) 3032-2277

MUSEUM OF SEXUAL DIVERSITY - MDS

First cultural center in Latin America dedicated to the LGBTQIAPN+ community, the museum was founded in 2012 to foster appreciation for sexual diversity in the development of society, economics, and culture—not only in São Paulo, but across Brazil. The program includes cultural and educational activities and exposés focused on gender identity, book releases, readings, performances, and lectures, in addition to exhibitions by artists from the LGBTQIAPN+ community.

🕐 Tues to Sun 10am to 6pm
🌐 museudadiversidadesexual.org.br
📷 museudadiversidadesexual

MUSEUM OF IMAGE AND SOUND (MIS)

Part of the Secretariat of Culture of São Paulo State, MIS has been in operation since 1970 with a collection that features over 200 thousand items, including photographs, films, videos and posters documenting the history of music, popular culture and important events in the city. With a permanent base in Jardim Europa, it recently opened a space for immersive experiences in Barra Funda: MIS Experience. In the back of the Avenida Europa building, you'll find chef Felipe

Bronze's Pipo open for lunch, happy hour, and dinner.

MIS
🕐 Tues to Sun 11am to 7pm
🌐 www.mis-sp.org.br
📷 mis_sp   📷 pipo_sp
MIS Experience
🕐 Tues to Fri and Sun and holidays 10:30am to 3:30pm; Sat 10:30 am to 4:30 pm
📷 misexperience

SÃO PAULO STATE IMMIGRATION MUSEUM

Meeting place of several immigrant communities, Mooca is also where the memory of those who came to Brazil over the course of the 19th and 20th centuries is preserved. The museum originates in 1887 with the founding of the Immigrant Inn, which closed in 1978. Throughout its 91 years of activity, the Inn housed around 2.5 million people of over 70 nationalities. Their stories are preserved in the testimonies, photos, documents, and journals that make up the museum's collection.

🕐 Tues to Sat 9am to 6 pm, Sun 10am to 6pm
🌐 museudaimigracao.org.br
📷 museudaimigracao

MUSEUM OF THE PORTUGUESE LANGUAGE

The only museum in the world dedicated to a single language, the museum has received over 4 million visitors seeking a greater connection with the Portuguese language, its origins, history, influences, and the forms it takes on in our daily lives. Since it deals with an intangible cultural heritage, the museum uses technology and interactive activities to build and present its collection to the public, in addition to films, lectures and other assets.

🕐 Tues to Sun 9am to 4:30pm, permanence until 6pm
📷 museudalinguaportuguesa

MUSEUM OF INDIGENOUS CULTURES

A recent addition to São Paulo's cultural life, the museum is located in the Complexo Baby Barione, next door to Água Branca Park and features seven floors with spaces for long and short-term exhibitions, research centers and an auditorium. Several indigenous leaders participated in its planning and are still part of the project. Visits must be scheduled online.

🌐 museudasculturasindigenas.org.br
📷 museudasculturasindigenas

MUSEUM OF CONTEMPORARY ART — MAC USP

Located across from Ibirapuera Park, the MAC building was designed by Oscar Niemeyer and features eight floors of long-term exhibitions. Entry is free of charge and the collection includes works by Picasso, Matisse, Miró Kandinsky, Calder, Tarsila do Amaral, Di Cavalcanti, Manabu Mabe and Regina Silveira, just to name a few. You'll find chef Marcelo Corrêa Bastos's trendy restaurant Vista on the eighth-floor terrace.

🕐 Tues to Sun 11am to 9pm
🌐 www.mac.usp.br
📷 mac_usp
📷 vistaibirapuera

SÃO PAULO MUSEUM OF ART — MASP

MASP is an unbeatable postcard image on Avenida Paulista and one of the city's most popular tourist spots. Designed by Lina Bo Bardi, the building famous for its four red pillars supporting a free span of 74 meters also hosts cultural presentations and events such as the Sunday Antiques Fair. First organized by Assis Chateaubriand, the museum's founder, in 1968, MASP hosts one of Brazil's most important arts collections with ten thousand pieces.

🕐 Tues 10am to 8 pm and Wed to Sun 10am to 6pm
🌐 masp.org.br
📷 masp

SÃO PAULO MUSEUM OF MODERN ART — MAM

MAM was founded in 1948 by businessman Ciccillo Matarazzo and was later transferred to its current day building in Ibirapuera Park. With a collection of over five thousand art pieces, MAM also focuses on education, with programs for young people and even children. During the Biennial or Fashion Week, its restaurant, Prêt, brings together the artsy and fashionista crowd.

🕐 Tues to Sun 10 am to 6 pm
🌐 mam.org.br
📷 mamoficial
📷 pretnomam

SOCCER MUSEUM

Brazil is the country of soccer, so of course São Paulo has a museum entirely dedicated to it! The Soccer Museum is located in one of the most iconic buildings in the city: Pacaembu Stadium. All its attractions are multimedia and interactive. You can even simulate a penalty kick and the speed of the kick or play with a virtual soccer ball (the kids go crazy over that one!). The museum also features a space with high-definition screens covering the history of soccer championships and Brazil's national football team. Although "Paca" stadium is currently undergoing construction, the museum is still open.

🕐 Tues to Sun, 9am to 5pm (permanence until 6pm)
📍 Praça Charles Miller, s/n — Estádio Paulo Machado de Carvalho — Pacaembu

SÃO PAULO JEWISH MUSEUM

The Jewish Museum is located in a former synagogue: it illustrates the history of the Jewish community in São Paulo and Brazil, defending (above all) the peaceful coexistence and cultural exchange between the many people that make up the country. **#diditip:** You can walk from the museum to Parque Augusta—it makes for a great cultural education and fresh air combo. (Still, remember that the museum isn't in the safest of areas, so pay attention to your belongings).

🕐 Tues to Sun 10am to 7pm
🌐 museujudaicosp.org.br
📷 museujudaicosp
📷 kezpadaria

PINACOTECA DO ESTADO + ESTAÇÃO PINACOTECA

This is the city's oldest cultural institution, divided between the main building in Parque da Luz, and Estação Pinacoteca, in an adjacent space. The current collection of over 10 million items is distributed between 19 rooms, plus a space dedicated to technical development, restoration and cataloging. Estação Pinacoteca hosts temporary exhibitions; sculptures from its collection are displayed in Jardim da Luz, just beside the museum, as well as a restaurant and a store of exclusive items designed by resident artists and fashion designers. There is a third building planned: Pinacoteca Contemporânea.

🕐 Mon to Sun 10am to 6:00pm (permanence until 6pm);

🌐 pinacoteca.org.br

📷 pinacotecasp

PIVÔ ARTE E PESQUISA

A non-profit cultural association, Pivô is a platform for artistic exchange and experimentation. Located on three floors of the Copan Building, Pivô hosts commissioned projects, exhibitions, public programs, publications, and resident artists, promoting local artists in Brazil and beyond.

🕐 Wed to Sun 1pm to 7pm;

🌐 www.pivo.org.br

📷 pivoartepesquisa

SESC

SESCs (which stands for Social Service of Commerce) offer permanent education, art, sports and tourism and promote healthy living and diets in 42 units across São Paulo State. Most of these places have a kind of community center vibe, with pools and sports activities, but some of them host more artsy, architectural, or modern projects. These include:

SESC Pompeia: 📷 sescpompeia
SESC Paulista: 📷 sescavpaulista
SESC Interlagos: 📷 sescinterlagos

UNIBES CULTURAL

📷 unibescultural

CONCERT VENUES, NIGHTCLUBS, THEATERS AND STADIUMS

São Paulo has rich and intense cultural opportunities—honestly this is one of the things I love the most about the city. I've listed a few of the venues, theaters and stadiums where I've seen concerts, theater shows and other memorable events. When you're in the mood for a cool cultural event, it'll be worth checking out the event schedule of the places listed below (more on page 104):

CASA DE FRANCISCA

📷 casadefrancisca

ESTÁDIO CÍCERO POMPEU DE TOLEDO (MORUMBI STADIUM)

📷 estadiodomorumbi

NEO QUÍMICA ARENA

📷 neoquimicaarena

SALA SÃO PAULO

📷 salasaopaulo_

TEATRO OFICINA

📷 oficinauzynauzona

ART GALLERIES

Alongside museums and large art institutions, São Paulo also has super cool galleries, which feature important names in the Brazilian (and international) art world, in addition to good exhibitions. Here are a few of my favorites:

A GENTIL CARIOCA
◎ agentilcarioca

ALMEIDA E DALE
◎ almeidadale

BERGAMIN E GOMIDE
◎ gomide.co

CARBONO GALERIA
◎ carbonogaleria

CASA TRIÂNGULO
◎ casatriangulo

CENTRAL GALERIA
◎ centralgaleria

CHOQUE CULTURAL
◎ choquecultural

DAN GALERIA
◎ dangaleria

FORTES D´ALOIA & GABRIEL
◎ fortesdaloiagabriel

GALERIA BERENICE ARVANI
◎ galeriaberenicearvani

GALERIA CARIBÉ
◎ galeria_caribe

GALERIA JAQUELINE MARTINS
◎ galeriajaquelinemartins

GALERIA LEME
◎ galerialeme

GALERIA LUCIANA BRITO
◎ lucianabritogaleria

GALERIA LUME
◎ galerialume

GALERIA MARILIA RAZUK
◎ galeriamariliarazuk

GALERIA MILLAN
◎ _millan.art

GALERIA NARA ROESLER
◎ galerianararoesler

GALERIA RAQUEL ARNAUD
◎ galeriaraquelarnaud

GALERIA VERMELHO
◎ galeriavermelho

HOA
◎ hoa.goooold

LONA GALERIA
◎ lonagaleria

LUISA STRINA
◎ galerialuisastrina

MENDES WOOD
◎ mendeswooddm

PROJETO VÊNUS
◎ projetovenus.sp

VERVE GALERIA
◎ vervegaleria

ZIPPER GALERIA
◎ zippergaleria

PLACES OF RESISTANCE

APARELHA LUZIA

Organized in 2016 by artist and state deputy Erica Malunguinho, Aparelha Luzia is an artistic cultural space dedicated to the Black movement and considered an "urban *quilombo*." It hosts free activities and promotes shows, exhibitions, debates, book releases and film screenings. The center dealt with some difficulties during the pandemic and was closed for a while, but a crowdfunding campaign organized by artists who have already performed there like Rincon Sapiência, Liniker and Luedji Luna helped to keep it open, in a warehouse close to the Central Zone.

☉ aparelhaluzia

CASA CHAMA

This NGO has existed since 2018 and works on many fronts to ensure emancipation, to value and enhance the quality of life of the trans population. The center has a partnership with a SUS hospital in the Barra Funda neighborhood, with outpatient services for trans people—as well as a legal front to help make official document changes regarding name and gender. Casa Chama also hosts music festivals, charitable art auctions, an exhibition space in SP-Art, and much more. During the pandemic, it also created an emergency fund with donations aimed at supporting people who have been assisted by the institution, not only distributing food baskets and harm reduction, health, and hygiene kits, but also guaranteeing adequate housing for people in critical situations. It's worth checking out their official website to see all the incredible work that Casa Chama has been doing, as well as to help the cause.

☉ casachama_org

CASA UM

This project has three spaces in the city's Central Zone. The first is a residence for young LGBTQIAPN+ people who were kicked out of their homes, with a community library and a care room for people experiencing homelessness: they distribute clothes, as well as personal hygiene products. Its other two spaces are Galpão Casa 1, which operates daily with socio-educational programs (like English and Spanish classes, ENEM prep courses, wrestling, sewing, voice lessons and more); as well as the Clínica Social, which offers free and low-cost psychotherapy appointments. Casa Um assists about 3,500 people every month and holds fundraising campaigns to maintain its infrastructure.

☉ casa1

ESPONJA (ARTISTIC RESIDENCE)

Located in a penthouse in the Central Zone, near Largo do Arouche, this multidisciplinary space was founded by Turkish art director Yusuf Etiman and holds cultural events such as art collective meetups, exhibitions, parties with performers, voguing battles, small film screenings, art study groups and workshops. Everything is communicated in a kind of intimate way (even its official site has a secretive vibe), working from word of mouth.

🌐 www.esponja.info

PASSAGEM LITERÁRIA DA CON-SOLAÇÃO

There's a little cultural treasure at the intersection of Avenida Paulista and Rua da Consolação: an underground passage occupied for over nine years by Via Libris, a booksellers' association which received authorization from the Subprefecture of Sé to manage the place. A kind of transitory cultural space, the place has a permanent second-hand book and magazine stall and hosts art and photography exhibitions, concerts, and performances. It's open Monday through Friday, from 7:00am to 8:00pm and Saturdays (and some holidays) from 10:00am to 8:00pm. It also connects the movie theaters of Petra Belas Artes with Riviera's drinks and dishes.

📍 Rua da Consolação, 2,425 — Consolação

WHERE TO STAY

São Paulo's used to getting all sorts of visitors, all year round—tourists, executives, students and even people from the city itself looking for a different experience—so the city's hotel industry has options for all tastes and purposes. I'm sure there will be a hotel for you in this list:

CANOPY BY HILTON
⊙ canopysaopaulojardins

FASANO SÃO PAULO
⊙ fasano

FASANO CIDADE JARDIM
⊙ fasano

FASANO ITAIM
⊙ fasano

JW MARRIOTT
⊙ jwmarriottsaopaulo

HOTEL EMILIANO
⊙ hotelemiliano

HOTEL UNIQUE
⊙ hotelunique

GRAND HYATT
⊙ grandhyattsp

PALÁCIO TANGARÁ

◉ palaciotangara

ROSEWOOD HOTEL (CIDADE MATARAZZO)

◉ rosewoodsaopaulo

SELINA HOTEL

◉ selinabrasil_

TIVOLI MOFARREJ

◉ tivolimofarrej

WHERE TO EAT

São Paulo is the Brazilian capital for dining. I honestly think it doesn't fall short of any other city in the world in terms of the number of quality restaurants, with the most varied types of cuisine, and locales ranging from rustic to ultra-refined. But there are also plenty of restaurants here that open and close in a short period. That's why I decided to list the places I think are here to stay. Some of them have over 50, 60 years of history— others have just opened. But all of them are here for your great enjoyment :)

HAUTE CUISINE

CAVIAR KASPIA

$$$$
◉ kaspiabrasil

D.O.M

$$$$
⊕ domrestaurante.com.br

EVVAI

$$$$
⊕ www.evvai.com.br
◉ evvai_sp

FASANO

$$$$
⊕ www.fasano.com.br/gastronomia/fasano
◉ fasano

LA TAMBOUILLE

$$$$
⊕ www.tambouille.com.br/mobile/sp_pt.html,
◉ latambouille

ARABIC

AL JANIAH

$$
◉ aljaniah_oficial

AL MANARA
$$$
🌐 almanara.com.br/site
📷 almanararestaurante

ALYAH SWEETS
$$$
🌐 alyahsweets.com.br
📷 alyahsweets

ARABIA
$$$
🌐 arabia.com.br
📷 restaurantearabia

SAINTE MARIE GASTRONOMIA
$$
📘 Mercizao

SAJ
$$$
📷 sajrestaurante

ASIAN CUISINE

When I first listed these restaurants by type and the list of places specialized in Japanese food only became longer, I confirmed what I'd suspected for a long time: São Paulo has great and numerous representatives of Japanese cuisine. Besides those, though, you'll also find excellent recommendations of Chinese, Korean and Vietnamese restaurants here:

AIMA
JAPANESE CUISINE
$$$
🌐 www.restauranteaima.com.br
📷 restauranteaima

ATSUI
JAPANESE CUISINE
$$$
🌐 www.atsui.com.br
📷 atsui_oficial

AYA
JAPANESE CUISINE
$$$
🌐 www.restauranteaya.com.br
📷 ayajapanesecuisine

BIA HOI
VIETNAMESE CUISINE
$$
🌐 biahoi.com.br
📷 biahoisp

BICOL
KOREAN CUISINE
$$
🌐 www.bicol.com.br
📷 bicolrestaurante

BY KOJI
JAPANESE CUISINE
$$$
🌐 bykojirestaurante.com.br
📷 bykoji

HI PIN SHAN
CHINESE CUISINE

$$
🌐 www.hipinshan.com.br
📷 hipinshan

JUN SAKAMOTO
JAPANESE CUISINE

$$$$
🌐 www.junsakamoto.com.br
📷 restaurante_junsakamoto

KITCHIN
JAPANESE CUISINE

$$$
🌐 kitchin.com.br
📷 restaurantekitchin

KOMAH
KOREAN CUISINE

$$$
🌐 komahrestaurante.com.br
📷 komahrestaurante

KOSUSHI
JAPANESE CUISINE

$$$
🌐 kosushi.com.br
📷 kosushi

MAKOTO
JAPANESE CUISINE

$$$
🌐 makotookuwa.com.br
📷 makotobrasil

MURAKAMI
JAPANESE CUISINE

$$$$
🌐 www.murakami.net.br
📷 restaurantemurakami

NAGA & NAGAYAMA
JAPANESE CUISINE

$$$
🌐 www.nagayama.com.br
📷 restaurantenagayama

NAKKA
JAPANESE CUISINE

$$$
🌐 www.restaurantenakka.com.br/pt
📷 restaurantenakka

NOSU
JAPANESE CUISINE

$$$
🌐 nosu.com.br
📷 restaurantenosu

OHKA E OHKINA
JAPANESE CUISINE

$$$
🌐 www.ohka.com.br
📷 ohkasushi

SUSHI LIKA
JAPANESE CUISINE

$$$
📷 sushidolika

A JAPANESE RESTAURANT THAT IS — AND ISN'T — IN THE GUIDE...

I'd like to recommend Ryo Gastronomia because I've read plenty of praiseworthy reviews and I really admire the fact that the restaurant boasts two Michelin stars. But despite a few attempts, I've never managed to secure a reservation. If you intend to go, a certain commitment is required— as well as prepped pockets, since the tasting menu is one of the most expensive in the city. **$$$$**

🌐 www.ryogastronomia.com.br
📷 ryogastronomia

GOOD MORNING, SÃO PAULO

AAO CAFÉ ORGÂNICO

In a country that's the world champion in the use of agrochemicals, this all-organic farmers at Água Branca Park was opened in 1991 by the Organic Agriculture Association (AAO) and has been held since then on Tuesdays, Saturdays and Sundays. Breakfast is served right at the fair's entrance with juice, sweets, and whole-grain snacks — all 100% organic and freshly made. **$$**

🌐 aao.org.br/aao/feira-do-produtor-organico.php

BOTANIKAFÉ

The motto here is " All-day brunch!" **$$**

🌐 www.botanikafe.com
📷 botanikafe

CASARÌA SP

Set up in an airy house and integrated into the street, Casarìa SP is a confectionery, bakery, restaurant, and culinary school. The eclectic menu includes salads, sandwiches, eggs, pasta, cakes, and sweets. **$$$**

📷 casariasp

FUTURO REFEITÓRIO

Naturally-fermented breads, waffles, French toast, pancakes, and good options for coffee — which can even be blended with homemade almond and coconut milk. For lunch and dinner, the menu has more plant and grain-based dishes, but there are also a few dishes for people who like their animal protein. **$$$**

🌐 www.futurorefeitorio.com.br
📷 futurorefeitorio

PADOCA DO MANÍ

Chef Helena Rizzo's bakery is a good option for breakfast at any time of the day. **$$$**

🌐 manimanioca.com.br/padocadomani
📷 manimanioca

SANTO GRÃO
(see TASTY TREATS — CAFÉS)

MEATS

BARBACOA
$$$
🌐 barbacoa.com.br
📷 barbacoabrasil

BEEFBAR
$$$
🌐 beefbar.com/sao-paulo
📷 beefbar_saopaulo

CHE BÁRBARO
$$$
🌐 chebarbaro.com.br
📷 barbaro_chebarbaro

CORRIENTES 348
$$$
🌐 www.corrientes348.com.br
📷 corrientes348br

DINHO'S
$$$
🌐 www.dinhosjardins.com.br
📷 restaurantedinhos

FIGUEIRA RUBAIYAT AND RUBAIYAT
$$$$
🌐 gruporubaiyat.com
📷 rubaiyatbrasil   📷 afigueirarubaiyat

GIULIETTA
$$$
📷 giulietta.fogo

QUINTAL DEBETTI
$$$
🌐 debetti.com.br
📷 quintaldebetti

RODEIO
$$$$
🌐 rodeiosp.com.br
📷 rodeiorestaurante

SUJINHO
$$
🌐 www.sujinho.com.br/Sujinho
📷 sujinhochurrascaria

SIGNATURE CUISINE

A CASA DO PORCO
CHEFS JANAÍNA AND JEFFERSON RUEDA
$$$$
🌐 acasadoporco.com.br
📷 acasadoporcobar

ARTURITO
CHEF PAOLA CAROSELLA
$$$
🌐 www.arturito.com.br/arturito
📷 restaurantearturito

BORGO MOOCA IN SANTA CECÍLIA
CHEF MATHEUS ZACHINI

$$

🔲 borgomooca

CARLOTA
CHEF CARLA PERNAMBUCO

$$$

🌐 carlapernambuco.com
🔲 carlapernambucocarlota

CEPA
CHEF LUCAS DANTE

$$$

🔲 restaurante.cepa

CHARCO
CHEF TUCA MEZZOMO

$$$

🔲 charcorestaurante

CHEF VIVI
CHEF VIVIANE GONÇALVES

$$$

🌐 chefvivi.com.br
🔲 chefvivicasa

CHEZ CLAUDE
CHEF CLAUDE TROISGROS

$$$

🔲 chez.claudesp

CORRUTELA
CHEF DANIEL BURNS

$$$

🌐 www.corrutela.com.br
🔲 corrutela

DONNA
CHEF ANDRÉ MIFANO

$$$

🔲 restaurantedonna_

EMA
CHEF RENATA VANZETTO

$$$$

🌐 www.grupoemerestaurantes.com.br/ema
🔲 restauranteema

FAME
CHEF MARCO RENZETTI

$$$$

🔲 fame_osteria

MANÍ
CHEF HELENA RIZZO

$$$$

🌐 manimanioca.com.br/o-mani
🔲 manimanioca

NELITA
CHEF TÁSSIA MAGALHÃES

$$$$

🔲 nelita.restaurant

PRÉSIDENT
CHEF ÉRICK JACQUIN

$$$

🔲 president_jacquin

SAL GASTRONOMIA
CHEF HENRIQUE FOGAÇA

$$$

🌐 salgastronomia.com.br
🔲 salgastronomia

BRAZILIAN CUISINE

A BAIANEIRA (BARRA FUNDA) AND A BAIANEIRA (MASP)

Recipes are inspired by dishes from award-winning chef Manuelle Ferraz's childhood and adolescence in Almenara, Vale do Jequitinhonha, between Bahia and Minas Gerais. That's also where the name comes from: a mix of "baiana" and "mineira." $$$

abaianeira

BALAIO IMS

Thought up by celebrated chef Rodrigo Oliveira (of Mocotó) for the Moreira Salles Institute, this restaurant also focuses on healthy and natural dishes, mixing together different cuisines from across the country. $$$

balaioims.com.br
balaioims

BANZEIRO

A good way to get to know the vast and delicious contours of Amazonian cuisine far away from its origins. $$$

banzeirosp

BOLINHA

If you'd like some (traditional) feijoada any day of the week, this is the place to go. Believe it or not, there's a kosher version—but be advised that you need to order it at least one hour in advance! $$$

www.bolinha.com.br
bolinharestaurante

CAPIM SANTO

Originally based in Trancoso, in Bahia, Capim Santo mixes the tropical flavors of the Brazilian Northeast with the French techniques of the Cordon Bleu school, where chef Morena Leite studied. $$$

www.restaurantecapimsanto.com.br
restaurantecapimsanto

CASA DE IEDA

Serves classic Northeastern dishes like Baião de Dois (a mix of artisanal carne-de-sol, rice, string beans and *farofa*)—with personal touches from chef Bahian chef Ieda de Matos. Their good selection of cachaças is another highlight. $$

casadeieda.negocio.site
casadeieda

CUIA CAFÉ

Headed by Bel Coelho, Cuia Café is open Saturdays from 10am to 11pm, Sundays from 10am to 6pm, so you can go there to enjoy brunch, lunch, drinks and appetizers at happy hour or dinner. What a treat! $$

belcoelho.com.br/cardapio
cuia_cafe

FITÓ

Ceará-born chef Cafira Foz gives a Northeastern touch to the dishes of this spacious and airy restaurant—which is not air-conditioned and can be tricky on hotter days. Moderate prices are a plus. **$$**

🌐 www.fitocozinha.com.br
📷 fitocozinha

MOCOTÓ

Bringing innovation to his father's Northeastern country cuisine, chef Rodrigo Oliveira invented little tapioca cubes with *coalho* cheese that were later copied by several restaurants. **$$$**

🌐 mocoto.com.br
📷 mocotorestaurante

TORDESILHAS

Helmed by Mara Salles, Tordesilhas has dedicated 30 years of work and research to the country's cuisine and culture. **$$$**

🌐 www.tordesilhas.com
📷 tordesilhas

SEAFOOD

DA MARINO

$$$
📷 da.marino

RUFINO'S

$$$
🌐 www.rufinos.com.br
📷 rufinosrestaurante

TABERNA 474

$$$
🌐 www.taberna474.com.br
📷 taberna474

ASSORTED CUISINE

CASA EUROPA

Casa Europa's menu is focused on Italian cuisine. **$$$**

🌐 casaeuropa.com.br
📷 casaeuropa

CHARLÔ BISTRÔ AND ROTISSERIE

Currently concentrates on its ready-made takeaway dishes. Delicious! **$$$**

🌐 www.charlo.com.br
📷 charlo.bistro

CORA

This restaurant has the most popular tables in town. The main reason is the location: a nice terrace overlooking the Minhocão. But the food is good too! **$$$**

📷 cora.sp

COZINHA 212

The dishes here are prepared in a wood-fired oven, in full view of the restaurant's patrons. Vegetables come from a partner's ranch, so the menu is seasonal. $$$

🌐 www.cozinha212.com.br
📷 cozinha212

GULA GULA

Originally based in Rio de Janeiro, Gula Gula's food pleases many palates, with various options of salads, quiches, pies and classics like filet mignon stroganoff served with rice and shoestring potatoes. $$$

🌐 gulagulaspdelivery.com.br/restaurantes
📷 gulagularestaurante

MANIOCA

Manioca is Maní's more casual version. $$$

🌐 manimanioca.com.br/restaurantemanioca
📷 manimanioca

MERCEARIA DO CONDE

The interior is fun, with retro toys and papier-mâché fairies; the menu is varied with Brazilian, Indian and Thai influences, among others. $$$

🌐 www.merceariadoconde.com.br
📷 merceariadoconde

MERCEARIA SÃO ROQUE

A good spot for a PF (a *prato feito*, or a set meal) accompanied by an ice-cold beer. $$$

📷 merceariasaoroque

MESTIÇO

Contemporary cuisine, with Thai specialties and a Brazilian touch. $$$

🌐 www.mestico.com.br

ORFEU

Located on the first floor of the historic Copan building, Orfeu focuses on Brazilian food. The place buzzes on weekends, with plenty of people standing around drinking, watching, and just being seen. $$$

📷 orfeu

RITZ

More than any other factor, I think the goal of any restaurant is to be remembered for its dishes—for me, the Ritz is one of these cases. Its menu is made up of recipes that are exclusive and common to other restaurants, but the Ritz's versions are always special. I wonder if the difference lies in that unique flavor of great talks at the table, in a lively environment that is *so* São Paulo? Maybe! $$$

🌐 restauranteritz.com.br
📷 restauranteritz

SPOT

I'd risk saying this is one of my favorite restaurants in São Paulo. It's got plenty of strengths in a single place, starting with location—right in front of an urban square, adorned by a lit ornamental water fountain that is part of a group of buildings on Avenida Paulista. There's a bar with a rectangle-shaped counter right at the entrance where you can get great drinks while you wait for your table. The menu is varied and includes super "SPOTian" dishes like the goat cheese terrine with eggplant, dried tomatoes and pesto sauce, plus the oriental penne with shitake mushrooms, ginger and almonds. Another classic is the sago dessert with crème anglaise.

$$

🌐 www.restaurantespot.com.br
📷 restaurantespot

FRENCH CUISINE

BISTROT DE PARIS
$$$
🌐 bistrotdeparis.com.br
📷 bistrot_de_paris

CHEF ROUGE
$$$
🌐 www.chefrouge.com.br
📷 chef_rouge_fr

CHEZ CLAUDE
(see SIGNATURE CUISINE)

ICI BISTRÔ
$$$
🌐 www.icibistro.com.br
📷 ici_bistro

LA CASSEROLE
$$$
🌐 www.lacasserole.com.br
📷 lacasserole1954

LA TAMBOUILLE
(see HAUTE CUISINE)

LE JAZZ BRASSERIE
$$$
🌐 www.lejazz.com.br
📷 lejazzbrasserie

PRÉSIDENT
(see SIGNATURE CUISINE)

GREEK CUISINE

FOTIÁ
Dishes cooked on a grill. **$$$**

📷 fotiamyk

KOUZINA

Mediterranean cuisine. $$$

kouzinamyk

MYK

The most sophisticated of the three.
$$$

mykrestaurante

IBERIAN CUISINE

ADEGA SANTIAGO

A great combination of Portuguese and Spanish cuisine, with well-prepared dishes and a casual, lively atmosphere with a vast selection of Iberian wines. $$$

www.adegasantiago.com.br
adegasantiago

ITALIAN CUISINE

In a city that received a significant amount of Italian immigration, it's easy to imagine that São Paulo has plenty of good restaurant options for what is, undoubtedly, one of the world's favorite cuisines. I've selected the Italian restaurants which have a good combination of food and ambience, in different price ranges. Buon appetito!

BOTTEGA BERNACCA

$$$
bottegabernacca

DUE CUOCHI

$$$
www.duecuochi.com.br
duecuochi

FAMIGLIA MANCINI

$$$
www.famigliamancini.com.br
famigliamancini

FASANO

(see HAUTE CUISINE)

GERO

$$$$
www.fasano.com.br/gastronomia/
gero-sao-paulo
fasano

IL CAPITALE

$$$
ilcapitale

JARDIM DE NAPOLI

$$$
jardimdenapoli

LELLIS TRATTORIA

$$$
🌐 www.lellis.com
📷 trattorialellis

MODI GASTRONOMIA AND MODI GIARDINO

$$
📷 modigastronomia

NINO CUCINA

$$$
📷 ninocucina

PISELLI

$$$$
🌐 piselli.com.br
📷 restaurantepiselli

PIÙ

$$$
🌐 www.piurestaurante.com.br
📷 piu_restaurante

TATINI

$$$
🌐 tatinirestaurante.com.br
📷 tatinirestaurante_oficial

ORGANIC, VEGAN AND VEGETARIAN

AAO CAFÉ ORGÂNICO

(see GOOD MORNING, SÃO PAULO)

CAMÉLIA ÒDÒDÓ

$$
🌐 www.cameliaododo.com.br
📷 camelia_ododo

DOIS TRÓPICOS

$$
🌐 www.doistropicos.com
📷 doistropicos

EMPÓRIO FRUTARIA

$$
🌐 emporiofrutaria.com.br
📷 emporiofrutaria

GREEN KITCHEN

$$
🌐 greenkitchenbrasil.com.br
📷 greenkitchenbr

PURANA.CO

$$
📷 purana.co

PERUVIAN CUISINE

AMA.ZO COZINHA PERUANA

$$$
📷 amazoperuano

LA PERUANA CEVICHERIA

$$$
📷 laperuanabr

RINCONCITO PERUANO

$$$

🌐 www.rinconcitoperuano.com.br

📷 rinconcitoperuano

PIZZERIAS

According to a 2018 study by the United Pizzerias of Brazil Association, São Paulo consumes the second most pizza in the world, only behind New York. Although I wasn't able to confirm that, with or without corroboratory studies, it is indisputable that *paulistanos* love their pie—especially on Sunday nights.

The oldest and still-in-operation pizzeria in Brazil is in São Paulo: Castelões was opened in 1924 and is still active at the very same address today, in Brás. The atmosphere is rustic and a little worn, but the historical appeal makes up for it. In May 2021, I had the opportunity to record an episode for the season of *Lugar Incomum* São Paulo (Multishow channel) with Fábio Donato, the founder's grandson. Fábio took me to see the restaurant's huge wood-fired oven and tried to teach me how to open the pizza dough Castelões-style—without much success, since the student here is not very good in the kitchen, heeheehee. One of the most ordered flavors is also named Castelões, with

mozzarella, *calabresa* sausage and fresh tomato sauce.

Another classic São Paulo pizzeria is Speranza, which has been in operation for over 60 years in a large house in Bixiga. It's often said that the Tarralo family, who own Speranza, introduced the Margherita Pizza—with mozzarella, tomato and fresh basil—to São Paulo, in 1958.

For people who like thick crusts and full edges on their pizza São Paulo has great options, like Bráz Pizzaria. Be sure to order the delicious *calabresa* sausage bread as a starter. From the same owners as Bráz, Bráz Elétrica features pizzas cooked in an electric oven, which come out tasty and a little toasted.

If you enjoy thin pizza crust, you'll find Pizzaria Cristal to be just the place for you: it also features a grill for meat lovers. I've been going to Cristal since I was a kid, and my parents still go there every week. Located underneath the Minhocão, Divina Increnca (yes, it's spelled, with an "i" instead of an "e") has a relaxed atmosphere, with tables on the sidewalk.

If you have gluten allergies or are looking for a more consciously-cooked pizza, try Itzza—doughs here are made from sweet potato, broccoli, cauliflower, or cassava. A little further out, in Granja Viana (Cotia) you'll find the A Tal da Pizza HQ—with live music nights.

These are just a few examples of the countless good pizzerias that São Paulo has to offer. The ones I've listed here are my favorites. Feel free to explore these and others:

A TAL DA PIZZA
ataldapizza

BRÁZ ELETTRICA
brazelettrica

BRÁZ PIZZARIA
brazpizzaria

CAMELO PIZZA
pizzariacamelo

CASTELÕES
cantina_casteloes

CRISTAL PIZZA BAR & GRILL
cristalpizza

DIVINA INCRENCA
divinaincrenca

ITZZA
itzzabr

LA BRACIERA
labracierapizza

PIZZARIA CARLOS
carlospizza_sp

PRIMO BASÍLICO
primobasilico

SPERANZA
pizzariasperanza

VERIDIANA
veridianapizzaria

VICA POTA
vicapotapizza

Include your favorites here.

_____

_____

_____

_____

_____

_____

_____

_____

_____

_____

_____

#DIDITIP

PIZZA, 24/7

For those who get that urge to devour a pie at any time of the day, night or dawn, Al Capizza is a pizza delivery that operates 24/7 and caters to different parts of the city.

🌐 alcapizza.com.br
📷 alcapizza

PIZZA AND ITALIAN CUISINE 365 DAYS A YEAR

Via Castelli is a super traditional Italian restaurant which is open—get this!—365 days a year. It's been in business since 1977 in the same building, a house in Higienópolis. Now you know: if you're hungry for Italian food, Via Castelli is waiting for you!

🌐 www.viacastelli.com.br
📷 via_castelli

PORTUGUESE CUISINE

Since Brazil was colonized by Portugal, you can expect to find good Portuguese restaurants here—also considering Portuguese cuisine is a strong pillar of that country's culture. One of my favorites is A BELA SINTRA—I think the name choice is brilliant, a double homage to the city of Sintra, in Portugal, and Rua Bela Cintra, where the restaurant is located. São Paulo's TASCA DA ESQUINA is a branch of the original restaurant in Lisbon—there's nothing more authentic than that. MIRANDÊS is a smaller restaurant (some people say it looks more like a dive bar), with tables on the sidewalk and cuisine that focuses on specialties from the city of Miranda do Douro, in northern Portugal. Besides the ones mentioned here, Adega Santiago also has great *bacalhau* dishes. *Fixe!* ;-)

A BELA SINTRA
$$$$
🌐 abelasintra.com.br
📷 restauranteabelasintra

TASCA DA ESQUINA
$$$
🌐 tascadaesquina.com/pt-br
📷 tascadaesquina_

O MIRANDÊS
$$$
📷 omirandes

SANDWICHES

ESTADÃO LANCHES

Estadão is a great "problem solver": it's open 24 hours a day, 7 days a week. $$

🌐 www.estadaolanches.com.br
📷 barelanchesestadao

FAT COW

Burgers are the specialty here, in exclusive versions and super creative names—like the "Cheeeeeesus" (not sure how many "es" there really are, heeheehee!), a cheeseburger that comes with double the cheese. The fries border on perfect. $$

ⓞ fatcowbr

FREVO

A São Paulo institution. I've been going to Frevo—or *Frevinho*, as it's affectionately called—since I was little. $$

⊕ www.frevinho.com.br
ⓞ frevo_delivery

KEZ PADARIA

São Paulo was slow to get good bagels, but Kez Padaria changed that. Kez also offers traditional Jewish sweets and snacks, like bureka. $$

ⓞ kezpadaria

LANCHONETE DA CIDADE

Here, you can't go wrong with the hamburger classics: cheese-salad, cheeseburger, cheese-egg, cheese-bacon, and cheese-everything. $$$

⊕ www.lanchonetedacidade.com.br
ⓞ lanchonetedacidade

PONTO CHIC

A spot famous for being where the Bauru—a roast beef sandwich with four types of melted cheese, tomato, and pickles on French bread—was invented in 1937. The atmosphere at every location is pretty simple, but the Central Zone Ponto Chic has historical value: it turned 100 in 2022. $$

⊕ www.pontochic.com.br
ⓞ pontochicsp

Z DELI SANDWICHES

I love their hot dogs, prepared with 100% beef sausages, but my favorite sandwich is the pastrami: the meat comes warm, which is just delightful. The restaurant's bread is handmade and baked every day at the Z Deli Bakery. $$$

⊕ zdeli.com.br
ⓞ zdelisandwiches

POST-CLUBBING CRAVINGS

So, you went clubbing, danced nonstop, and left the place famished? Here are a few spots that could save you in this situation—classic São Paulo addresses where you can have a snack before heading home even in the wee hours of the morning: Joakin's, Milk & Mellow and New Dog. Depending on the occasion, these places can become the site of the afterparty: that's what happened after the Rolling Stones concert at Morumbi Stadium in 2016, when people went to Milk & Mellow looking for a good burger and milkshake (thick and full of frosting, I love them!) to recover after more than 2 hours of dancing to the sound of Mick Jagger and company. "Satisfaction" guaranteed hahaha!

JOAKIN'S

$$

🌐 www.joakins.com.br
📷 joakinsoficial

MILK & MELLOW

$$

🌐 milkmellow.com.br
📷 milkmellowoficial

NEW DOG

$$

🌐 newdog.com.br
📷 newdoghamburger

TASTY TREATS

CAKES

My intention with this guide is to make you move around São Paulo and discover or revisit cool places in the city, besides getting to know talented people who make this place interesting and unique. Which is the case of these confectioners who turn any celebration into a special event thanks to the cakes and sweets they make to order.

CRAZY FOR CAKES

These Bundt cakes are delicious: soft, just the right measure of sweetness, and gorgeous, simply gorgeous. My favorites are the lemon with poppy seed and glaze; and the cinnamon cake—super soft sponge cake with condensed milk and cinnamon icing whose smell alone makes your mouth water. $$$

🌐 www.crazyforcakes.com.br
📷 crazyforcakes

FS COOKING

I first saw Flavia Steinberg's work on Instagram and one day a friend gave me a Chocolate Fudge Cake: a gluten-free, dark chocolate fudge marvel! FS Cooking cakes and pies are delicate and refined, and normally adorned with fresh or dried flowers, lending each creation an artisanal touch. $$$

📷 fs.cooking

ISABELLA SUPLICY

If you want to celebrate a special occasion with a cake that is both delicious and visually stunning, place your order with Isabella Suplicy. She and her team are masters at turning confectionery into true works of art. **$$$$**

🌐 www.isabellasuplicy.com.br
📷 isabellasuplicyofficial

TAMMY MONTAGNA CAFÉ

Once there was an American who married a Brazilian and moved to São Paulo and started to make goodies out of her own kitchen. The business took off and Tammy Montagna opened a delightful street café that serves salty dishes and her cakes, pies and cookies made with just the right amount of sugar. The baker takes orders and always adds a refined touch to her creations. **$$$**

🌐 www.tammymontagna.com
📷 tammymontagna

CAFÉS

Having lived in New York from 2006 to 2011 where there's a café at every corner, you can't imagine my joy to find that the city of São Paulo—just like every other neurotic urban center, heeheehee—has been opening an increasing number of delightful cafés specialized in the art of extracting the very best from the bean. Here are my favorite ones in São Paulo:

COFFEE LAB

As the name itself suggests, this is a coffee bean lab—it's a place for roasting, tasting, and preparing coffee. It also operates as a school for baristas and as a café with a tasting menu. They also serve mini corn, orange and banana cakes. **$$**

🌐 www.coffeelab.com.br
📷 coffeelab_br

COFFEE SELFIE

Coffee Selfie works like this: you send them a digital photo and a special machine "prints" the image with coffee grounds over the milk froth of your favorite drink. I ordered a cappuccino that came emblazoned with a detailed selfie of me. So I obviously took a selfie of the selfie. This one's fun: you can combine a good caffeine boost with an ego trip! **#diditip:** instead of a "self-homage," you can choose the picture of a pet, boyfriend/girlfriend or even your soccer team! **$$**

🌐 www.coffeeselfie.com.br
📷 coffeeselfie_sp

SANTO GRÃO

I still remember when the first Santo Grão opened on Rua Oscar Freire. I used to go there on Sunday mornings with Fred and Laura (our eldest daughter) in her stroller. The business has grown since and there are now seven shops across the city. It's a mixture of café and restaurant, with a vast menu that ranges from breakfast to dinner, including lunch and happy hour—yes, it has good options of alcoholic beverages. They have their own coffee brand. **$$$**

🌐 santograo.com.br
📷 santograo

TAKKØ CAFÉ

Prioritizes special beans from small national producers, most of which are located in the Mantiqueira Mountain Range region. In addition to the espresso, there's iced coffee, Macchiato, Aeropress, Doppio, among others. Nibbles include banana pie, matcha cake and beetroot and figs on toast. **$$**

📷 takkocafesp

TFC FOOD AND MARKET

TFC Food and Market is a Track & Field initiative that seeks to translate the wellness spirit that guides the brand into the culinary world. There are two sections: a small market that sells carefully selected delicious and healthy products; a café that serves coffee-based drinks, smoothies, and tostadas. The place uses microlot coffee, including one cultivated exclusively by women. If you're into matcha latte—made with milk and green tea powder—this is where you'll find one of the best in the city. **$$$**

🌐 www.tfco.com.br/ri/sobre-a-track-field/experience-store
📷 tfc.coffee

THE COFFEE

The Coffee's proposal is minimalistic: always minute, often with nothing more than a service counter and no seats. Orders are placed on the screen of a tablet. Choose your drink, customize it according to your preferences (skim or whole milk, for instance), make your payment, then wait till they call your name and hand you your drink. **#diditip**: order the Iced Vanilla, one of my favorites: coffee with iced milk and vanilla flavoring with chocolate sprinkles (I always ask for extra, heeheehee!). **$$**

🌐 www.thecoffee.jp
📷 thecoffee.jp

UM COFFEE CO

Um Coffee Co (Um is the last name of the South Korean family that owns the place) cares about every step that goes into preparing a coffee drink: from the origin and selection of the beans that come from their own coffee farms in Minas Gerais to the high-tech roasting process, until it becomes the perfect cup. At their Bom Retiro base, besides the café, there is the Um Coffee Academy, with classes for future baristas. **$$**

🌐 www.umcoffeeco.com.br
📷 umcoffeeco

WE COFFEE

A branch of an Asian chain, this one has a varied menu of coffee-based drinks. Their window displays are filled with unusually-shaped sweets that are colorful and Instagrammable—that might be why there's always a line to get in. But the hype is understandable since, besides gorgeous, everything is delicious. $$$

🌐 wecoffee.com.br
📷 wecoffee.br

ZUD CAFÉ

This trendy little place uses different methods to brew their drinks, especially drip coffee. It's a great spot to get work done or eat—it also has a menu with sweet and salty snacks. $$

📷 zudcafe

CHOCOLATE

If I tell you a chocolate is worth it, you can trust me because I'm a die-hard chocoholic, heeheehee! Here are my favorite chocolate shops—some of which are originally from São Paulo and then spread across the country:

CAU CHOCOLATES

I adore their "lascas," which are pretty much thin slivers of milk or semisweet chocolate with almonds and *fleur de sel*; and the milk or dark chocolate-covered candied

macadamia "rocks." If you want to go for something a bit healthier, try the sugar-free bars or the vegan bonbons with 50% or 70% cocoa. $$$$

🌐 cauchocolates.com.br
📷 cauchocolates

CHOCOLAT DU JOUR

Synonymous with excellence in chocolate. I remember going to their first store with my mother, right when it opened, to buy chocolate truffles and chocolate-covered apricots—both of which are still sold! Chocolat Du Jour has its own factory and is extremely meticulous in their choice of cocoa, besides putting increasing focus on sustainable production, using 100% Brazilian ingredients. My favorites are the Choc Amandes—milk chocolate-covered honey-candied almonds sprinkled with cocoa powder—and the champagne Truffle Du Jour, blending milk chocolate and the delicate flavor of the drink. $$$$

🌐 www.chocolatdujour.com.br
📷 chocolatdujour

DENGO CHOCOLATES

A 100% Brazilian brand that only uses domestic ingredients. At the stores, you'll find a display with large slabs of chocolate in original and exclusive flavors like the 65% chocolate with cupuaçu and cashew nuts; milk chocolate with dried strawberries; and my favorite: the super crunchy milk chocolate with tapioca crepes! The client chooses the portion they want to take home, the shop assistant breaks the piece off and you pay by weight — hence the line's name: quebra-quebra (break it-break it). It's a great fit! Dengo also has good options of lactose-free, zero sugar, and vegan chocolates. $ $ $

🌐 www.dengo.com.br
📷 dengochocolates

KOPENHAGEN

Chumbinho, Lajotinha, Língua de Gato and Nhá Benta have been a part of my life since I was a kid and are synonymous with chocolate masterpieces, in my humble opinion. I find everything perfect: the flavor of the milk chocolate—which in the case of the Lajotinha has that special touch of cinnamon; the names, the shapes. Other brands can try to make their versions, but nothing compares to Kopenhagen's original creations. $ $ $

🌐 www.kopenhagen.com.br
📷 kopenhagen_

STEFAN BEHAR SUCRÉ

One of Stefan Behar's icons is the "Nutella Giant Bar": 1.1kg (2.4 lbs.)! Yes, you read that right, more than a kilo of milk chocolate, laden with Nutella and sprinkled with a gold powder finish. Even if it may be a little too sweet for my palate, the Giant Bar is a hit! A great choice for a gift—which you can join in to eat together, heeheehee! The bonbons and the honey cake shaped like honeycombs are also delicious and beautiful. $ $ $ $

🌐 www.stefanbehar.com.br
📷 stefanbeharsucre

CONFECTIONERY SHOPS

There are numerous options of quality confectionery shops and patisseries in São Paulo. Some have room for a tasting with coffee. Others sell their sweets only to order—but make such exquisite desserts that I made sure to include them in the guide.

ANUSHA

My great-grandmother Sofia was an expert in preparing *palha italiana* (chocolate fudge with broken sweet crackers) pies, also known as "chocolate salami." The recipe calls for semisweet chocolate powder, sweet crackers and butter and the final product looks like a salami: thus, the name. My great grandma passed away many years ago, but in their quest for a good "chocolate salami," my parents discovered Anusha's: bitter in the right measure, the ideal proportion between chocolate and crackers, and the perfect firmness.

It's just not better than great-grandma Sofia's because hers carried the unique flavor of my childhood. **$$$**

🌐 www.anushachocolates.com.br
📷 anushachocolates

CAROLE CREMA

An established name in the confectionery world, Carole has a book published, won an award and is a judge on a culinary TV program—in addition to preparing delicious treats, of course. At her HQ, she offers everything from brigadeiros to a full party menu. Her cold coconut cake is one of the best in the city, as well as her semisweet chocolate brownie and the strawberry bonbon that brings the fruit wrapped in condensed milk and a thin chocolate shell. **$$$**

🌐 www.carolecrema.com.br
📷 carolecremadoces

CONFEITARIA DAMA

Their *mille-feuille* pie probably has the number of layers mentioned in the name: all of them crunchy and perfectly airy and filled with the most delicate-flavored crème pâtissière without being heavy on the sugar. Certainly, one of São Paulo's best. **$$$**

🌐 www.confeitariadama.com.br
📷 confeitariadama

CORA PÂTISSERIE

Has been causing quite a stir for their great cakes, chocolates, and pies. The banoffee is one of the most ordered: made with caramel *brigadeiro* and *fleur de sel*, candied bananas, meringue with toasted rum and caramelized white chocolate lace. The mini lemon cake with berries is another hit, along with the cookies and bonbons made with Callebaut chocolate. **$$$**

📷 cora.patisserie

CRIME PASTRY SHOP

Confectioner Rafael Protti trained in France and worked with chef pâtissier Pierre Hermé in Joël Robuchon's restaurant before opening his own business. His signature piece is the mille-feuille with thin layers of puff pastry made with French flour and butter, layered with mascarpone cream and the finest layer of caramel. There's also the cruffin—a *croissant* shaped like a muffin and filled with the house dulce de leche cream; the caramel and peanut-filled cocoa macaron; and the pineapple tartelette. **$$$**

🌐 www.crimepastryshop.com
📷 crimepastryshop

FIOCA CONFEITARIA SAUDÁVEL

Fioca is confectioner Regina Paula's nickname. Her ingredients are organic and many hail from the family's ranch. Sugar is reduced and sweetness is often achieved with honey or agave. They make sweets to order, but the best part is the experience of visiting the shop and having coffee with a slice of rustic carrot cake prepared with rice flour, walnuts, raisins and brown sugar. $$$

🌐 www.fioca.com.br
📷 fiocacs

FÔRMA DE PUDIM

The puddings are tasty and, most importantly, don't have any little holes in them. I know this is a *very* polemic topic [note: in Brazil, the small air bubbles formed in pudding, particularly the condensed milk caramel pudding, are a topic for intense discussion. Some love them, others hate them], but I'm the type of person who fights for her ideals and I will forever fight for a pudding with no holes, hahaha! At this shop you can sit at one of the tables and enjoy a slice of pudding with coffee, buy one to go—or both, why not? There are over 10 fixed flavors, among them my favorite: pistacchio. $$$

🌐 www.formadepudim.com.br
📷 formadepudim

ISABELA AKKARI

Isabela Akkari's sweets are generally sugarless or—her maximum concession—sweetened with coconut or demerara sugar. They are also usually gluten free, lactose free and, in some cases, vegan. One of the highlights is the alfajor, offered in different flavors, like the while chocolate

with pistachio brigadeiro and coconut sugar ones. I also really like the sugarless bittersweet brownie, with its moist texture. It'll satisfy your sugar craving to a T. $$$

🌐 www.isabelaakkari.com.br
📷 isabelaakkari

MARIA BRIGADEIRO

Nowadays, many sweet shops offer the gourmet variety of our traditional brigadeiro. The first to introduce it—and in my opinion still the best—is Maria Brigadeiro. The brigadeiros produced by confectioner Juliana Motter and her team are made with her very own chocolate, are delicate in size, have a perfect circumference and unique flavors like cachaça, gianduia and vanilla bean. I love them. $$$

🌐 www.mariabrigadeiro.com.br
📷 mariabrigadeirooficial

MARILIA ZYLBERSZTAJN

Her Toucinho Do Céu [literally: bacon from heaven] is heavenly. I realize the pun is terrible, but this version of the traditional Portuguese almond pie is truly divine (oops, I can't seem to help myself, heeheehee!). #diditip: the almond and egg recipe doesn't call for milk or gluten so it's a good option for those who follow a restrictive diet. Some other hits: the gluten-free Chocolate Explosion pie and the pecan pie—with a thin and delicate crust and a pecan-packed filling. The carrot cake with mascarpone icing is soft and sweet in just the right measure. In fact, that's a feature of Zylbersztajn's recipes: the sugar content is moderate. $$$

🌐 www.mariliaconfeitaria.com.br
📷 marilia_zylber_confeitaria

MUSHMUSH

Serves the best *brulé* "cocada" [traditional shredded coconut confectionery]: oven-baked, with a toasted top layer. Another trademark is the Camafeu de Nozes pie—which is to say, the classic walnut candy on steroids! Everything is made to order. $$$

📷 mushmushsweetcakes

OFNER

With a more than 70-year history, Ofner is known for various tasty treats: their chicken croquettes are great, as is their Black Forest cake—a classic and my father's favorite. Their bonbons can be found in the options: white, milk and dark chocolate, sugarless and lactose free. Their firm jams, sold in square containers, have a serious following. $$

🌐 www.ofner.com.br
📷 ofner

PETITE FLEUR

Their chewy chocolate wafer is very tasty and delicate in size. Here,

you'll also find the brigadeiro pie with Nutella brittle and gold powder finishing touches. It's glamor in the shape of dessert, heeheehee! $$

🌐 www.petitefleurpatisserie.com.br
📷 petitefleurpatisserie

#diditip: Since we're talking about chocolate wafers, if you're into the chewy version of the sweet (that uses honey in the recipe), try ordering the ones made by traditional confectioner Maria Beatriz Andrade. Delicious and adorable, they come wrapped one by one in paper and ribbon of a color of your choice. Made to order only. $$

🌐 www.mariabeatrizdoces.com.br
📷 mariabeatriz_doces

SUCRIER

The idea is to create new readings of traditional representatives of the American and French patisserie. The Sucrier is an original creation made with two layers of almond cookies and a creamy filling—pistachio, raspberry or peanut butter, among other flavors—and a layer of Belgian chocolate, which may be white, milk or semisweet. There are also cakes, pies and sweets prepared daily, all without any artificial ingredients. $$$

🌐 shop.sucrier.com.br
📷 sucrier

SPECIALTIES

CHEESE: A QUEIJARIA

Shop specialized in artisanal cheese made by small producers from all regions of Brazil. The salespeople are happy to tell you fun facts about the items and their manufacturers, and put you at ease to try the cheese. The selection changes from time to time to make room for different manufacturers. $$$

🌐 www.aqueijariavirtual.com.br
📷 aqueijaria

COOKIES: CASA BONOMETTI

Casa Bonometti specializes in cookies—among the salty ones there's the gorgonzola with walnuts or the "flaky": a very thin, fine herb square cracker. Among the sweet ones, the options range from the traditional chocolate chip cookie to the pistachio cookie topped with powdered sugar. The candied almond "snail" is also a great pick. The space in Higienópolis has a mini market at the entrance and tables at the back with a menu focused on coffee, bread and sandwiches. $$$

🌐 casabonometti.com.br
📷 casabonometti

CHALLAH (JEWISH BREAD): CASA ZILANNA

The good thing about Casa Zilanna is their Jewish specialty foods. The challah (pronounced "hahllah")—braided white bread with raisins and sesame topping—is one of the best in São Paulo. I also love the "house" sour cucumber sold in bulk. Cucumbers are stored in brine in a huge old-school vat. You can also find good options of kosher grape juice to serve along with challah during Shabbat prayers on Friday nights. TraDIDItion! $$

📷 casazilanna

BEIGALE: EMPORIUM BRASIL ISRAEL

Have you ever heard of a Jewish bread known as *beigale*? In spite of their Jewish origin and similar names, the *beigale* (pronounced bay-gah-*lay*, with the stress on the last syllable) and the bagel are quite different. The beigale is a "twisted," salty donut, which is first cooked and then covered in sesame and oven baked. The dough is firm and very chewy. I love it! Well, I went through this entire explanation just to tell you that this is where you'll find São Paulo's best beigale. In addition to this delicacy, I usually buy their challah (typical Jewish braided bread), which is always baked in fresh batches. $$

📘 emporiumbrasilisrael

HOT DOGS: **HOT PORK**

You could say it's chefs Janaína and Jefferson Rueda's hot dog "stand." The hot dog is made with 100% free-range pork sausage, milk bread, lemon mayo, tomato and apple ketchup, and fermented mustard with tucupi (a yellow sauce extracted from wild manioc root). The interesting part is that all ingredients are artisanal, without preservatives or added chemicals. For vegetarians, there is tofu and mushroom sausage. **$$$**

⊙ hot.pork

HANDMADE PASTA: **MESA III**

Mesa III specializes in dry and fresh pasta handcrafted in its own factory, in addition to sauces, pesto and bread, baked in a wood-fired oven. I usually get the Agnolotti di Burrata—the cheese filling with lemon zest is delicious! **#diditip:** Prices are more affordable at the factory store in Vila Romana, opened in January 2022. **$$$$**

⊕ www.mesa3.com.br
⊙ mesa3_rotisseria

FALAFEL: **PINATI**

I don't know how many places in São Paulo have falafel on their menus, but you'll find the best at Pinati: freshly fried and served with fresh pita bread and salad. The place is a snack bar with a very simple atmosphere and is focused on Israeli and Middle Eastern specialties. It is worth noting that the cuisine is kosher—that is, they follow Jewish food precepts, such as not mixing meat and milk (or dairy products) and they don't serve pork, among other rules. For this reason, it is common to see Orthodox Jews among the diners, which is an interesting scene. **$$**

⊙ pinatisp

ARTISANAL BAKERIES

A FORNADA PADARIA ARTESANAL

All bread is artisanally prepared with organic, white or whole meal flour and free from chemical leavening agents, accelerators or preservatives. There is a wide variety of rustic bread, pains au chocolat, cookies, croissants, and giant meringues, as well as homemade cakes. **$$$**

⊕ afornadapadaria.com.br
⊙ afornadapadaria

ASSAZ ORGÂNICA

The system here is 100% take away: the client sees the "bread of the day" and sandwiches in the shop window, chooses, pays and leaves. #diditip take a stroll—on foot, by bike or skateboard—through Minhocão Park and then stop by Assaz Orgânica to buy the brioches and focaccias—all made from certified organic ingredients—and eat at home. $ $

⊙ assazorganica

BATÂRD PADARIA ARTESANAL

The place works with naturally fermented options, like the house bread, made with a mix of organic flours (wheat, whole meal and rye); the green and black olive bread, and the whole grain bread. The menu also includes a selection of salty snacks (the ricotta, gorgonzola and walnut mini bressane is worth trying) and sweets—including medialunas, cinnamon rolls and brownies laden with cashews. As products vary according to season and availability of ingredients, check out the shop's Instagram account before you visit. $ $

⊙ batardsp

BRIOCHE BRASIL

One day, my parents brought me a tray of croissants as a gift and said they were introducing me to the best version of this bread made in the city of São Paulo. Since my dad, in addition to being a very particular fellow, has been married to a Frenchwoman for over 40 years—my mother was born in Paris and lived there before moving with her parents and sister to Brazil—I knew to take their tip seriously. In fact, Brioche Brasil's croissant is identical to the one made in France, which is no small feat. The dough is dry, crispy, and not at all greasy—a triumph by Frenchman Christophe Guillard, who knows everything about the art of the "boulangerie." The place makes up for the simplicity of its ambience in the refinement of its bread—in addition to the croissant, you'll also find brioches, of course, pain au chocolat, among others. $ $

⊙ briochebrasil

FABRIQUE PÃO E CAFÉ

A delightful shop to buy great fresh bread—including naturally fermented ones—or to just sit at one of the tables and drink natural fruit juice and a cappuccino, accompanied by a freshly made omelet or sandwich. $ $ $

⊙ fabriquepaes

PÃO PADARIA ARTESANAL ORGÂNICA

It was one of the first in the segment and has five addresses across the city. Bread is made with organic flour and Himalayan salt and comes in a variety of flavors: the 100% whole grain, the walnut with figs, and the almonds with apricots. They also have cakes, salads, soups, sandwiches and more. $ $ $

⊕ www.padariaartesanal.com.br
⊙ padariaorganica

SANTIAGO PADARIA ARTESANAL

Each bread takes an average of 24 hours to be made and there are several flavors—like the olives and rosemary with coarse salt, or the nuts and cocoa with chocolate. In the confectionery shop, classics reign supreme (cookies and cold coconut cake are examples), and they also offer goodies to eat on site, such as the *pão na chapa* with scrambled egg—a house favorite—, or the Mediterranean toast (with roasted Italian tomato, ricotta and almond paste and pesto sauce on wholemeal bread). **$$$**

🌐 santiagopadariaartesanal.com.br
📷 santiagopadariaartesanal

TØAST

All bread here is naturally fermented without any preservatives, additives, or artificial ingredients. The crust is crispy, and the middle has those "air bubbles" and the slightly acidic flavor characteristic of sourdough. Here at home, we are fans of black olive bread, among others. They're all delicious! #diditip: you can slice the bread, wrap each slice with seran wrap and freeze it. Just toast the slice when you want to eat it—the bread will come out warm and perfect to be consumed. **$$$**

🌐 www.toast.fm
📷 flaviamaculan_ades

TRADITIONAL BAKERIES

BARCELONA

One of São Paulo's most traditional bakeries. There are several options of bread including a fat-free version of their French bread. Barcelona does not have a counter and a grill, but sells ready-made sandwiches to be eaten wherever you want. **$$**

🌐 www.barcelonapaes.com.br
📷 padariabarcelonapaes

BENJAMIN

Their bread is baked every day and there is also a wide range of sweets, pies, and homemade bundt cakes. **$$**

🌐 benjaminpadaria.com.br
📷 benjaminapadaria

DENGOSA

The best thing about this place is the counter where the grill is set up. That's where the unfailing "pão na chapa"—grilled French bread laden with butter—accompanied by a "média" is served. Incidentally, a friend from Rio told me that calling coffee with milk in a large cup a "média" is typically *paulista*. Seriously? I thought it was universal, hahaha! More recently, Dengosa incorporated a space from the neighboring property to add tables and chairs but in my opinion the real experience is standing on your feet and eating at the counter. The greatest comfort comes from the service: since some of the employees have been with the business for many, many years, regular clients receive very personalized treatment. I used to go there so often before the pandemic, that I didn't even have to say what I wanted: the "grill guy" already knew my order by heart! As any good self-respecting *padoca*, they make their own delightful bread. $$

🌐 dengosapaesedoces.com.br
📷 dengosapaes

GALERIA DOS PÃES

By the same owners as Dengosa, the space is large, and in addition to the grill counter area, this one has a mini supermarket. Galeria dos Pães is open 24 hours a day, so it's a great option for that after-party snack (although I do admit it's been a while since I stayed out until 5am... hahaha!) or maybe to get an "emergency" item for the house (which is more my pace these days!). $$

🌐 galeriadospaes.com.br
📷 galeriadospaes

VILLA GRANO PÃES

A large space that brings together a bakery on one side, and a varied buffet on the other with tables for diners. $$

🌐 villagrano.com.br
📷 villagranopaes

ROTISSERIES (TAKEOUT)

GIARDINO GASTRONÔMICO

A rotisserie and store sit across the traditional Jardim de Napoli restaurant to cater to those who prefer to eat at home—whether to prepare their own dish or to buy a ready-made option. You can take away their famous *polpetone*, the pasta (fresh and dry), sauces and antipasti, in addition to wine, bread and other typical items. $$$

📷 giardinogastronomico

ROTISSERIA ROMA

One of São Paulo's most traditional rotisseries. The highlights here are the ready-made pasta and the artichoke bottoms, prepared with olive oil and spices. Delicious! $$$

🌐 www.romaristorante.com.br

ROTISSERIE DI NAPOLI

Though the name is Italian, the former owner—Mr. Diamantino—is Portuguese and the dishes prepared have Italian and Portuguese references, in addition to other countries. The Rotisserie di Napoli was founded in 1977—so be warned that the decor is probably the same since, heeheehee. But the amazing quality food is prepared daily and is a good option for days when you want to eat at home but don't feel like cooking. What draws the most attention, right as you come in, is the rotisserie itself: with the chicken skewered on a spit and rotating while it cooks in an oven with a glass door, which, by the way, is one of the flagships here—the meat is crispy on the outside and moist on the inside. Another specialty is pasta, such as the meat cappelletti. **$$**

🌐 www.rotisseriedinapoli.com.br
📷 roti.dinapoli

SALTY SNACKS

CASA GARABED

This one's a tip from my friend Jairo Goldflus, author of the photos in which I appear in this guide (and also in *My New York*, 2011). Casa Garabed has been operating in a house located on an essentially residential street in the Santana neighborhood (North Zone) since 1951. Still headed by the family that founded it, their sfihas are made in an Armenian-style wood oven. Goldflus' favorites are the traditional meat and cheese. But they also have a unique lamb sfiha, seasoned with snoobar, fresh mint and spices, as well as kibbeh, kebabs and grape leaf or cabbage stuffed with ground beef and rice. **$$**

📷 casagarabedoficial

DI CUNTO

Since 1896 in the same place, in the neighborhood of Mooca, it is famous for its snacks, sweets, cakes and pasta, all typically Italian. The panettone is also super famous (they even have a basic option, without dried fruit or chocolate), prepared with their own recipe and available all year round. Among the salty delicacies, the highlight is the creamy chicken croquette, the pies and calzones. **$$**

🌐 dicunto.com.br
📷 dcmoocaoficial

ESFIHARIA EFFENDI

If you're hungry after a visit to the Pinacoteca do Estado, just cross Avenida Tiradentes on foot and a little ways until you get to Effendi, an Armenian restaurant with a very simple atmosphere and first-rate sfihas. Effendi has been at the same address and headed by the same family since its founding in 1973. **$$**

🌐 www.effendi.com.br
📷 esfihariaeffendi

JABER

One of the city's most popular and traditional Middle Eastern restaurants, its main attraction are the sfihas (open-faced and folded). There are various points spread across the city, where you can also find kibbeh, kaftas, grape leaf or cabbage stuffed with ground beef and rice, baba ghanoush and hummus, among other delicacies of this traditional cuisine. $$

🌐 www.jaber.com.br
📷 jaber.restaurante

LA GUAPA

Chef Paola Carosella's empanada place. Her empanadas are handmade and placed in a high-temperature wood-fired oven, which ensures that the dough is perfectly toasted, and the filling loses none of its juiciness. There are several flavors, among them one that has the friendly name of Pucapaca: lightly spiced caramelized onions and melted cheese. $$$

🌐 www.laguapa.com.br
📷 laguapasp

LOSDOS TAQUERIA

The tacos are handmade, and a large part of ingredients come from Mexico. One of the great hits is the fried cauliflower with labneh and crunchy pepper and garlic sauce, spices and hibiscus powder. Another hit is the Oaxaca cheese quesadilla with Brussel sprouts. It's worth keeping an eye on their Instagram (@losdos_taqueria) and follow up on the #LosDosConvida project, through which different chefs prepare special recipes inspired on Mexican cuisine. $$

📷 losdos_taqueria

PÃO DE QUEIJO HADDOCK LOBO

The pão de queijo here [Brazilian cheese bread, as they're usually called abroad] is always warm because they're baked throughout the day. The shapes are irregular, since they're handmade. And the flavor is unrivaled since they taste like childhood memories. I've been going to Pão de Queijo Haddock Lobo since I was a kid, when my mom would take me there after our strolls down Rua Oscar Freire. The place is small: a display for salty snacks and sweets like *brigadeiros* and *quindins* with a counter on top where the cheese bread is placed in a basket and covered with a cloth; and a wood bench for those who'd like to extend their stay a bit longer instead of enjoying their pão de queijo on the Rua Haddock Lobo sidewalk or taking them to go. I was sad to hear that Tião, who served everyone with friendliness and patience, had passed. That was in 2016—he'd worked at the place for over 40 years. $$

🌐 www.paodequeijohaddocklobo.com.br
📷 paodequeijohaddocklobo

PASTEL YOKA

This *pastelaria* is a culinary reference with *pastéis* that have been chosen the best in the city various times. The creamy heart of palm filling is unmissable but there are also unique flavors like the Japanese: tofu, kamaboko, shitake and chives. $$

📷 pastelyoka

ICE CREAM PARLORS

In my book, ice cream is a good idea year-round—even when it's cold. Apparently *paulistanos* think the same since São Paulo has great artisanal shops with ice cream made with fresh ingredients and a wide range of flavors. Here are my favorites:

BACHIR BRASIL

This Lebanese ice cream shop has been around since 1936. They have 50 shops in Lebanon, two in Paris, and one in São Paulo. They offer typical and exotic flavors, everything with natural ingredients and no artificial flavors or trans fats. The sugar is organic, and the fruit flavors are water-based and lactose-free. The Iranian pistachio topping is one of the main attractions and can be added to any ice cream. And so can the traditional Ashta, made with milk and orange blossom. **$$$**

🌐 bachir.com.br
📷 bachirbrasil

BACIO DI LATTE

Bacio Di Latte has many stores, but the coolest is definitely the one in the Central Zone, on the ground floor of Edifício São Luiz (next to Praça da República), a masterpiece of our architecture and former President João Goulart's one-time residence.

The *gelati* follow the Italian school, with pistachios imported from Sicily and Hazelnuts from Piedmont, for instance. **$$$**

🌐 baciodilatte.com.br
📷 baciodilatte

DA PÁ VIRADA

I remember when Léia, the mother of a friend of my daughter Luiza, told me she was opening an ice cream place with her husband. A few years went by and that initial dream not only established itself but can currently boast creating 200 flavors of *gelati* (milk-based flavors) and sorbets (water-based flavors)—some fixed, others seasonal. I love the coconut, with generous chunks of the fruit, which is one of the ten flavors always present in the menu. **$$$**

🌐 www.pavirada.com.br
📷 dapaviradagelateria

DAVVERO

Davvero claims the creaminess of its *gelato* comes from the fresh milk used in its recipes, which follows strict quality standards. The refinement in the selection of ingredients also extends to other items, many of them imported: pistachios come from the Bronte region in Italy and vanilla beans from Madagascar, just to name a few. The ice cream is handmade, and the stores have a surprise flavor every day. My favorite is the almond with pistachio cream. $$$

🌐 www.davvero.com.br
📷 davverogelato

FRIDA & MINA

Has been chosen São Paulo's best ice cream. Their artisanal ice cream is made with fresh, natural ingredients, all of them organic and from small producers. At the minute counter, you'll find a tiny selection of flavors like beer with chocolate; caramel with *fleur de sel*; black tea with balsamic strawberry. Order their cone, homemade with organic flour—simply splendid. $$$

📷 fridaemina

LE BOTTEGHE DI LEONARDO

This ice cream chain founded in Italy has shops in cities like Milan, Florence and... São Paulo. Their artisanal *gelati* are made with 100% natural ingredients and some of the flavors offered were especially developed for Brazil using local fruit and other local products. Le Botteghe Di Leonardo has milk-based; milk-based and sugar-free; vegan; and sugar-free and vegan ice cream. They also offer a *pasticceria gelata* line, which combines ice cream with cookies and cakes made in their own kitchen. $$$

🌐 www.lebotteghedileonardo.com.br
📷 lebotteghedileonardobrasil

PINE CO.

Chosen the best ice cream cone in São Paulo, their focus are small batches and limited flavors, among them ginger with candied roasted nuts; passion fruit with white chocolate; yogurt with Amarena cherries; and matcha. The atmosphere is also super pleasant, with an external area and a small balcony. $$

📷 gelatopine.co

SORVETERIA DO CENTRO

Another venture by chefs Janaína e Jefferson Rueda, it offers soft milk-based ice cream and sorbet served in a cone. The flavors rotate and vary according to how seasonal some products are. On a warm weekend, be prepared to stand in a long line. $$

📷 sorveteriadocentrosp

WHERE TO DRINK

Whether it's a warmup for a hard night of partying, as a rest stop from the city's chaos and tension, as a place to spend all day and all night nibbling and chit-chatting like there's no tomorrow or, who knows, to meet that special someone, São Paulo has bars for all tastes. The options are numerous, but I put my favorites together for these or any purposes. ;)

ARLETE BAR

Arlete has a happy hour crowd, which fills up the space on many nights—like on Saturdays, when the mobs on the sidewalk out front can hinder the flow of passing pedestrians. On quiet days, the best option is a counter seat closer to the entrance or at the long table for larger groups in the back, in an open-air backyard. The drink list is excellent. When it comes to snacks, my advice is to go for the appetizers, like the fried shrimp balls, the fried squid, or the ham croquettes. $$$

🌐 www.arletebar.com
📷 arlete.bar

ASTOR

Astor has been around for two decades: it's expanded to several locations, but the one on Vila Madalena is the most popular. To get the full bohemian experience, sit at the counter and ask for Pereira, the house bartender since the bar first opened. $$$

🌐 www.barastor.com.br
📷 barastor

BAR BALCÃO

The theater, arts and cinema crowd's refuge, Balcão is famous for its winding, 25-meter-long counter, which is very popular. The best things they serve are the beer and sandwiches, like the carpaccio or roast beef with gorgonzola and pickles on ciabatta bread. $$$

📷 barbalcao

BAR BRAHMA

This is where the intellectuals, musicians, and politicians from the 50s and 60s met to drink. On Saturdays, they have samba and feijoada, as well as traditional Brahma beer and several good *caipirinhas*. $$

📷 barbrahma

BAR DA DONA ONÇA

Located on the first floor of the Copan building, Bar da Dona Onça is run by chef Janaína Rueda. They serve dishes made with all-natural ingredients that seem to evoke great memories in a mix of *paulistano* and bohemian fare. The caipirinhas never disappoint, and they also serve exclusive beers, as well as a wine list with over 800 labels. $$$

🌐 bardadonaonca.com.br
📷 bardadonaonca

BAR DAS (+ LIVRARIA PULSA, FOCUSED ON LGBTQIAPN+ TITLES)

A must-visit LGBTQIAPN+ destination in the city, Das opened in 2019 as a place of resistance, where women can feel comfortable and safe to be who they are while enjoying the establishment's cocktails, made for and by women. With this feminist theme in mind, Das also has a bookstore. $$

🌐 bardas.com.br
📷 bar.das.sp

BAR DO COFRE SUBASTOR (FAROL SANTANDER)

Located in the basement of the Farol Santander building, the bar is currently located in the vault where São Paulo high society's valuables were once kept. The vault's original features were kept, like circular doors made of concrete and reinforced steel. Picture metal bars and a room with over two thousand individual deposit boxes—all now a part of the bar's decor, along with seats and armchairs from the former bank. $$$

🌐 www.subastor.com.br/bardocofre
📷 bardocofre

BAR DOS ARCOS

Located in the basement of the Municipal Theater, Bar dos Arcos looks like a secret locale, but it's actually very popular. Visitors are met by illuminated labyrinthian countertops and surrounded by the century-old stone arches that give the place its name. An odd feature: instead of cement, the bricks were laid with whale blubber, crushed shells and sand from Santos beach. Considering the lines are very long, making reservations is a good idea. $$$

🌐 bardosarcos.com.br
📷 bardosarcos

BARETTO

Hotel Fasano's bar has jazz and bossa nova nights for a more "adult" crowd. Like the other rooms in the Hotel, Baretto has a chic, sophisticated and cozy atmosphere. The menu includes classic drinks like the caipirinha: the number of cachaça options to choose from is impressive, from places as diverse as Maranguape (Ceará), Betim (Minas Gerais) and Ivoti (Rio Grande do Sul). To accompany the cocktails, Baretto also has good options of traditional Italian antipasti. $$$$

🌐 www.fasano.com.br/gastronomia/baretto
📷 fasano

BAR FEL

Small and hard to get a seat from, Fel doesn't take reservations, much less queue up—you have to stand in the doorway and keep your eye on a seat! Inside, the bar focuses on adapting old recipes that are usually unknown to the general public. What's ironic is that it's themed around the sadness of a broken heart and plays very melancholy music perfect for drowning your sorrows—but it's one of the most sought-after bars in the city for dates. $$$

📷 fel.sp

BAR LÉO

A dive bar, plain and simple. Bar Léo is one of the city's most traditional bars, with over 80 years of history and a lot of draft beer. The bar has two locations but the original one in the Central Zone has more history: it's been there since 1940. The decor is kitschy and German, with draft beer mugs and bottles from countries around the world, a rule that also applies to the snacks. There's a whole ritual to serving the draft beer, the bar's great pride, at 0 degrees Celsius in a three-millimeter-thick glass. The glasses are washed with soap brought from Germany to guarantee the head's consistency and durability. Beer barrels are stored in a refrigerated area at between 2°C e 7°C to maintain original characteristics. It's serious business! $ $

⊕ www.barleo.com.br
⊙ barleooficial

BALSA

Located in a small building with a rooftop, Balsa hosts parties and cultural events. They don't like to call themselves a bar and are only open sporadically, so you have to check their Instagram profile to see if they are open or not. Besides the beautiful view of downtown SP, the vintage decor helps to make the place one of the coolest spots in the city. The drink selection is pretty classic, but it's worth trying their options with ginger, made with natural, homemade syrup. $ $ $

⊕ www.abalsa.org
⊙ a_balsa

BEVERINO VINHOS

Beverino Vinhos focuses on natural and biodynamic wines, many of which are made by independent Brazilian winemakers. It's located on a street between Higienópolis and Vila Buarque, in a quiet neighborhood. It also features a restaurant with seasonal and organic cuisine. Considering the menu is always changing, make sure to keep an eye on their Instagram: you can also get to know their recommended wineries. #diditip: the selection of orange wines (have you tried them?) at Beverino is top notch. $ $ $

⊙ beverino.vinhos

CARACOL

A mix of bar and club, Caracol has a powerful analog sound system: one of their speakers dates to the 1970s and was imported from Oregon, in the US. The bar has a varied schedule with guest DJs—the mood is a mix of industrial and tropical, with exposed pipes, metal and concrete structures adorned with plants. Their food selection is limited, but it's worth ordering a snack, a drink, and finding a seat on the outdoor concrete steps at the back of the bar just to enjoy the scene. $\$\$\$$

ⓘ caracolbar

CASA FLUIDA

A mix of bar, restaurant, and space for fine arts exhibitions. But what really makes Casa Fluida stand out is the "Drag Experience," which gives you the chance to make yourself up as a drag queen for one night and perform on the micro stage alongside professional queens. Here's how it works: resident drag queen, Mahina Starlight—wonderful and super high energy!—makes you up in the dressing room on the second floor with clothes, wigs and accessories. The cool thing is that the experience is open to men, women—whoever wants it. You can sign up through Casa Fluida's Instagram. Kill it! $\$\$\$$

ⓘ casafluida

CLOS WINE BAR

This wine bar is in a house from the 1930s in Vila Madalena and offers a selection of wines made by smaller wineries, many of which are limited edition, served both in bottles and glasses. It's also a bistro, with dishes prepared with organic, seasonal ingredients, focused on vegetables— as well as cheese boards and charcuterie options. $\$\$\$$

🌐 closwinebar.com.br
ⓘ clos_winebar

DROSOPHYLA (+ GIN DISTILLERY ON THE SECOND FLOOR)

This bar is in a large, listed house in the Central Zone, which is a must-see on its own. For decoration, they keep antiques and peculiar pieces of art, like masks and dolls. Another highlight is the gin distillery on the second floor, the São Paulo Urban Distillery (SPUD): it's the first of its kind in the city and a kind of hidden bar, speakeasy style, where Jardim Botânico Gin is also produced. $\$\$\$$

🌐 www.drosophyla.com.br
ⓘ drosophylabar

ESPAÇO 13

Located right across from Praça Dom Orione, in Bela Vista, this little house only has a few tables and is open from Thursday to Saturday and houses a tattoo studio. They hold concerts, which usually brings together the region's rockers. On the menu, you'll find drinks with mystical inspirations. $\$\$$

ⓘ e.treze

ESPAÇO ZEBRA

Opened in 2012 as a hybrid space, Zebra is a mixture of home for couple Néli Pereira (a journalist and mixologist) and Renato Larini (an artist), studio, art gallery (on the ground floor) and bar (in the basement, which is open to the public). Having closed during the pandemic, they announced they were reopening in September 2022, adding one new layer to their already multifaceted approach. Patrons can now have different cultural experiences in the space: a performance by Renato or a show by the couple's Problematique Orchestra, among other activities. Néli is always behind the bar, creating exclusive drinks through her research on Brazilian ingredients for mixology. Zebra only works with reservations through their Insta account. $$$

espacozebra

FILIAL

Closed for 22 months during the Covid-19 pandemic and running the serious risk of staying closed, this bar (a symbol of Vila Madalena bohemianism) reopened in January 2022. Well-known for staying open late, the bar opens until 1am from Tuesday to Saturday and until 11pm on Sunday. $$$

barfilial

FRANGÓ

Famous for serving São Paulo's best chicken with *catupiry* croquettes, Frangó is part of our local heritage. Their huge beer selection is still a must for hops lovers, with hundreds of national and imported labels, from the best- known to the less so, alongside Frangó American Lager, exclusively

produced by Dama Bier for the bar. If you go to Frangó, be sure to climb the steps of Matriz do Ó to enjoy the view from the top. $$$

frangobar

GUILHOTINA BAR

With soft lighting, exposed bricks, and iron designs on the walls, Guilhotina is ranked on the World's 50 Best Bars and is the highest-ranked Brazilian bar on the list. They keep about 10 exclusive drink recipes, with spicy names (and flavors) like the Classy as F**k (made from Bombay gin, Ardbeg whiskey, lemon, spices syrup and ginger) and the Sugar Horny (made with Ketel One vodka with ginger, sparkling wine, lemon, pineapple, and orange bitters with absinthe). The dining options are a little thinner, to not overshadow the drinks menu. $$$

www.guilhotinabar.com.br
guilhotinabar

INFINI

Located in the former events hall of the traditional La Casserole, a French restaurant opened in the 1950s in Largo do Arouche, Infini is a speakeasy. To get there, you have to cross the restaurant's main hall and head toward the kitchen, where a side door leads you to the secret location. Infini does not take reservations and there's a particular charm to that: the waiting takes place at another bar, set up inside a flower shop across from the restaurant. $$$

infini.bar

JHONY'S BAR AND RESTAURANT

If you're looking for the real *paulistano* dive bar experience, this is the place—or rather, *places*—for you. Jhony's (yes, it's a little different from the traditional spelling) is a chain with locations dotted throughout the city: the coolest are on Rua Canuto do Val, in Vila Buarque, where there are not one, not two, but four locations on the same street. They serve beer to the fashionista and LGBTQIAPN+ crowd—their steak parmigiana is one of the best in the city. $$

jhonysbar

ME GUSTA + MÉ

This place is always packed, with people competing for tables in the red-lit lounge, on the deck, or in the garage of the neighboring building. The menu has variety, ranging from ham to mussels, while the CO_2 mojito, completely carbonated, and the savvy snapper, made from gin with sage and tomato juice, stand out among the cocktails. In the basement you can find the little bar Mé, with its own menu and intimate atmosphere. $$$

www.grupoemerestaurantes.com.br/megusta-e-me-taberna
megusta.bar

MOELA

With a small floorspace that fills up quickly, Moela, one of Jhony's neighbors, was designed to embody the *boteco* culture: that's why the tables face the street, as a place to socialize, eat and drink among friends. Besides ice-cold beer, the menu features caipirinhas, *batidas*, food and several flavors of dumplings, including corn with gorgonzola, morcilla, *calabresa* sausage with *catupiry*, beef with marrow and more. $$

barmoela

ORIGINAL

Opened in 1996, this is another São Paulo beer temple. Located in Moema, it has a friendly atmosphere and simple food, mostly nibbles like traditional counter food; well-stuffed *pastéis* with homemade pastry; escondidinhos [Brazilian-style Shepherd's pie]; and freshly-baked empadinhas [mini pies with a filling]. Besides the creamy, ice-cold Brahma draft beer, the bar offers a selection of cachaças, whisky and caipirinhas. $$$

www.baroriginal.com.br
baroriginal

PIANO BAR DO EDIFÍCIO ITÁLIA

As the name suggests, the place hosts piano concerts, including bossa nova, jazz and soul music. The Piano Bar at Edifício Itália is on the top floor of what was the tallest building in São Paulo for many years. It has an old school charm to it and the view is a real treat. **#diditip**: take a cab. **$$$$**

🌐 www.terracoitalia.com.br
📷 terracoitalia

PIRAJÁ

Another specialist in nibbles and draft beer, Pirajá is kind of the "Rio embassy" in São Paulo, despite the owners actually being *paulistas*. The menu features dishes inspired by Rio bars, as well as other inventions, all accompanied by samba coming from the speakers. The mosaics depicting the Ipanema beach sidewalk and the large landscape of the Rodrigo de Freitas Lagoon with the Sugar Loaf in the background make this the most *carioca* bar in town. **$$$**

🌐 piraja.com.br
📷 barpiraja

PITICO

Pitico has a beachy vibe, with tables and chairs similar to ones used in São Paulo's beach resorts. It's made from different shipping containers in an old parking lot that later became a square. The first one houses the kitchen, where they make falafel and kafta kebabs, plus the famous Pita Kebab. The second one is a drinks bar, but when the place is crowded — which is often — the tip is to head straight to the third container for a quick cold beer. The final container has an open space for concerts and other cultural events. **$$$**

📷 piticofalafel

RABO DI GALO

Rabo Di Galo is Hotel Rosewood's bar. The head bartender is Ana Paula Ulrich, who has won several important international cocktail competitions. The atmosphere is chic and cool: the rounded ceiling is beautifully painted by the artist Cabelo. Jazz and Brazilian music concerts take place every night the place is open. The only problem is that the space is small, and the bar does not take reservations, so be prepared for a long wait. **$$$$**

🌐 www.rosewoodhotels.com/pt/sao-
-paulo/dining/rabo-di-galo
📷 rosewoodsaopaulo

RIVIERA BAR

First opened in 1949, Riviera Bar has gone through two different closings, but returned to business again in February 2022. Remodeled with an art deco vibe, the reopening kept the red drinks bar and added a few novelties to the menu. It's also open 24 hours and usually gets busy after 3am. **$$$**

🌐 www.rivierabarerestaurante.com.br
📷 rivierabarsp

SUBASTOR

Below Astor and hidden behind velvet curtains, SubAstor is a small treasure in Vila Madalena. It's got a charming and mysterious atmosphere, with an illuminated bar that prepares classic drinks and house specialties. $$$

🌐 www.subastor.com.br
📷 subastor

TAN TAN NOODLE BAR

Reached the 62nd spot among the 100 best bars in the world in the 2022 edition of "The World's 50 Best Bars." First opened in 2015, Tan Tan brings together house cocktails with "chuka" recipes, a branch of Japanese cuisine with Chinese influences. $$$

🌐 tantannb.com.br
📷 tantannb

TAP TAP

A good choice for people who like a nice draft beer. With exclusive products, artisanal selections and beers made in small batches, Tap Tap's selection is always changing. All the options available on-tap can also be taken home in growlers. $$$

🌐 taptapsp.com.br
📷 taptapsp

TIQUIM

Off the beaten track for São Paulo bars, the atmosphere at Tiquim is unpretentious, with creative cuisine. To complement the food and spice up conversations with friends, the caipirinhas are the best choice. Interestingly enough, Tiquim has a great daytime mood and is very busy at lunchtime. $$$

📷 bar_tiquim

TRAGO BAR

Trago's bar is small, with an eight-seat counter complemented by a small lounge for five people, but there are plenty of small tables on the sidewalk, which are quickly occupied by smart people who get there early. It's such a hit that people don't mind standing around, even without a table! $$$

📷 trago_bar

PARTY TIME!

If Rio natives have the beach, the São Paulo crowd has... the nightlife. Yes, in São Paulo you'll only run into people and move around the city a bit more freely—which is to say, with less traffic, in a more carefree mood, and so on—after sundown. Besides that, night in

São Paulo has been an experimental stage for new performers, music acts and counterculture movements for decades and, of course, a great place to just dance and have fun!

NIGHTCLUBS AND DISCOS

CLUB YACHT

With a 500-person capacity (the vast majority from the LGBTQIAPN+ community), Club Yacht follows a nautical theme and offers a varied music selection that ranges from pop to country. The place gets an *al mare* feeling from the blues, grays, silvers and special lights used in the décor, plus the seahorse sculptures, scale-shaped mirrors, aquariums and other sea elements.

clubyachtsp

BLUE SPACE

Located in Barra Funda and entirely painted in blue, Blue Space has a fixed cast of drag queens, go-go boys and other performers who take turns in super lively presentations on evenings essentially aimed at the LGBTQIAPN+ audience.

bluespacesp

D-EDGE

With LED lighting on the walls and dance floor, this club put São Paulo on the global electronic music circuit and helped train a number of local DJs who currently command the city's main parties. Having been around for a long time and survived all sorts of ups and downs, the place still delivers quality music and good times for those who like clubbing.

www.d-edge.com.br
dedgesp

DISCO CLUB

With a focus on Electronic Dance Music, Disco was one of the liveliest "playboy" night spots in the city at the onset of the 2000s. It reopened in February 2022 in a large space that brings together a club, a bar and two restaurants.

discosince2000

HEAVY HOUSE

A combination of bar, club and show house, the place is a bit reminiscent of small, funky house parties and welcomes a variety of DJs, traveling parties and alternative bands. Tables arranged around the dance floor and in front of the stage add to the atmosphere.

heavyhouse___

JEROME

This little club (and I mean "little," for it's quite small) came about from the idea of evoking *paulistano* parties from the 2000s. Jerome is the destination of fashionistas and the LGBTQIAPN+ crowd, in addition to local celebrities looking for a discreet night out. The program is divided into fixed parties and occasional projects. Special emphasis to: DJ and iconic character Johnny Luxo's Meow (Fridays); Felipe Venancio's Toilette (Wednesdays); and No Mercy (Saturdays), by DJ and model Marina Dias.

club.jerome

TOKYO BAR

The nine-story complex set up in a modernist 1949s building in the Central Zone combines karaoke rooms, art exhibitions, a restaurant, and a club on the rooftop with a view of the Copan building, plus other neighboring landmarks. The music is eclectic including house, techno, trap, pop, indie and Brazilian. If you feel like singing you can either choose the group room for 40 people that includes a bar, flat screens, couches, and tables or the three private rooms on the 7th floor—these are inspired on neighborhoods of the Japanese metropolis that lends its name to the place: Shibuya, Akihabara and Roppongi.

tokyo011.com.br
tokyo.sp

SPECIAL PARTIES

CARNAGERALDA

Everything started with a small street band led by friends who loved Rio's carnival—Rosana Rodini, Bárbara Rosalinski and Pedro Igor Alcântara—that became one of the most awaited and liveliest parties of the carnival period, both in Rio and in São Paulo. Carnageralda now takes place in other periods besides Carnaval—always with plenty of glitter. The label is also behind the popular Baile da Arara, where Caetano Veloso and Seu Jorge have already performed, and an equally coveted box in Rio's sambadrome that's always packed with celebrities. Expect a lot of Brazilian music played in a tropical disco glam rhythm, sweaty bodies, and tons of sparkle.

carnageralda_

GOP TUN

This entertainment collective with a curious name—an homage to Tom Cruise's famous 'Top Gun,' which recently had a sequel showing in theaters—Gop Tun is also a music label specializing in electronic music: it celebrated its 10-year anniversary in 2022 with a four-stage festival and 40 DJs, from Brazil and beyond. Throughout the decade, Gop Tun has held events in greenhouses, helipads, senior citizen's clubs, and other off-beat locations. Gop Tun also organizes the "Na Manteiga" radio station, as well as the Xama New Year's festival that's been held in plenty of paradisiacal locations, like Algodões beach, in Bahia.

goptun

MAMBA NEGRA

An icon of LGBTQIAPN+ political resistance, Mamba transformed São Paulo's nightlife welcoming new audiences and opening doors for performers outside the traditional artistic circuit, on the streets of São Paulo's Central Zone and old industrial warehouses, like Fabriketa, in Brás. The independent festival was first brought together in 2013 by Carol Schutzer (aka Cashu) and Laura Diaz (aka Carneosso): it's expanded throughout the years, founding a music label (Mambarec), an agency representing new visual and sound artists (Mambabooqueens) and a webradio service (Radio Vírusss). It was also the subject of the 2021 documentary *Mamba Negra — The Sound and the Fury of São Paulo*. Events are organized every month, usually based around electronic music mixed in with other genres, like rap and funk.

mamba.n

SANGRA MUTA

A key part of the independent underground São Paulo music scene, Sangra Muta first took place in 2016, championing electronic dance music and its many subgenres, like techno, house, and electro. Sangra Muta is organized by music producer Zezé Rezende (aka Gezender) in different spaces around the Central Zone, some of which have very alternative vibes — like an underground parking lot on Rua Líbero Badaró. It also stands out for its extensive line-up of non-musical performers, which are considered just as important as the DJs.

sangramuta

SELVAGEM

Selvagem was first organized in 2011 by journalists and musicologists Augusto "Trepanado" Olivani and Millos Kaiser. It started off pretty unassumingly and has only developed from there, with international events, album launches and plenty of memorable nights, including during carnival. Despite the departure of Kaiser in 2019 — who today helps run the bar Caracol, another one of the city's musical temples — the party hasn't lost steam, continuing to rock nights in São Paulo and Rio with high quality music and plenty of amazing dancers. If you're still in doubt, feel free to check out Selvagem's profile on Soundcloud where Trepanado uploads his most iconic sets.

festaselvagem

WHERE TO SHOP

Okay, the last thing I want to do is go consumer-crazy here, but if you're visiting São Paulo (or already live here) and feel like freshening up your wardrobe, getting new home decor, and anything else you could possibly imagine, you're in the right place. Scattered throughout the city, there are 240,000 stores, 59 commercial zones, 80 shopping malls, and so on. I've listed here many names and projects, both local and from throughout the country, that you can find in São Paulo: get to know them, visit them, and (if you can), why not grab a souvenir to remember your visit by?

FASHION

BRAZILIAN DESIGNERS

À LA GARÇONNE

Founded in 2009 by the entrepreneur Fábio Souza, the brand has a sustainable approach to fashion, utilizing reused materials. Today, it's working with the creative eye of one of the biggest names in Brazilian fashion, Alexandre Herchovitch, who joined the style team in 2016. Collections are often themed around urban life with a vintage touch: great selections of oversized jackets, coats, beautiful dresses made from upcycled fabrics, pants, and tailored shirts, as well as t-shirts, jeans, and stylish accessories. Another highlight is the decor line, À La Garçonne Home, which features furniture, lighting and objects carefully curated by the duo.

🌐 www.alagarconne.com.br
📷 alagarconne
📷 alagarconne_home

ATELIER FREIHEIT

Founded by stylist and creative director Marcio Mota, Atelier Freiheit takes an experimental approach, creating minimalist clothing designed around geometric shapes for all genders. Its color choice is a bit more spartan than most, with lots of black, white, blue, and off-white: most of Mota's inspirations come from old military and industrial uniforms, as well as other items found on his international travels. Their current HQ in Santa Cecília is a hybrid space, housing the label's clothes alongside other cultural projects, like their recent *Diálogos*, where different artists are invited to "talk" with the new collections through different formats, including painting, music, and art installations.

🌐 www.atelierfreiheit.co
📷 atelier.freiheit

BY NV

Influencer Nati Vozza's clothing line has gradually gotten more popular with women of all ages until it's become a true sales phenomenon. Here at home, my daughters and I both love it! One of the brand's biggest standouts are their tailored pieces, which are fashionable, modern, and effortlessly cool—like the Helena pants, made from crêpe, which are high-waisted and tapered. They're perfect alongside tennis shoes, flat sandals, or heavier boots to "break" a bit of the fabric's seriousness. These pants are released every season in a variety of colors: I have them in black, gray, and red—and I'm already getting ready for the next color, heeheehee! Cropped tops, patterned tees, pants and leather jackets are also present throughout their clothing collections, in different colors and cuts.

🌐 www.bynv.com.br
📷 bynv

CAROL BASSI BRAND

Founded in 2014 by Anna Carolina Bassi, the Carol Bassi Brand has a physical store at the Cidade Jardim mall where customers are welcomed like houseguests. The brand focuses on timeless and versatile fashion, with a good mix of prints, vibrant colors, fabrics, and textures. The designer often incorporates ruffles and volume with a romantic vibe into her clothing collections. She's also

a great social media influencer, with more than 391,000 followers (and counting!) on Instagram.

🌐 www.carolbassi.com.br
📷 carolbassibrand

CRIS BARROS

I'm a friend of designer Cris Barros, and a big fan and customer of the brand since it first launched and was called Wardrobe. I modeled for the first two catalogs, photographed by the brilliant Jacques Dequeker. 2022 marks the brand's 20 years—or "20 turns around the sun" as they like to say, more poetically. Cris Barros designs gorgeous dresses, often uniquely embroidered, as well as wonderfully cut pants and exclusive jewelry. I love them!

🌐 www.crisbarros.com.br
📷 crisbarrosofficial

DANI CURY (SAPATOS)

Best known for her handmade and self-designed leather shoes, Dani Cury started in the fashion industry with the brand Sept.is, which launched in mid-2010: she quickly entered the fashionista circuit, designing the shoes of some of the most stylish women in the city. After 2015, the brand changed to the designer's full name, but kept the timeless essence and quality of the pieces. The Cobra sandals are among her biggest hits, as well as the crocodile mules and Brogues. It's worth remembering Cury does more than shoes, designing beautiful belts and bags.

🌐 www.danicury.com
📷 danicury

DE GOEYE

Led by sisters Fernanda, Renata and Claudia de Goeye (formerly of iconic fashion label Raia de Goeye), De Goeye debuted in 2016, seeking to transform the family's sophisticated heritage into equally luxurious clothing. Their first collection, for example, was inspired by the sisters' French great-grandfather Enrique, who ran a boutique in Central São Paulo in the 1940s, selling luxury items like Piaget wristwatches and Hermès products. All their pieces are made from high quality fabric, most of which are imported from France or Italy—and some may take several months to be finalized. For this reason, De Goeye's clothing launches are divided into phases, instead of seasonal collections.

📷 degoeye

EGREY

Founded in 2011 by creative director Eduardo Toldi, this fashion brand is known to blend minimalism with urban references. Its inspirations often come from Brazilian architecture and design and the result is unpretentious but always impeccable.

Their knits are something else: Dudu's mother has run an exclusive business for around 30 years, supplying other big names in Brazilian fashion like Osklen and Cris Barros. Recently, Egrey also expanded into men's fashion, bringing that cool, low-profile vibe that made them famous into the boys' closets.

🌐 www.egrey.com.br
📷 egreyoficial

GLORIA COELHO

One of the greatest designers in Brazilian fashion, Coelho's brand has almost five decades of history, with plenty of awards, two books published, runway presence in Madrid and Portugal, plus and exhibition in Lisbon in 2004. Originally from Pedra Azul, in Minas Gerais, Coelho studied at the renowned Studio Berçot in Paris—she reached the top of the fashion world both for work that escapes the tropical stereotype and for innovative use of synthetic fabrics, such as neoprene, acetate crepe, nylon and others that have come to reflect the style of the cool *paulistana* woman.

🌐 www.gloriacoelho.com.br
📷 gloriacoelho

HANDRED

This *carioca* fashion brand founded by André Namitala is a hit both in Rio and São Paulo. In São Paulo,

Handred has two locations—one in Jardins and another in Shopping Iguatemi. Their resort-chic style with a minimalist touch has brought their success, with the inspiration always the seaside. The result is a mix of timelessness and comfort, aimed at being gender-free. Their focus is on linen, which Namitala masterfully sews, creating clothes that subvert the use of the fabric in both beach and urban styles.

🌐 www.handred.com.br
📷 handredstudio

IRRITA

Before launching Irrita in 2018, Rita Comparato had already caused a buzz in the Brazilian fashion scene with her first brand, Neon—founded in 2003 alongside Dudu Bertholini, and famous for its explosion of colors and artsy prints. The new brand continues to have a mix of different prints as a strong feature, but now the designer herself creates the patterns rather than collaborating with other artists. Everything comes from Comparato's drawings, and their inspiration comes from exotic destinations like India, Vietnam and Guatemala, artistic movements, and natural elements. Comparato also focuses on excellent cuts and perfect patterns.

🌐 irrita.com.br
📷 irritaoficial

ISAAC SILVA

"Believe in your *axé* [life force]." That's the motto (and philosophy of life) of Isaac Silva, a designer from Bahia known for flowing designs, made without gender that dress a variety of bodies, including stars Taís Araújo, Camila Pitanga, Gaby Amarantos, Djamila Ribeiro and Liniker. Silva's brand is also famous for its activism since his collections always bring forward important questions about racism and prejudice, alongside works with Afro-Brazilian and indigenous influences.

🌐 www.isaacsilva.com.br
📷 isaacsilvabrand

IDA

The second fashion brand from the Bento Guida's WBG group (that also own Souq), Ida is based on sustainability, developing clothes with a limited impact on the environment. They're less focused on trends and more on versatile garments, which are longer lasting and match different styles and personalities.

🌐 www.ida.com.vc
📷 ida.com.vc

L DNIM

I love jeans, and I've been enjoying this Brazilian brand, which works with quality, fashionable jeans and prices that won't scare you too badly, heeheehee! Their jeans and jackets come in different washes, many in that super cool 1980s style. I'm a fan.

🌐 www.ldnim.com.br
📷 l.dnim_jeans

LE SOLEIL D'ÉTÉ

Cotton and linen clothing with a soft touch and great fit, with a beachy, ocean, summer, breezy feel, perfect for a waterfront weekend—or to wear in the city and bring a bit of that "endless summer" vibe into São Paulo life. The embroidery—with nautical or sea themes—like giant octopuses or mini crabs—is one of the brand's signatures. The flagship store, in Alameda Gabriel Monteiro da Silva, has a charming coffee shop right inside.

🌐 lesoleildete.com
📷 le_soleil_d_ete_

LILLY SARTI

Sisters Lilly and Renata Sarti head this brand, focused on clothes and accessories for the urban, modern, cool woman—exactly like them. Earth tones and unique flows and volumes dominate and refined fabrics like jacquard are always present in their collections. The beautiful storefront in Jardins has a minimalist design with hints of art deco. Visiting the store is a treat in itself: it makes you want to buy everything they make even more, hahaha!

🌐 www.lillysarti.com.br
📷 lillysartibrand

LOLITTA

Headed by designer Lolita Hannud, knits are the brand's forte, and they come in exclusive patterns and styles produced by a high-tech knitting machine. I love their short, tight dresses (which give that "vacuum-wrapped" feeling) and that usually come with shorts to be worn underneath, which brings extra comfort to the wearer. The long dresses are also amazing, and my daughters love their tight crop tops.

🌐 www.lolitta.com.br
📷 lolitta

MISCI

The name Misci comes from "miscegenation," which for fashion and furniture designer Airon Martin, from Mato Grosso, is one of the most striking and beautiful aspects of Brazilian culture. The minimalist brand of clothing, accessories and furniture focuses on structured, tailored looks with atemporal patterns mostly developed with exclusive fabrics. Misci prioritizes industry and sustainable processes in producing its pieces. The Pinheiros store's clean lines are a perfect translation of the brand's spirit.

🌐 www.misci.co
📷 misci__

NERIAGE

Besides making incredible clothes, Neriage occupies a beautiful store on Rua Mateus Grou in Pinheiros. The brand emerged from Rafaella Canielo's final project at university and the name refers to a Japanese ceramic technique in which different-color clays are mixed to create a marbled effect. This same concept is applied to the brand's clothes, through textures and delicate details (like pleats and overlaps), as well as exploring different raw materials and their possibilities. The dresses are at the top of everyone's wish lists, especially the ones made in tulle, translucent mousseline and/or silk, with wide, flowing sleeves... all of them like something out of a dream.

🌐 neriage.com.br
📷 neriage_

PAT BO

Minas Gerais native Patricia Bonaldi created a brand best known for its sensual hand-embroidered dresses with deep necklines and strategic cutouts. American singer Camila Cabello is one of her clients: she wore a Patricia Bonaldi dress in the 2019 "Señorita" video and wore another of the brand's pieces to sing the hit alongside Shawn Mendes at the VMAs. Seeking to strengthen her presence in the international market, Pat Bo opened a store in Soho, New York in September 2021. In São Paulo, the brand's flagship store in Jardins features a complete collection of clothing, accessories, and houseware.

🌐 www.patbo.com.br
📷 patbo_brasil

PAULA RAIA

Paula Raia takes an authorial approach to her designs using mostly natural fibers like cotton, linen, and silk, often produced on hand looms, for her unique styles. The brand is a great exponent of *slow fashion*, advocating for fashion made with care and attention to detail in distinctive and exclusive pieces. The gorgeous store was designed by celebrated architect Isay Weinfeld and sweeps the customer away to the designer's poetic, sensual and original universe.

🌐 www.paularaia.com
📷 paula_raia

REINALDO LOURENÇO

Another established name in Brazilian fashion, Lourenço launched his brand in 1984 and has been considered the master of the perfectly structured, tailored garment. Married to Gloria Coelho for 25 years, he was her assistant at one point. Alongside his pants, shirts, and minimalist blazers, Lourenço frequently uses floral prints in his collections, in many different forms—including some with Liberty, a London-based brand famous for its tiny, delicate flowers. The designer's mood board often contains references to the past, like the punk movement, the 1980s or Victorian England, always interpreted in a fresh, modern way.

🌐 www.reinaldolourenco.com.br
📷 reinaldolourenco

VANDA JACINTHO

The focus here are large pieces of jewelry with bold shapes—like necklaces with giant colored links—as well as silk *panneaux* with exclusive designs. These can become dresses, miniskirts and even tops, depending on how they're tied. The brand has an international following. Besides her São Paulo shop, Vandinha sells her pieces in several marketplaces worldwide.

🌐 vandajacintho.com.br
📷 vandajacintho

VON TRAPP

Born in Quilpué, Chile and raised in Brazil, designer Marcelo Von Trapp stands out for his handiwork, especially with pleats and ruffles, as well as his exquisite tailoring, the highlight of his brand. Von Trapp also emphasizes sustainability, using only Brazilian raw materials, mainly from sources close to his atelier in Higienópolis—vintage stock and upcycled materials. In addition, to avoid the use of factories, the designer formed his own team, helping to recapture

traditional cutting and sewing techniques. It's no accident that he's one of the most sought-after names for celebrity stylists and musicians to create special outfits.

🌐 vontrapp.com.br
📷 von__trapp

WAI WAI RIO

Bags in unique and original shapes, handcrafted from a combination of materials like straw, wood, metal, and colored acrylic, are Wai Wai's bestsellers. In my opinion, the "Alix" bag deserves an award for the beauty and originality of its design. Wai Wai is a 100% Brazilian brand and has won over foreign customers—Beyoncé has been seen carrying one of their pieces.

🌐 waiwairio.com
📷 waiwai.rio

MULTI-BRAND STORES

CARTEL 011

This shop features hyped streetwear brands like Converse, Vans and Nike. But it also has a very refined selection from independent Brazilian designers, like Normando, Cuadró and Mottainai, as well as their in-house brand CZO.

🌐 www.cartel011.com.br
📷 cartel011

GALLERIST

Gallerist started out with four sisters using their different ways of looking at things to collect pieces from cool Brazilian brands. Their selection includes clothing, shoes, bags, jewelry, beauty supplies, a selection for kids and homeware from 219 designers. Well-known ones include Cris Barros, Coven, and Lilly Sarti. The fashionista clan also owns five in-house brands: Framed; the slightly retro Allmost Vintage, in collaboration with Luiza Ortiz; children's line Edamami; the more basic Clemence; and resort wear Linnen, designed by the owners' mother Denise.

🌐 www.gallerist.com.br

NK STORE

One of the coolest and most chic stores in São Paulo. They feature their in-house brand as well as an excellent curation of international brands.

🌐 www.nkstore.com.br
📷 nkstore

PINGA

The best in Brazilian and Latin American fashion in a nice, discreet place. Here, you'll find plenty of new names that you won't find anywhere else, like Gansho, Perigo and Laura Cangussu, as well as the Swiss-Brazilian costume designer Alexia Hentsch, who recently released a capsule collection of Carnaval-inspired clothing.

They also have a selection of household items, like playful lamps designed by Luiza De Biasi, and Julia Brito's artsy tabletop items.

🌐 pingastore.com.br
📷 pinga.store

SWIMWEAR AND ACTIVE-WEAR

ADRIANA DEGREAS

Internationally known Brazilian swimwear and resort wear designer Adriana Degreas imbues each of her creations with creativity, originality, and sophistication. Whenever I walk into her shop, I imagine that I'm sailing in a private yacht on the beaches of Croatia, Angra dos Reis, or that I'm at a pool at a hotel in Cap D'Antibes (after all, I can dream, right?! Crazy me, heeheehee). Their bikinis and swimsuits fit beautifully and often come in unconventional models and cuts. Her sundresses are also extremely chic.

🌐 adrianadegreas.com.br
📷 adrianadegreas

TRACK & FIELD

Apart from the slight nepotism (my husband, Fred Wagner, is one of the founders of the brand, hahaha!) Track & Field is, in my opinion, the best option if you're looking for modern activewear of impeccable quality. Their choice of fabric is very high-tech, such as the exclusive Thermodry, which is lightweight and quick drying, or the fabric designed with special NASA technology, which adapts to thermal changes, absorbs heat, and reduces excessive heating or cooling of the body. These are just a few examples: at Track, you'll find clothing lines for men, women, and children, which means everyone can practice their favorite sport wearing with functional pieces, in different colors and designs. They balance comfort and current fashion trends. Highly inDIDIcated, heeheehee!

🌐 www.tf.com.br
📷 trackfieldoficial

TRIYA

I love Triya's prints: they're colorful and super original. A few of the brand's highlights include their collection made in collaboration with the Rolling Stones (summer 2021), with bikinis, swimsuits and kaftan dresses designed with the "lips" logo, and another made in collaboration with Pink Floyd (summer 2022), with references to the cover of Dark Side of the Moon, among other visuals. Imagine for someone like me, who's a big fan of rock… I wish I could have all of them, heeheehee! Triya sells tops and bottoms separately, so you can put together the bikini of your choice, and which fits your body best.

🌐 www.triya.com.br
📷 triya_brasil

VIX SWIM

Designed by Paula Hermanny, this women's swimwear brand is chic and unpretentious at the same time. Collections include bikinis and swimsuits made from textured fabrics, with metal accessories and exclusive designs, alongside dresses, skirts and tops that go well on the beach, at the pool and even in the city.

🌐 www.vixbrasil.com
📷 vixpaulahermanny

THRIFT STORES

BFF

🌐 www.bffshop.com.br
📷 bffshopmycloset

BRECHÓ FUNDINHO

🌐 brechonofundinho.lojavirtualnuvem.com.br
📷 brechonofundinho

CASA JUISI

📷 casajuisi

JEWELERS: BRAZILIAN DESIGNERS

ARA VARTANIAN

The last name Vartanian, shared by jewelers Ara and Jack Vartanian, isn't just a coincidence: they're brothers of Armenian origin, and both are talented designers—though each one obviously confers their own personalities onto their work. One of Ara Vartanian's trademarks is jewelry with inverted black diamonds—that is to say, "pointing up." Another bestseller is the "bone earring," a small hoop earring with a mini gold horn, studded with small black or white diamonds. This is actually something that master fashion muse Kate Moss and I have in common: we both wear these earrings, heeheehee! Not to mention his other international customers like Rolling Stones guitarist Ronnie Wood, English top model Naomi Campbell, and many Hollywood actresses. Ara is married to the beautiful Sabrina Gasperin, who is the inspiration for much of his work. When you schedule a visit to his studio, you can look at the workshop, with the goldsmiths in action. Take the opportunity to chat with Ara about what's on his playlist—he has great taste in music.

🌐 www.aravartanian.com/pt
📷 ara_vartanian

ARON HIRSCH

My dear friend Sandra Aron and Taísa Hirsch are the names behind this chic and cool jewelry brand. The central idea is that the jewelry—with original, feminine, and delicate designs—be worn in everyday life. Aron Hirsch's first collection brought a new light to vintage rings and earrings, designed in smaller, different shapes, making something retro modern and current. I love the pieces that mix cowrie shells, colored gems and gold.

🌐 aronhirsch.com.br
📷 aron_hirsch

GUERREIRO

Guerreiro specializes in silver jewelry for both men and women, with bohemian, rocker, mystical and even religious inspirations. One of their most well-known creations is a silver scapular necklace. The bracelets that mix braided leather with silver, especially the famous "knot," are also very extremely coveted.

🌐 www.guerreiro.com
📷 guerreirojoias

JACK VARTANIAN

Ara Vartanian's brother, mentioned above (since the list is in alphabetical order), Jack Vartanian takes an authorial approach to his jewelry designing. Besides work made from 18 carat gold and gemstones, Jack

Vartanian also launches collections made from silver with gold plating, which makes it possible to buy one of his pieces at a more affordable price.

🌐 www.jackvartanian.com
📷 jackvartanian

OLSEN K

Focused on sustainability, *paulistana* Karina Olsen's jewelry brand uses 100% recycled metal and works with 18 carat gold and 950 silver from electronic waste, the automobile industry and antique jewelry. For gemstones, the design team avoids waste by using both the more crystalline cuts and the shavings that are typically discarded by traditional jewelers. With minimalist touches, Olsen's creations are modern and authentic, and stand in for amulets for those who enjoy a more mystical vibe. To visit the studio in Pinheiros, you just need to schedule an appointment online.

🌐 www.olsenk.com
📷 olsen__k

PAOLA VILAS

This jewelry designer from Rio uses the shapes and curves of the feminine body as her major inspiration in pieces that she calls "wearable sculptures." One of her most iconic creations is the Louise bracelet, which depicts a naked woman, curved along her back and grasping her wrist. The store, in a house on Rua Oscar Freire, is an attraction itself with minimalist ornaments and an adjacent rock garden lit by a skylight. The jewelry, silver or 18k gold-plated silver, are displayed on rock columns, as well as pieces of furniture designed by the jeweler herself, such as the beautiful Seios [Breasts] table.

🌐 paolavilas.com.br
📷 paolavilas

PRASI

Founded by Rio natives Helena Sicupira and Mariana Prates, this brand mixes references to architecture and the Brazilian modernist movement with iconic elements of Rio de Janeiro, creating delicate and contemporary pieces of jewelry, manufactured both Italy and Brazil. A few examples are the Friburgo pendants, the Corcovado earrings, and the Dois Irmãos ear cuffs. Praci's jewelry comes in several different types of metal, such as yellow, white, and rose gold, as well as different gemstones, including topaz, tourmaline, and malachite. The brand's international customers include Gwyneth Paltrow and Justin Bieber, who's worn their diamond studded Dois Irmãos earrings at some of his concerts.

🌐 prasiofficial.com
📷 prasiofficial

SAUER

One of the oldest and most respected jewelers in Brazil, Sauer was founded in Rio de Janeiro by French native Jules Sauer in 1941. At first, it was called Amsterdam Sauer and became famous for its work with gemstones, especially diamonds and emeralds, many of which won awards, including at the De Beers International Awards. Stephanie Wenk took over as creative director in 2013 and has since revamped the brand entirely. With a shorter name, signature creations full of artsy references, surreal touches and sculptural chapes, Wenk has been developing high-demand collections for every season, such as for the celebration of Sauer's 80th anniversary, which includes reinterpretations of iconic past pieces made from gemstones in their collection, such as Paraíba and pink tourmalines, sapphires, amethysts, and, amazingly, a half-kilogram of emerald transformed into 200 carats of gems.

🌐 www.sauer1941.com
⌾ sauer

SUPERMARKETS AND GOURMET FOOD SOURCES

CASA SANTA LUZIA

A supermarket with an exclusive selection of products, and, therefore, slightly higher prices. The mezzanine floor is for gluten-free, lactose-free, and sugar-free items, and other specialty products.

🌐 www.santaluzia.com.br
⌾ casasantaluzia

EATALY

This Italian food supermarket was already famous in New York when they opened their doors to São Paulo, in 2015.

🌐 eataly.com.br
⌾ eatalybr

EMPÓRIO SANTA MARIA

Santa Maria transformed a trip to the supermarket into a pleasant (if somewhat pricy) outing. Their mezzanine floor features a sushi bar that serves both lunch and dinner.

🌐 www.emporiosantamaria.com.br
⌾ emporiostamaria

MERCADÃO MUNICIPAL

The municipal market is one of São Paulo's most visited tourist spots—for the history of the building as much as for its little treats.

First opened in 1933, *mercadão* was designed by engineer Felisberto Ranzini (who also designed Casa das Rosas). It occupies over 12,600 sq m (135,625 sq ft) along the banks of the Tamanduateí river, with over 1500 employees who handle around 350 tons of food per day—including fruit, vegetables, meats, fish, pasta, sweets, spices, and much more. Another iconic attraction is the mortadella sandwich, a culinary icon famous for its massiveness, in the best "ogre snack" style, hahaha. Rumor has it that the delicacy traces back to the 1960s, when employees jokingly decided to create an overly large mortadella snack. The sandwich caught the customers' fancy, became a hit, and the rest is history.

🌐 www.mercadomunicipalsp.com
📷 mercadaosaopaulo

MERCADO DA LAPA

This is a smaller version of the Mercadão Municipal and even includes its own version of the mortadella sandwich. Among other products, the Mercado's 96 stalls feature cheese, wine, medicinal herbs, preserves, seafood and sausages. The *pastéis* from Pastelaria Mercadão are among the place's main attractions, and the stall is always packed with people. They're famous for their generous fillings, which are practically a full meal in themselves—the codfish and the meat are among the most requested.

🌐 www.mercadodalapa.com.br
📷 mercadodalapa

MERCADO MUNICIPAL DE PINHEIROS

The Mercado Municipal de Pinheiros is made up of stalls with fruit, vegetables, and fresh greens, as well as a butcher, a fishmonger, a seller of cereals and spices, a flower shop, and restaurants, such as the Pizzaria Napoli Centrale that makes fried pizza, a specialty from Naples (Italy). There's also a Mocotó Café, a mini branch of chef Rodrigo Oliveira's restaurant.

🌐 www.mercadomunicipaldepinheiros.com
📷 mercadodepinheiros

INTERIOR DESIGN AND HOUSEHOLD ITEMS

AMOREIRA

A charming store with a smart selection of furniture, design items and dinnerware, like the beautiful and creative ceramics from Portuguese brand Bordallo Pinheiro, the printed tile trays developed by the artist Flávia Del Prá, as well as stationary items, and unique children's toys, among others.

🌐 www.amoreira.com.br
📷 amoreiraloja

ATTOM AND CARLOS MOTTA

Architect Carlos Motta made his name in Brazilian design with signature wooden furniture, developed in his studio over 40 years. From there, Attom (a play on words: it's the family's last name written backwards) was born, a store run by Carlos's son, Diego, specialized in household items, like plates, bowls, stools, wooden boards, t-shirts, sweatsuits, among other items. Everything is designed in the studio in Vila Madalena, which also works as a store and office for the duo.

🌐 attomdesign.com
🌐 www.carlosmotta.com.br
📷 attomdesign
📷 ateliercarlosmotta_oficial

DPOT OBJETO

Items from Brazilian designers and artisans, with newcomers to established names from all regions of the country. Pieces are decorative or utilitarian, made from various materials such as ceramics, wood and straw, among others and collections change from time to time. Further along Alameda Gabriel Monteiro da Silva is the Dpot store focused on Brazilian furniture, beautifully designed by architect Isay Weinfeld.

🌐 www.dpotobjeto.com.br
📷 dpotobjeto

FEIRA NA ROSENBAUM

What started as a traveling art, design, handicrafts, and food fair in 2012 became a physical store in Pinheiros in February 2022. The place brings together independent artists, designers, and artisans with signature pieces and Brazilian DNA. Divided into three sections, the space has a café and emporium, both dedicated to Brazilian producers and typical items, such as cheese from the Serra da Canastra, coffee from different regions of the country, and cheese bread. There's also a section dedicated to beauty, with artisanal cosmetics from brands such as Olea, among others. Highlights from their decor include ceramics by Mano de Baé, from Pernambuco, fabrics from Zizi Carderari's Estúdio Avelós, and furniture from Estúdio Cruzeta.

🌐 www.feiranarosenbaum.com.br
📷 feiranarosenbaum

MULA PRETA

Founded in Natal, Rio Grande do Norte by award-winning designers Felipe Bezerra and André Gurgel, the studio has a physical shop at Alameda Gabriel Monteiro da Silva, one of the city's main centers for interior design and architecture. There, you'll find furniture and objects inspired by Northeastern regional culture. One of the studio's most sought-after pieces is the "Ping x Pong" table, with modern lines and made of wood and corten steel. A hybrid piece, it can be used for table tennis, as a dining table or as a desk for the office.

🌐 mulapreta.com
📷 mulapreta

ORBI DESIGN

Carefully curated by Daniela Martins and Marco Viterbo, this shop brings together furniture, objects and works by artists and brands from different corners of the globe—like ceramics by Brazilian sculptor Adel Souki, items by Italian Bitossi Ceramiche, black and white plates by Englishman Rory Dobner, among other finds. Another highlight are the handmade tables, sofas, and ottomans from BY MAV, developed by Marco Viterbo. A talented designer, he was responsible for my home's interior (besides being a dear friend).

🌐 orbionline.com
📷 orbidesign

SÉCULO XX

Focused on furniture and design items from the 1940s to the 1970s, their list of designers includes stars, such as Geraldo de Barros, Michel Arnoult, Sergio Rodrigues, Giuseppe Scapinelli, Carlo Hauner, Martin Eisler, Vladimir Kagan, and Carlos Motta, among others. It is *the* place for people looking for signature items or pieces of furniture, often of historical value.

🌐 www.seculoxx.com.br
📷 seculoxxoficial

VERNIZ

This business started as a curatorship of antique furniture, such as, sofas, chairs, tables, and screens found all over Brazil and displayed in a 400 sq meter (4300 sq ft) warehouse in the Central Zone, where they are available by appointment.

🌐 vernizsp.com.br
📷 vernizsp

BOOKSTORES

BANCA TATUÍ

A charming little place opened by publishers Lote 42, the space brings together material from over 200 companies in the field, as well as collectives and independent Brazilian artists. The focus is on formats, bookbinding, and themes outside the mainstream. The space is interestingly designed, with an internal structure made from OSB (a wood-based panel material) that serves to store materials and as reading benches. Occasionally they hold events, and Banca becomes a stage for small concerts of alternative bands.

🌐 www.bancatatui.com.br
📷 bancatatui

LIVRARIA CULTURA

One of the largest bookstores in the city, Cultura is located in Conjunto Nacional, which itself is already a destination. It has a huge catalog with all the latest releases, as well as the Eva Herz theater, named after the store's founder.

🌐 www3.livrariacultura.com.br
📷 livraria_cultura

LIVRARIA DA TARDE

This bookstore offers options in literature, the arts, humanities, business, and children's books. Their events include book clubs, releases, and round circles at the Made by Nina sweet shop, known for having the best chocolate panettone in town.

🌐 www.livrariadatarde.com.br
📷 livrariadatarde

LIVRARIA DA TRAVESSA

A *carioca* favorite and the official Paraty International Literary Festival (FLIP) bookstore, Travessa has three locations in São Paulo, one of them in a house on Rua dos Pinheiros, with a cozy deck for sitting and reading. Divided into two floors, this unit has a more rigorous selection of books than the others, thought up to have a unique, modern collection, with a wide variety of titles. They also have a mini self-service coffee shop, which offers a selection of wines as well.

🌐 www.travessa.com.br
📷 livrariadatravessa

LIVRARIA DA VILA

With over 10 locations in São Paulo alone, this chain offers everything from Brazilian and imported books to stationery, games, and toys, as well as a geek section, dedicated to manga, comics, and RPG. In the goodies section, each store offers different options, like La Guapa empanadas or Santo Grão coffee.

🌐 www.livrariadavila.com.br
📷 livrariadavila

LIVRARIA GATO SEM RABO

This bookstore specializes in female authors, bringing together around 1500 titles selected in partnership with over 150 Brazilian publishers. Here, you'll find novels, scientific and political books, poetry and more, many by new woman writers or names little known in the market. The unusual name comes from a 1929 essay by Virginia Woolf and refers to the feminist focus of the business, describing the female presence in literature as something as strange as a cat without a tail. The bookstore also has a coffee shop and a space for meetings, debates and reading groups.

📷 gato.sem.rabo

LIVRARIA MEGAFAUNA

Megafauna's aim is to contribute to critical thinking with programming that includes the "seasons project," in which a different theme inspires the selection books, debates, and tips. With guests and in-house curators, these events help highlight the selection and diversity of the authors and subjects. Another attraction is chef Bel Coelho's restaurant Cuia, located inside the bookstore, with a delicious selection of food and drinks.

🌐 www.livrariamegafauna.com.br
📷 livrariamegafauna

LOVELY HOUSE

Inside Galeria Ouro Fino, this bookstore's collection puts a spotlight on photography, art, and design, making room for independent titles and authors. Their selection is assembled by the founders, a couple who have worked with image processing, art direction and creation for many years, so editorial and graphic quality is crucial to their choice of publications.

🌐 lovelyhouse.com.br
📷 lovelyhouse.casadelivros

MUSIC

BARATOS AFINS

Founded in 1978 in Galeria do Rock as a used record shop, it's currently one of the classics of the Brazilian indie scene. Founded by music producer Luiz Calanca, it has a huge variety of styles and artists, in addition to its own record label famous for having launched independent bands like Fellini, Ratos de Porão and Platina. Luiz still makes a point of serving customers personally, helping people search for LPs.

🌐 www.baratosafins.com.br
📷 baratosafinsoficial

FIEL DISCOS

Headed by DJ and musician Ricardo Athayde, Fiel sells new and used vinyl, with an impeccable selection for experts. In the new releases section, you'll find albums by Rodrigo Amarante, Tyler the Creator and Lorde, while the resale selection brings together rarities from artists like Raul Seixas, John Coltrane, Tina Turner, and Gal Costa, all in mint condition. Fiel also accepts special orders, and the physical store also has a bar that hosts occasional parties featuring Athayde's guest DJs.

🌐 www.fieldiscos.com
📷 fieldiscos

LONDON CALLING

Also located in Galeria do Rock, this is another famous spot in the music scene, especially in the 1990s, when it held crowded signings with artists like Marky Ramone, Mudhoney, Buzzcocks, Andy Rourke and L7, among others. This even became the subject of a documentary, produced by Snake Pit TV, and released in 2018 to celebrate the store's 32nd anniversary. To this day, the shop is on the hot list for people who come to play shows in the city.

🌐 www.londoncalling.com.br
📷 londoncallingdiscos

STATIONERY STORES

HAIKAI

Pens, notebooks, stickers, and toy art: this stationery store has a little bit of everything. It makes you want to buy one of each!

🌐 www.haikaipresentes.com.br
📷 haikai.papelaria

PAPER HOUSE

A more sophisticated stationery store, Paper House has a good selection of birthday cards, unique pens, and rubber stamps, among other items. #diditip: Paper House makes beautiful gift wrapping, even for items purchased at other stores.

🌐 www.paperhouse.com.br
📷 paper_house

PET SHOP

ZEE DOG

Far from the traditional pet shop, Zee Dog has a stylish, high-tech concept materialized into a huge physical store: a four-story building christened "Temple."

🌐 www.zeedog.com.br
📷 zee_dog

TATTOOS AND PIERCINGS

TATTOO YOU

If you're looking for a tattoo and piercing studio, my **#diditip** is: Tattoo you. The space is super clean and hygienic. My daughters and I are clients. They get our seal of approval!

🌐 www.tattooyou.com.br
📷 tattooyoubrasil

TECHNOLOGY

APPLE STORE (SHOPPING MORUMBI)

This isn't quite a diditip: if you face (or have faced) a problem with an Apple device, you'll probably find (or have found) this address with a single click on the search bar. Since this is the only official Apple Store in São Paulo, I thought the guide should be of service and make everything convenient for you, heeheehee! The store's located in the Morumbi Shopping mall, which is huge: if you're going there, make sure you have other errands to run. For international tourists, it's worth saying that Apple's prices in Brazil are exorbitant, thanks to import taxes.

🌐 www.apple.com/br/retail/morumbi
📷 apple

WINE

GRAND CRU

Originally from Argentina, Grand Cru is the largest wine importer and distributor in Latin America. They offer at least a thousand different labels, most well-known, with a wide variety of prices.

🌐 www.grandcru.com.br
📷 grandcruvinhos

WINE

Starting as an e-commerce business, today Wine has physical locations in different neighborhoods throughout the city. There's plenty of diversity in wine labels, with options from Morocco, Lebanon, and China, as well as other producers outside the traditional routes.

🌐 www.wine.com.br
📷 winevinhos

SHOPPING CENTERS

Shopping centers—numerous and scattered throughout every neighborhood—are, for better or worse, an intrinsic part of the shopping, service, and entertainment experience in any, and all, large Brazilian metropolises, São Paulo included. Although I still think nothing compares to a good stroll through the streets for shopping and exploring the city, I know how sometimes a mall can be everything we need to solve our daily needs. So, here are a few of my favorites:

IGUATEMI

🌐 www.iguatemi365.com
📷 iguatemi365

CIDADE JARDIM

🌐 shoppingcidadejardim.cjfashion.com
📷 cidadejardimshopping

JK IGUATEMI
🌐 iguatemi.com.br/jkiguatemi
📷 jkiguatemi

PÁTIO HIGIENÓPOLIS
🌐 iguatemi.com.br/patiohigienopolis
📷 patiohigienopolis

SHOPS JARDINS
🌐 shopsjardins.cjfashion.com
📷 shopsjardins

PAMPER YOURSELF

SPAS

Many hotels in São Paulo have good spas for guests and external clients—which is the case of Flora Spa, located at the Palácio Tangará, offering treatments with products from the French brand Sisley. Besides these options, here are two diditips on places where you can schedule a good massage or a therapeutic bath and leave feeling brand new:

AIGAI SPA

Aigai is a real oasis for those seeking a moment of relaxation and disconnection in the middle of the big city. The spa has areas carefully designed for facial and body massages, as well as other treatments, many of them using water as therapy, in both baths and special showers.

🌐 aigaispa.com.br
📷 aigaispa

SHIATSU LUIZA SATO

This spa has more than 20 locations in the city: besides a body and face shiatsu, you can also schedule reflexology, lymphatic drainage, and hot stone massage therapy, among other treatments.

🌐 www.luizasato.com.br
📷 shiatsuluizasato

SKINCARE

Whether you're looking for a dermatology consultation or just a good facial, here are my recommendations:

CLÍNICA ADRIANA VILARINHO

Dr. Adriana Vilarinho and Dr. Larissa Hanauer, who are part of the team here, have helped with my skincare for over 15 years.

🌐 www.adrianavilarinho.com.br
📷 clinicaadrianavilarinho

DOMINIQUE MAISON DE BEAUTÉ

A mix of store and spa, focused on facial skin and hair care by super qualified professionals.

🌐 www.dominiquebeaute.com.br
📷 dominique_beaute

MARIZETE (SALÃO 1838)

The best facial in São Paulo.

🌐 salao1838.com.br
📷 esteticistamarizetelacerda

HAIR STYLISTS

HOUSE OF BEAUTY

📷 ricardodosanjos

JACQUES JANINE CASA CONCEITO POR MAURO FREIRE

📷 maurofreire

MARCOS PROENÇA

🌐 www.marcosproenca.com.br
📷 marcosproencacabeleireiros

ROM CONCEPT

🌐 romeufelipe.com.br
📷 rom.concept

STUDIO W

🌐 www.studiow.com.br
📷 studio_w

ÍNDICE

EXISTE AMOR EM S[I]

AGRADECIMENTOS especiais à minha editora Renata Pettengill, que fez de tudo e mais um pouco para que este guia se tornasse realidade.

Obrigada ao Bruno Zolotar, que me apresentou à Renata Pettengill e indicou o projeto do "Minha São Paulo" para a Editora Record.

Obrigada à Editora Record como um todo, incluindo o trio de mulheres que comanda este Grupo Editorial – Sônia Jardim, Roberta Machado e Rafaella Machado –, e em especial aos envolvidos na realização deste guia: Luiza Miranda, Beatriz Araujo, Georgia Kallenbach, Mariana Ferreira, Pedro Gabriel, Julia Moreira e Maria Clara Mendes pela checagem de informações e pesquisa iconográfica; Anna Carla Ferreira e Julia Moreira pela revisão ortográfica; Raquel Zampil pelo índice remissivo; Clau Guimarães, Aaron Scott e Ethan Kaimana pela versão para o inglês; Lívia Prata pelos mapas; Marco Rodrigues, Marcos Farias, Elton Morais e Patricia Silva pela Produção; Everson Chaves, Lucas Reis, Débora Souza e Gabriela de Vicq pelo Marketing; Rafael Sento Sé e Simone Magno pela Assessoria de Imprensa; e Franciele da Silva e sua equipe pelas vendas e distribuição.

Obrigada à Renata Vidal pelo lindo projeto gráfico e pela paciência nas incontáveis reuniões via videoconferência que fizemos com a Renata Pettengill para discutir sobre as imagens e diagramação do guia.

Muito obrigada ao Nô Mello, meu parceiro de longa data, pela coordenação editorial e redação de textos, e à Chantal Sordi pela grande colaboração na pesquisa de conteúdo e textos.

Agradeço à Carla Munhoz pela assessoria jurídica; e aos meus empresários Marcos Brandão e Laís Bartoli e demais profissionais da House Entertainment.

Obrigada a todos os profissionais envolvidos na realização das minhas fotos – citados nos créditos finais, em especial ao Jairo Goldflus pelos cliques.

E, por fim, e não menos importante, obrigada a todos vocês que me acompanham na tela da TV, nas redes sociais e na vida.

CRÉDITOS

TEXTO
Autora: Didi Wagner
Coordenação Editorial: Nô Mello
Produção de Conteúdo: Chantal Sordi
Versão para o inglês: Clau Guimarães, Aaron Scott e Ethan Kaimana

DESIGN DE CAPA E PROJETO GRÁFICO DE MIOLO
Renata Vidal

FOTOS DIDI WAGNER
Produção Executiva: Didi Wagner
Fotografia: Jairo Goldflus
Direção de Arte: Ines Nespoli
Styling: Thiago Biagi
Produção de moda: Lia Neiva
Maquiagem e cabelo: Eliezer Lopes
Assistente para maquiagem e cabelo: Jaqueline Gualberto
Coordenação: Duda Dalloz (Index Conectada)
Produção: KG Imagem Criativa
Logística: SM Yamashita Transportes
Tratamento de Imagem: Sergio Lavinas
Agradecimentos às lojas Egrey e Livraria Gato Sem Rabo, à Luciana Brito Galeria e aos restaurantes Bottega Bernacca e Rodeio por cederem seus espaços para os nossos registros.

FOTOS DA CIDADE

CAPA
Guilherme Madaleno / Unsplash;
Nathana Rebouças / Unsplash

MIOLO
p. 2 e 3 - Thuanny Gantuss / Unsplash
p. 4 e 5 - Vinicius "amnx" Amano / Unsplash
p. 6 e 7 - Marcos Rodrigo / Unsplash
p. 8 e 9 - Guilherme Omella Mainieri/ Shutterstock
p. 10 - Jairo Goldflus
p. 13 - Anderson Santos / Unsplash
p. 14 e 15 - Lívia Prata
p. 16 e 17 - Lívia Prata
p. 18 - Jairo Goldflus
p. 20 - Maick Maciel / Unsplash
p. 22 - Antonio Salaverry / Shutterstock
p. 23 - Ronaldo Santos / Unsplash
p. 24 - Lucas Santos / Unsplash
p. 27 - Maick Maciel / Unsplash
p. 28 - Joshua Rodriguez / Unsplash
p. 29 - Studio Denmark / Design Cuts
p. 30 - Diego Carneiro / Unsplash
p. 31 - Buda Mendes / Equipe (Getty Images)
p. 33 - Nelson Antoine / Shutterstock
p. 34 e 35 - Dado Photos / Shutterstock
p. 35 - Antonio Salaverry / Shutterstock
p. 37 - Nelson Antoine / Shutterstock
p. 39 - Dado Photos / Shutterstock
p. 43 - Jairo Goldflus
p. 44 - Jairo Goldflus
p. 46 - Thiago Leite / Shutterstock
p. 46 e 47 - Gabriel Ramos / Unsplash
p. 48 - Alecsander Alves / Unsplash (Pinacoteca)
p. 48 - Jairo Goldflus
p. 49 - Nani Rodrigues

p. 50 - eli medeiros / Shutterstock
p. 51 - Jairo Goldflus
p. 52 - Brunno Tozzo / Unsplash
p. 52 - Lucas Santos / Unsplash
p. 52 - Lucas Santos / Unsplash
p. 53 - Leonardo Sanches / Unsplash
p. 54 - sorayarubiag / Shutterstock (Casa de Vidro)
p. 54 - Christian Felix Möller Somers / Unsplash (Ponte do Morumbi)
p. 55 - Alf Ribeiro / Shutterstock
p. 56 - Thiago Cardoso / Unsplash
p. 57 - Gabriel Cattaruzzi / Unsplash
p. 58 - Minimo / Unsplash
p. 58 - EQRoy / Shutterstock
p. 59 - Gabriel Ramos / Unsplash
p. 60 - Gustavo Juliette / Unsplash
p. 61 - Jairo Goldflus
p. 62 - Marcelo Costa Barros / Getty
p. 66 - Phaelnogueira / iStock
p. 67 - Diego Meneghetti /Shutterstock
p. 68 - lucasinacio.com / Shutterstock
p. 69 - Martinelli73 / iStock
p. 70 - Nelson Antoine / Shutterstock
p. 71 - Gustavo Frazao / Shutterstock
p. 72 - Alf Ribeiro / Shutterstock
p. 74 - Divulgação CEAGESP
p. 75 - Eug Png / Shutterstock
p. 78 - Alfribeiro / iStock
p. 80 - Guilherme Bellotti / Unsplash
p. 81 - Alf Ribeiro / Shutterstock
p. 82 - Luigi Saria / Shutterstock
p. 83 - Zigres / Shutterstock
p. 84 - Jairo Goldflus
p. 86 - Pérola Dutra
p. 87 - Artur Cunha
p. 89 - Tuca Reinés / Coleção Santander Brasil
p. 90 - wtondossantos / Shutterstock
p. 91 - Estevam Romera
p. 92 - lucianospagnolribeiro/ Shutterstock

p. 96 - Vanessa Canoso (Museu da Imigração do Estado de São Paulo)

p. 96 - Thiago Leite / Shutterstock (Museu da Língua Portuguesa)

p. 97 - Antonio Salaverry / Shutterstock

p. 98 - Maarten Zeehandelaar / Shutterstock

p. 100 - Robert Napiorkowski / Shutterstock

p. 101 - Julio Ricco / Shutterstock

p. 102 - Antonio Salaverry / Shutterstock

p. 104 - ByDroneVideos / Shutterstock

p. 107 - Reinaldo Canato (Sala São Paulo)

p. 107 - Jennifer Glass (Teatro Oficina)

p. 108 - Jairo Goldflus

p. 111 - Rômulo Fialdini

p. 114 - Jairo Goldflus

p. 118 - Tuca Reines (Hotel Emiliano)

p. 118 - ESB Professional / Shutterstock (Hotel Unique)

p. 120 - Luiz Giope / Shutterstock

p. 122 - Patricia Hikari / Shutterstock

p. 124 - Jairo Goldflus

p. 130 - stockphoto-graf / Shutterstock

p. 136 - Prostock-studio / Shutterstock

p. 138 - Gui Galembeck (Futuro Refeitório)

p. 138 - Lufe Gomes (Padoca do Maní)

p. 143 - Rogério Gomes

p. 149 - Thamilou Photography

p. 153 - Laís Podestá

p. 159 - Jairo Goldflus

p. 161 - Angelo Dal Bó (La Casserole)

p. 161 - Lucas Terribili (Le Jazz Brasserie)

p. 162 - ALLEKO / iStock

p. 164 - Rubens Kato

p. 175 - CC7 / Shutterstock

p. 176 - Angel Simon / Shutterstock

p. 178 - Nani Rodrigues (Kez padaria)

p. 183 - baibaz / Shutterstock

p. 184 e 185 - stockphoto-graf / Shutterstock

p. 197 - Lucas Terribili (Mesa III)

p. 197 - Rubens Kato (Pinati)

p. 202 - Oksana Mizina / Shutterstock

p. 206 - Estúdio Mió

p. 208 - Roberto Seba

p. 209 – Mauro Holanda

p. 210 - Ambitious Creative Co. – Rick Barrett / Unsplash

p. 214 - Divulgação Farol Santander

p. 218 - Alexandre Disaro

p. 226 - Jairo Goldflus

p. 232 - Jairo Goldflus

p. 249 - ByDroneVideos / Shutterstock

p. 255 - Jairo Goldflus

p. 256 - Jairo Goldflus

p. 261 - Jairo Goldflus

p. 262 - Jairo Goldflus

p. 267 - Jairo Goldflus

p. 268 - Renan Kamikoga / Unsplash

p. 270 e 271 - Rawpixel

p. 381 - Jairo Goldflus

p. 382 - Matheus Frade / unsplash

p. 390 - Leonardo Sanches / unsplash

p. 392 - Yuri Catalano / unsplash

p. 396 - Gustavo Juliette / unsplash

p. 398 e 399 - Marti Bug Catcher / Shutterstock

As fotos não creditadas foram cedidas como divulgação.

ESTE LIVRO FOI COMPOSTO NAS TIPOLOGIAS
AVENIR NEXT E FUTURA STD,
E IMPRESSO EM PAPEL COUCHÉ
NA GRÁFICA BARTIRA.